四川大学马克思主义学院出版项目资助成果

"一带一路"基础设施建设的融资体系研究

周　俊◎著

西南财经大学出版社

中国·成都

图书在版编目(CIP)数据

"一带一路"基础设施建设的融资体系研究/
周俊著.--成都:西南财经大学出版社,2024.8.--ISBN
978-7-5504-6376-9

Ⅰ.F299.1
中国国家版本馆 CIP 数据核字第 20242LF407 号

"一带一路"基础设施建设的融资体系研究

"YI DAI YI LU"JICHU SHESHI JIANSHE DE RONGZI TIXI YANJIU

周俊 著

策划编辑:杜显钰　金欣蕾
责任编辑:雷　静
责任校对:杨婧颖
封面设计:墨创文化
责任印制:朱曼丽

出版发行	西南财经大学出版社(四川省成都市光华村街 55 号)
网　　址	http://cbs.swufe.edu.cn
电子邮件	bookcj@swufe.edu.cn
邮政编码	610074
电　　话	028-87353785
照　　排	四川胜翔数码印务设计有限公司
印　　刷	郫县犀浦印刷厂
成品尺寸	170 mm×240 mm
印　　张	17.5
字　　数	396 千字
版　　次	2024 年 8 月第 1 版
印　　次	2024 年 8 月第 1 次印刷
书　　号	ISBN 978-7-5504-6376-9
定　　价	98.00 元

前　言

2013 年，我国提出共建"一带一路"倡议，距今已有十一年。在这十一年里，全球经济增长乏力、增长动能不足，原有贸易投资规则不断受到挑战，在这一背景下，共建"一带一路"倡议落地生根、蓬勃发展，已成为开放包容、互利互惠、合作共赢、深受欢迎的国际公共产品，也为国际合作提供了平台。当前，共建"一带一路"进入高质量发展的新阶段，对推动中国式现代化和助力世界各国的现代化都具有重要意义。

基础设施互联互通是共建"一带一路"倡议的优先领域和基础环节，资金融通是"一带一路"建设的重要支撑。"一带一路"沿线国家基础设施建设水平总体不高，国家之间差异较大，基础设施的融资需求巨大。世界银行、亚洲基础设施投资银行和中国部分学者的测算结果为："一带一路"沿线的基础设施建设每年需要 6 200 亿至 9 600 亿美元的融资，但当前的资金供给为每年不到 2 000 亿美元，缺口巨大。如何为"一带一路"沿线的基础设施融资，是实现基础设施互联互通的核心问题，也是实现"一带一路"资金融通的重要方式。2023 年 11 月，推进"一带一路"建设工作领导小组办公室发布的《共建"一带一路"未来十年发展展望》，明确提出了未来十年共建"一带一路"资金融通在健全金融合作机制和拓展投融资新渠道两个方面的具体任务。

现阶段已经建立的"一带一路"基础设施融资体系无法满足其融资需求，同时还存在着资金供给结构不合理、中国承担的融资责任过大、资金去向的集中度过高、融资体系的市场机制建设严重滞后、各融资渠道之间缺乏配合和互动等方面的缺陷，无法为"一带一路"基础设施建设提供长期可持续且高效率的资金。因此建立一个高效多元可持续的新融资体系迫在眉睫。

"一带一路"基础设施属于区域公共产品，因此本书以区域公共产品理论、区域公共产品融资理论、开发性金融理论和金融结构理论为基础，试图解决这样一个核心问题："一带一路"基础设施建设的资金从何而来，如何融资？也就是说，当前融资体系首先需要解决的问题是融资供给问题。根据金融结构理论和"一带一路"基础设施融资的实际情况，融资供给的重点在于融资机构。因此本书从融资机构的角度出发，构建了以"融资渠道选择—融资渠道分析—互动关系分析—体系构建"为逻辑的"一带一路"基础设施建设融资体系理论分析框架。

根据这一理论分析框架和基础设施融资方法理论，本书在九类融资渠道中结合"一带一路"基础设施建设融资的实际情况进行分析，最终确定将国际援助融资、开发性金融融资和私人资本融资作为融资体系的主要融资渠道。在这一基础上，本书分别从融资动力、融资来源、融资方式和融资重点四个方面对每一类融资渠道进行深入分析。最后结合三类融资渠道之间的互动关系，将三类融资渠道整合构建成一个高效多元可持续的融资体系，从静态和动态两个方面研究了这一融资体系的构建，并提出了全生命周期的"一带一路"基础设施融资体系。当然，研究的最终目的是指导实践，因此本书站在中国的视角，针对中国如何推动"一带一路"基础设施融资提出了相关政策建议。

除了第一章绪论外，本书还有七章，主要解决如下问题：

第二章为理论基础部分，主要为"一带一路"基础设施融资体系的构建提供理论分析框架。在区域公共产品融资理论、基础设施融资方法理论和新兴的开发性金融融资理论基础上，本章确定了以融资机构为中心的、以"融资渠道选择—融资渠道分析—互动关系分析—体系构建"为逻辑的"一带一路"基础设施建设融资体系理论分析框架，筛选出国际援助融资、开发性金融融资和私人资本融资三类融资渠道进行重点研究。

第三章为特征事实分析部分，主要尝试解决"当前'一带一路'基础设施融资体系的现状及存在问题"，通过项目视角、供给视角和中国参与的视角对融资现状进行分析，以及从融资政策、机制、机构和工具四个方面出发对融资体系进行分析，得出了当前融资体系存在融资能力欠缺、体系覆盖面不广等五个方面的问题的结论。

第四、五、六章进一步对融资渠道进行深入分析，根据理论分析框架解决"融资体系中各类融资渠道的动力、融资来源、融资方式和融资重点是什么"的关键问题。在国际援助融资中，本部分通过对比分析中国与西方国际援助在基础设施融资中的优劣，从融资理念改进、融资动因改进、融资目标改进和融资方法改进四个方面提出了中国通过国际援助为"一带一路"基础设施融资的改进方向。同时这部分使用 Aid Data 数据库实证分析发现，基础设施类国际援助的援助效果更显著，对基础设施建设水平更低的国家进行的国际援助效果更显著，以及 OOF 类国际援助资金的援助效果更显著，得出了国际援助融资的重点在于"引领"其他资金等结论。

在开发性金融融资中，笔者重点对其债券融资和融资组织作用进行了分析。债券融资方面，重点研究了世界银行、亚洲开发银行、亚洲基础设施投资银行和中国国家开发银行四个案例，得出开发性金融机构债券融资的四个重要特点；在动员社会资本方面，探讨了社会资本参与"一带一路"基础设施融资的六个方面的障碍，并针对障碍探讨了开发性金融机构如何降低项目风险、降低交易成本、调节融资周期和培育融资市场四个方面的机制。同时考虑了开发性金融融资的四类主要风险问题。最后在这一基础上分析了中国国家开发银行参与"一带一路"基础设施融资的策略调整，总结了六点经验，并结合前文的机制分析，提出了五个方面的新设想。研究结论提示了开发性金融融资的重点在于从提供资金到"动员"资金的转变。

在私人资本融资方面，笔者首先基于四个方面的理由，在两大类六种私人资本的具体融资方式中选择了 PPP 模式并将其作为主要研究对象，探讨了 PPP 模式在基础设施融资中"一个增加和两个节约"的优势，并用微观经济学的方法分析了"两个节约"如何实现；其次是从定性的角度分析了影响私人资本参与基础设施融资的三个微观因素和四个宏观因素，并在这一基础上探讨了私人资本融资的收益与风险；最后用世界银行 PPI 数据库，采用零膨胀泊松模型和固定效应模型，从经验实证的角度探讨了影响私人资本参与基础设施融资的因素。

第七章构建了"一带一路"基础设施建设的融资体系。结合现代融资体系的理论，选择了以银行融资模式为主的融资体系，构建了一个以三大融资渠道为中心，从融资动力、融资来源、融资方式、融资重点四个层面展开，用"引领"和"促进"两个作用机制来整合的静态融资体系；其次从基础设施项目生命周期视角和"一带一路"发展阶段视角出发分析了动态的融资体系，提出了在基础设施生命周期的不同阶段，不同融资渠道的适用情况和相互配合，以及在"一带一路"的不同发展阶段，基础设施融资体系的建设重点。

第八章为政策建议，主要站在中国的立场上，讨论了中国如何在满足自身发展需求的前提下，更好地推动"一带一路"基础设施融资。本书分别从融资理念更新、融资方式转变、融资机构建设与融资环境改善、融资合作深化及新形势下融资策略调整等角度提出了政策建议。

本书主要的创新包括：

第一，从静态和动态相结合的角度对"一带一路"基础设施融资体系进行研究，并提出了基础设施全生命周期融资体系。从静态角度明确了三大融资渠道的各自定位，分析结论显示国际援助在基础设施融资中的主要作用是引领其他资金对基础设施领域的投入，其重点在于对不发达国家基础设施建设的率先支持和对能打破发展瓶颈的基础设施的支持，而不在于为基础设施提供大量资金；开发性金融在基础设施融资中的主要作用是动员其他资金对基础设施的投资，发挥融资组织作用；私人资本融资应该承担主力角色，重点在于注意私人资本融资的内部影响因素和外部环境建设。从动态的角度发现在基础设施项目建设的不同阶段、共建"一带一路"倡议推进的不同阶段，其融资体系的侧重点应该有所不同。在基础设施项目的前期（项目选择、评估、孵化阶段）应该以国际援助融资为主，开发性金融为辅；在项目建设和运营阶段，国际援助资金和开发性金融资金应该适时撤出，以私人资本融资为主。也就是说，在共建"一带一路"倡议推进的前期，基础设施融资应该以国际援助融资和开发性金融融资为主，中后期应该以私人资本融资为主。

第二，构建了新的"一带一路"基础设施融资体系理论分析框架。在现有理论的基础上，构建了"融资渠道选择—融资渠道分析—互动关系分析—体系构建"的"一带一路"基础设施建设融资体系分析框架。结合现有融资理论选择了适应"一带一路"的融资渠道，并从"融资动力、融资来源、融资方式、融资重点"四个方面对其进行深入分析，然后着眼于体系内部各融资渠道之间的互动关系，最后从静态和动态的角度构建整体体系，为融资体系的构建搭建了一个可行的框架。

第三，对影响"一带一路"基础设施融资体系的因素进行了分析，得出了一些新的结论。在国际援助融资渠道方面，本书通过使用 Aid Data 数据库实证分析发现，在中国提供的国际援助中，基础设施类援助对受援国经济增长的作用更加显著，中国在基础设施建设水平较低的国家开展的国际援助对受援国经济增长的作用更加显著，得出了我国应该优先开展基础设施类国际援助，以及优先对基础设施建设水平较差的国家开展国际援助的结论。在私人资本融资渠道方面，通过使用世界银行 PPI 数据库对私人资本参与基础设施融资的情况进行分析，本书发现影响私人资本参与"一带一路"基础设施融资的因素主要是多边开发银行的参与、国际援助的带动、国家法治水平和市场规模等，其他宏观经济质量的影响并不明显。

由于研究能力、时间等方面的局限性，本书也存在一些不足，需要在日后的研究中进行弥补。一是由于时间和篇幅限制，本书没有对私人资本融资渠道进行更进一步的深入分析，而是将其作为一个整体看待，忽略了不同私人资本融资渠道之间的差异，对私人资本融资的指导性还不够强。同样，出于研究内容篇幅的考虑，本书对适宜的融资渠道进行了取舍，选取了其中最主要的三类，并重点研究这些融资渠道的合理性、融资重点等问题，因而对已经舍弃的融资渠道没有做更深入的合理性分析。二是由于中国对外援助数据的缺乏，本书采用了该研究领域常用的 Aid Data 数据，但这一数据从采集方法上来说就存在一些缺陷，可能存在重复计算的问题，同时没有区分开发合作和国际援助之间的差别，将一些商业银行融资也划分在其中，可能导致这一部分的数据失真，从而削弱实证研究的解释力。三是本书研究的主要内容以三大主要融资渠道为主，而对风险、政策、市场、中介服务、监管合作等融资支持体系缺乏足够的关注，也使得本书提出的这一融资体系还不够完善。

周俊

2024 年 1 月

目　录

第一章 绪论

第一节 研究背景与意义

一、研究背景

（一）共建"一带一路"倡议成为广受欢迎的公共产品

从 2013 年我国提出共建"一带一路"倡议以来，世界政治经济格局不断发生变化，国际贸易投资和多边贸易投资都面临着巨大的挑战，尤其是以美国为代表的资本主义发达国家通过贸易保护等方式影响着全球经济的走向。在全球经济增长乏力、增长动能不足和原有贸易投资规则不断受到挑战的情况下，共建"一带一路"倡议以其"共商共建共享"的理念得到了越来越多国家和国际组织的响应，影响日益扩大。十余年来，共建"一带一路"倡议已经从"倡议转化为全球广受欢迎的公共产品"①。

共建"一带一路"倡议取得了丰富的成果。截至 2023 年 6 月底，中国与五大洲的 150 多个国家、30 多个国际组织签署了 200 多份共建"一带一路"合作文件。② 共建"一带一路"倡议以"六廊六路多国多港"为基本架构推进经济走廊和国际通道建设，其海上互联互通、"空中丝绸之路"建设成效显著、国际多式联运大通道持续拓展；贸易与投资便利化程度不断提高，贸易往来不断增加。根据世界银行的研究，共建"一带一路"倡

---

① 推进"一带一路"建设工作领导小组办公室. 共建"一带一路"倡议：进展、贡献与展望 2019 [M]. 北京：外文出版社，2019：3.
② 中华人民共和国国务院新闻办公室. 共建"一带一路"：构建人类命运共同体的重大实践 [N]. 人民日报，2023-10-11（10）.

议将使参与国（地区）之间的贸易往来增加4.1%①，2013—2022年，中国与共建国家进出口总额累计19.1万亿美元，年均增长6.4%。截至2022年年底，中国国家开发银行已直接为1 300多个"一带一路"项目提供了优质金融服务；中国进出口银行"一带一路"贷款余额达2.2万亿元，覆盖超过130个共建国家，贷款项目累计拉动投资4 000多亿美元，带动贸易超过2万亿美元②。我国与"一带一路"沿线国家的民间交往、教育旅游医疗卫生和减灾等合作不断增强，产业合作取得新的进展。世界银行的研究表明，"一带一路"将促进沿线国家的外商直接投资（FDI）总额增加4.97个百分点，其中，来自沿线国家内部、经济合作与发展组织（OECD）国家和非沿线国家的FDI增加额分别为4.36%、4.63%和5.75%③。

随着共建"一带一路"倡议的深入推进和诸多成果的取得，"一带一路"不再仅仅是一个倡议，更成为推动当前世界经济增长的新动能，以及成为区域性乃至全球性的公共产品。我国对共建"一带一路"倡议未来的发展也提出了"和平、繁荣、开放、绿色、创新、文明、廉洁"的新展望。在这一基础上，共建"一带一路"倡议从理念到行动、从愿景到现实、从倡议到公共产品这一过程中的具体问题理应纳入相关学科的理论框架进行科学分析，这样才能更好地推动共建"一带一路"沿着高质量发展方向不断前进。

（二）基础设施建设融资是"一带一路"建设初期的重点内容

在共建"一带一路"倡议提出之初，基础设施建设就是该倡议的先行领域和基础内容。2015年发布的《推动共建丝绸之路经济带和21世纪海上丝绸之路的愿景与行动》提出："基础设施互联互通是'一带一路'建设的优先领域。"2019年4月，习近平总书记进一步详细阐述了基础设施建设在"一带一路"建设中的重要地位："基础设施是互联互通的基石，也是许多国家发展面临的瓶颈。建设高质量、可持续、抗风险、价格合理、包容可及的基础设施，有利于各国充分发挥资源禀赋，更好融入全球

① BANIYA S, ROCHA N, RUTA M. Trade effects of the new silk road: a gravity analysis [R]. WORLD BANK Policy Research Working Paper 8694, 2019 (1): 25.

② 中华人民共和国国务院新闻办公室. 共建"一带一路"：构建人类命运共同体的重大实践 [N]. 人民日报, 2023-10-11 (10).

③ CHEN MX, LIN C. Foreign investment across the belt and road patterns, determinants and effects [R]. WORLD BANK Policy Research Working Paper 8607, 2018 (10): 2.

供应链、产业链、价值链，实现联动发展。"① 亚洲开发银行的研究表明，内陆国家基础设施贸易成本每降低 10%，其出口将增加 20%②。

基础设施建设是"一带一路"建设的基石和优先领域，而"一带一路"基础设施建设本身作为一种区域性公共产品，其重心在于产品的供给，即开展"一带一路"基础设施建设的先行条件是融资，这也是共建"一带一路"倡议中不断强调的内容。2017 年，在中国的倡导和推动下，中国财政部与 26 国财政部共同核准了《"一带一路"融资指导原则》（简称《原则》），以推动"一带一路"融资体系建设，其重点强调了基础设施建设融资，呼吁"推动建设长期、稳定、可持续、风险可控的融资体系"。该《原则》提出了"政府间合作基金、对外援助资金，各国政策性金融机构、出口信用机构，开发性金融机构，商业银行、股权投资基金、保险、租赁和担保公司等各类商业性金融机构，本币债券市场和股权投资市场"等融资渠道为"一带一路"建设提供融资支持。在实践中，中国倡导设立了亚洲基础设施投资银行、丝路基金等，进一步丰富了"一带一路"融资体系的内容。2019 年，习近平总书记再次强调了"一带一路"基础设施建设融资问题："我们将继续发挥共建'一带一路'专项贷款、丝路基金、各类专项投资基金的作用，发展丝路主题债券，支持多边开发融资合作中心有效运作。我们欢迎多边和各国金融机构参与共建'一带一路'投融资，鼓励开展第三方市场合作，通过多方参与实现共同受益的目标。"③ 在 2023 年 11 月发布的《坚定不移推进共建"一带一路"高质量发展走深走实的愿景与行动——共建"一带一路"未来十年发展展望》，也将"提升共建国家间基础设施互联互通水平"和"健全金融合作机制""拓展投融资新渠道"作为未来十年发展的重要着力点。

从共建"一带一路"倡议的内容和建设实践来看，"一带一路"基础设施建设融资是"设施联通"和"资金融通"两大主要内容的交汇点，既

① 习近平. 齐心开创共建"一带一路"美好未来：在第二届"一带一路"国际合作高峰论坛开幕式上的主旨演讲[EB/OL]. (2019-04-26) [2020-03-15]. http://www.xinhuanet.com/politics/2019-04/26/c_1124420187.htm.

② 中华人民共和国国务院新闻办公室. 共建"一带一路"：构建人类命运共同体的重大实践[N]. 人民日报，2023-10-11 (10).

③ 习近平. 齐心开创共建"一带一路"美好未来：在第二届"一带一路"国际合作高峰论坛开幕式上的主旨演讲[EB/OL]. (2019-04-26) [2020-03-15]. http://www.xinhuanet.com/politics/2019-04/26/c_1124420187.htm.

承担着通过基础设施建设先行实现"设施联通"这一目标的重任，同时也是构建"一带一路"资金融通的融资体系的实践任务。

（三）"一带一路"基础设施融资存在供给不足的问题

共建"一带一路"倡议沿线国家多为发展中国家，其基础设施建设普遍较为薄弱，且区域互联互通水平较低。根据世界经济论坛《全球竞争力报告2020》，有统计的"一带一路"沿线国家中①，只有31.48%的国家（17个国家）基础设施全球竞争力指数排名进入137个国家的前50名，沿线国家总的基础设施全球竞争力指数平均值为4.22（指数范围为1至7，排名第一的国家为7）。可以看出，"一带一路"沿线国家的基础设施建设还存在较大的发展空间。

许多机构和研究者都对发展中国家的基础设施建设所需资金进行过测算。经济合作与发展组织（简称经合组织）认为，从2015—2030年，发展中国家基础设施建设的融资缺口为每年2万亿美元②；亚洲开发银行测算的数据显示到2020年，仅亚太地区对基础设施建设的资金需求将达到每年7 300亿美元③；而亚洲基础设施投资银行（简称亚投行，AIIB）对这一数据的分析认为缺口是每年1.4万亿美元；中国学者测算的数据显示除中国以外的"一带一路"沿线国家2016—2020年的年均融资额为6 200亿~9 600亿美元④；世界经济论坛测算的数据为全球每年基础设施融资缺口为1万亿美元⑤。这些测算结果都得出了基本一致的结论：发展中国家和"一带一路"的基础设施建设存在大量融资缺口。

从供给角度来看，"一带一路"基础设施建设的资金供给存在严重不足，中国当前每年的海外基础设施建设支持资金在1 000亿美元左右，传统多边发展融资机构如亚洲开发银行每年提供的基础设施项目建设贷款仅为100亿美元，都远远不能满足"一带一路"沿线国家基础设施建设的需

① 共有54个国家有统计，资料来源：WORLD ECONOMIC FORUM, The Global Competitive Report 2020. http://www.weforum.org/reports.

② OECD. Build more, build right: development finance, infrastructure and climate change, OECD observer [R]. Paris: OECD, 2015.

③ ADB. Infrastructure investments and gaps, selected economies and subregions, 2016—2030 [R]. Manila: ADB, 2016.

④ 袁佳. "一带一路"基础设施资金需求与投融资模式探究 [J]. 国际贸易，2016（5）：54-55.

⑤ WEF. See foreword in strategic infrastructure: steps to prepare and accelerate public-private partnerships [R]. Geneva: World Economic Forum, 2013.

要。汇丰银行估计，2030年亚洲基础设施建设投资资金存在巨大缺口，其缺口将超过11万亿美元。

（四）"一带一路"基础设施现有融资体系存在缺陷

截止到2022年6月底，"一带一路"相关项目的融资规模已经达到一万亿美元以上，其中有60%左右是基础设施融资。除了融资总量无法满足基础设施融资的需求外，"一带一路"基础设施现有融资体系也存在一些缺陷，主要包括如下五个方面。

一是资金供给结构不合理。当前"一带一路"基础设施的跨境融资主要依靠国际援助、开发性金融机构和境外私人资本三个渠道，但前两个渠道目前占比过大，私人资本的参与度不够，影响了这一融资体系的可持续供给能力。

二是中国承担的融资责任过大。"一带一路"基础设施融资中，中国所承担的融资责任过大，并且中国提供的资金多为国家开发银行贷款、国有商业银行贷款等具有较强国家背景的资金，往往受到他国质疑，不利于这一融资体系的长远发展。

三是融资去向的集中度过高。无论是国际援助融资、开发性金融机构融资还是私人资本融资，当前融资体系中的资金都过度集中于某些国家，在整个"一带一路"沿线分布不均，尤其是一些不发达国家和基础设施建设严重落后的国家，反而无法充分获得基础设施建设资金的支持。

四是融资体系的市场机制建设严重滞后。市场机制应该在融资体系中发挥决定性作用，这样才能促进融资体系的长期可持续发展。但在当前的"一带一路"基础设施融资体系中，无论是债券市场还是股权市场，都还没能建立一个完善有效的市场体系，不利于其长期发展。

五是现有融资体系缺乏各渠道之间的配合和互动。在基础设施融资的庞大需求下，其融资体系必然是一个多元化的融资体系，存在多元化的融资渠道。只有各融资渠道有机联系、有效互动，各有侧重地形成一个整体，才能提高融资效率，提升融资能力。但当前这一融合、互动和配合的程度还不够。

二、研究意义

（一）理论意义

对"一带一路"基础设施建设融资体系进行研究，存在如下三个方面的理论意义：

一是进一步完善区域公共产品融资理论。在跨境融资的视角下，"一带一路"基础设施大多属于区域公共产品。当前区域公共产品的融资理论主要有国际财政税收融资、国家融资、市场融资和多中心融资等融资理论。在"一带一路"框架下研究基础设施融资，能够进一步从理论上完善和充实当前的区域公共产品融资理论。

二是为《"一带一路"融资指导原则》中的重点融资渠道提供理论分析。《"一带一路"融资指导原则》是指导当前"一带一路"融资活动的总体性原则，尤其对共建"一带一路"倡议中的"资金融通"活动具有重要的指导意义。该原则作为一个政策性原则，还需要进一步阐释其背后的理论原理。同时，这一研究还可以在理论上进一步探索各融资渠道如何相互配合，是对这一原则的拓展和深入。

三是丰富国际援助理论、开发性金融理论中涉及基础设施融资的相关理论内容。本书重点对国际援助融资、开发性金融融资等理论进行更为深入的研究，能够进一步丰富和充实相关融资理论。

（二）实践意义

从实践意义上来看，本书旨在解决如下三个方面的实践问题：

一是为"一带一路"沿线国家提供寻求基础设施融资的方案。"一带一路"基础设施融资体系的构建，为"一带一路"沿线有融资需求的国家提供了可行的融资方案，为具体的融资活动提供了融资方法上的指导，有利于推进"一带一路"基础设施建设和共建"一带一路"倡议的推进。

二是为融资的供给方指明融资参与的重点。由于不同的融资供给方存在风险收益偏好差异、资金期限差异、融资目的差异等，其应该侧重的融资重点也各有不同。对这一融资体系的研究，能够让各融资供给方在参与"一带一路"基础设施融资时明确其重点领域和重点任务。

三是为中国提供参与"一带一路"基础设施融资的思路。中国作为共建"一带一路"倡议的发起国，当前在基础设施融资中承担了过多职责，而且同样存在基础设施融资的供需矛盾、理念偏差等问题。对这一融资体系的研究，能够为中国如何更好地参与"一带一路"基础设施融资提供理念和方法上的建议。

第二节　国内外研究现状

关于"一带一路"基础设施融资体系的研究，从 2015 年左右开始陆续出现，近几年逐渐增加。基础设施融资是基础设施研究中的核心问题，历来受到研究者的关注，但以前的重点多集中于研究国内的基础设施融资，从公共产品的角度讨论基础设施的供给问题；而"一带一路"基础设施融资体系更关注的是跨境基础设施融资。因此本书重点梳理了传统的基础设施融资、跨境基础设施融资和"一带一路"基础设施融资三个方面的文献，并将重点放在后两个方面。

一、传统的基础设施融资研究

在基础设施研究领域，基础设施融资一直是核心问题，现有文献一般集中于国内的基础设施融资。多数研究者如埃罗尔（Erol）、Majumder 都认为，基础设施资金缺乏是一个普遍存在的问题，也是基础设施研究中的关键问题[①]。当前关于基础设施融资的研究中，有如下几个方面的研究成果。

（一）基础设施的融资来源

在传统的经济学理论中，斯密认为基础设施建设是国家的重要职能之一，"君主或国家的第三种义务就是建立并维护某些公共机关和公共设施"；凯恩斯将基础设施等公共工程的投资作为宏观经济调控的手段；发展经济学家罗森斯坦·罗丹得出的结论是基础设施投资建设必须依靠政府干预。因此传统上基础设施的融资来源分为两大类。

第一大来源是公共投资。K. Finkenzeller et al.[②]、J. 古普塔（J. Gupta）

---

① EROL T, OZUTURK D. An alternative model of infrastructure financing based on capital markets: infrastructure reits (infrareits) in Turkey [J]. Journal of economic cooperation and development, 2011, 32 (3): 65-87.

② FINKENZELLER K, DECHANT T, SCHAFERS W. Infrastructure: a new dimension of real estate? an asset allocation analysis [J]. Journal of property investment and finance, 2010 (28): 263-274.

和 A. 斯拉瓦（A. Sravat）①、N. 莫尔（N. Mor）和 S. Sehrawat② 等都从政府角度讨论政府作为基础设施的提供方，需要为基础设施提供修建、运营、维护和修理等资金；特罗扬诺夫斯基（Trojanowski）等指出，基础设施的融资对象是整个社会，而不是特定群体③；D·盖尔特纳（D. Geltner）等就融资来源的研究指出公共投资在财务分析、目标和资金来源方面不同于私人投资④。罗伯特·巴罗（Robert J. Barro）等则从公共产品的性质角度分析了如何确定为此融资的税收安排⑤。

第二类来源是私人投资。格里姆塞（Grimsey）等将其定义为基础设施融资责任从公共部门转移到私人部门⑥。在 20 世纪 90 年代，当公共投资无法满足基础设施融资需求时，只有私人融资才能够解决这一问题。萨德尔（Sader）和盖尔特纳（Geltner）的研究认为，私人投资非常适合用于满足基础设施部门的需求，除了大量的资金外，私人融资还能带来其他的好处⑦⑧。这些好处包括杰姆森（J. Gemson）、格里姆塞（D. Grimsey）、辛格（S. Singh）等学者提到的现代技术、更好的操作技能、有效的风险控制及更短的时间内完成任务的能力⑨⑩⑪。

（二）基础设施融资方式与经验

基础设施的融资来源主要分为公共资金和私人资金两大类，但具体的

① GUPTA J, SRAVAT A. Development and project financing of private power projects in developing countries: a case study of India [J]. International journal of project management, 1998 (16): 99-105.

② MOR N, SEHRAWAT S. Sources of infrastructure finance [R]. Centre for development finance, Institute for financial management and research, Chennai, India, 2006.

③ WOJEWNIK-FILIPKOWSKA A, TROJANOWSKI D. Principles of public-private partnership financing-polish experience [J]. Journal of property investment and finance, 2013 (31): 329-344.

④ GELTNER D. Commercial real estate [M]. Oxford: Blackwell Publishing, 2007.

⑤ BARRO R J, SALA-I-MARTIN X. Public finance in models of economic growth [J]. The Review of economic studies, 1992, 59 (4): 645-661.

⑥ GRIMSEY D, LEWIS M. The governance of contractual relationships in public-private partnerships [J]. Journal of corporate citizenship, 2004 (15): 91-109.

⑦ SADER F. Attracting foreign direct investment into infrastructure: why is it so difficult? [M]. Washington, DC: World Bank Publications, 2000.

⑧ GELTNER D. Commercial real estate [M]. Oxford: Blackwell Publishing, 2007.

⑨ GEMSON J, GAUTAMI K, RAJAN A. Impact of private equity investments in infrastructure projects [J]. Utilities policy, 2012 (21): 59-65.

⑩ GRIMSEY D, LEWIS M. Evaluating the risks of public-private partnerships for infrastructure projects [J]. International journal of project management, 2002 (20): 107-118.

⑪ SINGH S, BATRA G, SINGH G. Role of infrastructure services on the economic development of India [J]. Management and labor studies, 2007 (32): 347-359.

融资方式非常多样。在具体融资方式方面，蕾娜·阿格拉瓦尔（Reena Agrawal）回顾了印度的基础设施融资方式，认为印度的基础设施供需差距需要通过更大规模的私人参与、活跃市政债券市场和促进区域一体化等方式来缩小①。杨萍等认为中国经济在高质量发展阶段的基础设施融资体系应该是企业自主决策、融资渠道畅通、职能转变到位、政府行为规范、宏观调控有效、法治保障健全的体系②。盛磊结合"新基建"融资认为应该运用市场化、多样化创新金融工具，协同整合政府财政资金、开发性金融资金和商业金融资金弥补投融资资金缺口③。马德隆总结了中国交通基础设施融资的基本经验，即以政府投资为主导，通过以预算外资金为媒介、融资平台为载体形成的诸多融资创新方式，配合交通专项基金以发挥其基础性作用④。萨瓦斯（Savas）的研究指出，私人资本进入基础设施建设的方式包括合同承保、特许经营、补助和凭单四种⑤。彤新春分析了中国在公路、铁路基础设施投融资方面从单一的财政机制到多元融资机制的转变⑥等。

（三）基础设施融资的影响因素

影响基础设施融资的因素包括政府、宏观经济、产业结构等各个方面。孙艳等探讨了政府担保对基础设施融资的影响⑦；杨树琪等研究了投资环境、财政信用和政府行为对基础设施融资的影响⑧；郭继秋等则指出影响城市基础设施融资的关键因素包括技术进步水平、宏观制度、生态质量和项目特征四大类⑨；刘孔玲等分析了政府最低收益保障对私人资本参

① AGRAWAL R. Review of infrastructure development and its financing in India [J]. Paradigm, 2020, 24（1）：109-126.

② 杨萍，杜月. 高质量发展时期的基础设施投融资体制机制改革 [J]. 宏观经济管理，2020（5）：23-29，36.

③ 盛磊，杨白冰. 新型基础设施建设的投融资模式与路径探索 [J]. 改革，2020（5）：49-57.

④ 马德隆. 交通基础设施投融资基本经验与未来展望 [J]. 宏观经济管理，2019（8）：39-44.

⑤ 萨瓦斯. 民营化与PPP模式：推动政府和社会资本合作 [M]. 周志忍，等译. 北京：中国人民大学出版社，2002.

⑥ 彤新春. 我国公路、铁路投融资结构变迁分析 [J]. 中国经济史研究，2016（6）：125-135.

⑦ 孙艳，郭菊娥，高峰，等. 基础设施项目融资中政府担保的影响因素 [J]. 统计与决策，2007（20）：53-56.

⑧ 杨树琪，刘向杰，廖楚晖. 政府行为影响财政性融资项目绩效的实证研究 [J]. 财政研究，2010（11）：20-23.

⑨ 郭继秋，刘国亮，姚雪. 影响我国城市基础设施项目融资结构的关键因素分析 [J]. 经济纵横，2010（8）：110-113.

与基础设施融资的影响①；宋琪等分析了土地财政对基础设施等公共物品提供的影响②；魏雅丽等的研究显示城市基础设施投资对企业效率的影响存在显著的"倒U型"特征③；管立杰等分析了对农村基础设施融资的PPP项目的影响因素，主要包括项目收益率、政策支持力度、资金可获得性、专业人才充足性、平等合作意识等；④ 凤亚红等基于案例的分析认为，PPP模式运作成功的关键是完善的PPP制度环境与体制、健全的金融体系及政府的契约精神，合作企业的能力与信用⑤；同样是凤亚红等在研究中提出了PPP项目运作成功的关键因素在于PPP制度环境与体制、健全的金融体系及政府的契约精神、合作企业的能力与信用⑥。国外的研究多集中在PPP领域，如曾惠斌（H. Ping Tserng）等就指出PPP部门作为公共部门与私人部门之间的桥梁，能够促进PPP项目的成功⑦。

二、跨境基础设施融资研究

传统上对基础设施融资的背景研究一般研究的是国内的基础设施融资，但"一带一路"基础设施融资更关注的是跨境基础设施建设，而这方面缺乏专门的研究。相关研究主要包括对外援助融资、开发性金融融资等。

（一）国际援助与基础设施融资

专门以国际援助为视角来研究跨境基础设施融资问题的文献当前较少，这一部分研究主要见于对国际援助或发展援助的研究中，现有成果包

---

① 刘孔玲，陆洋. 政府最低收益保证对私人投资基础设施项目的决策影响 [J]. 华东经济管理，2013，27（6）：98-100.

② 宋琪，汤玉刚. 基于公共品资本化的地方财政激励制度研究——土地财政如何影响公共品提供 [J]. 经济理论与经济管理，2016（1）：46-58.

③ 魏雅丽，刘凯. 城市基础设施与企业生产效率关系的再思考——基于中国特色城市建设投融资模式的视角 [J]. 产经评论，2015，6（4）：148-160.

④ 管立杰，赵伟. 农村基础设施PPP模式发展的影响因素研究 [J]. 中国农业资源与区划，2019，40（6）：114-120.

⑤ 凤亚红，李娜，曹枫. 基于案例的PPP模式运作成功的关键影响因素研究 [J]. 科技管理研究，2018，38（5）：227-231.

⑥ 凤亚红，李娜，左帅. PPP项目运作成功的关键影响因素研究 [J]. 财政研究，2017（6）：51-58.

⑦ TSERNG H P, RUSSELL J S, HSU C W, et al.. Analyzing the role of national PPP units in promoting PPPs：using new institutional economics and a case study [J]. World development, 2012 (138)：242-249.

括如下两个方面：

一是国际援助中基础设施援助的合理性和作用。王钊认为一国的产业结构决定着援助偏好，工业国倾向于基础设施与生产性援助，中国以基础设施为主的对外援助偏好和结构具备合理性和正当性①；陈玮冰等的研究认为中国对非洲的基础设施援助是因受援国对基础设施有需求，但尚未能提升受援国基础设施的整体水平②；黄梅波认为中国在制造业和基础设施领域具有比较优势，应该明确中国国际援助与开发合作在这一领域的职能和战略定位③；林毅夫等认为基础设施援助可以作为"超越发展援助"、促进受援国经济转型的手段④；芭芭拉·巴拉杰（Barbara BALAJ）对巴基斯坦的研究表明，基础设施类经济援助确实对经济增长有利，但会受到受援国政府、政策的影响；沃萨姆（Warsame）等对索马里货币援助效果的分析认为，索马里货币援助成功的关键在于建设了基于现代信息技术和通信的良好金融基础设施⑤。总的来说，当前的这类文献大多认为在国际援助中基础设施援助十分必要，同时对受援国经济增长和援助目标的达成具有正面作用。

二是国际援助融资的影响因素和融资创新。传统的国际援助融资基本上依靠政府拨款，通过双边援助或多边援助的方式进行。在 2002 年的蒙特雷会议后，国际发展融资成为国际援助中的重要内容和学者的研究方向。彼得·沃伦（Peter Warren）在对气候方面基础设施融资的研究中提出要将更多的官方发展援助（Officia Development Assistance，ODA）引入气候部门，注重研究、开发、演示与技术援助相结合的方法⑥；万泰雷指出全球发展融资正在从双边官方援助向多边援助、南南合作以及私营企业、慈善

---

① 王钊. 中国的基础设施建设援助与国际发展援助的"共生"：援助国产业结构差异的视角 [J]. 外交评论（外交学院学报），2020，37（2）：51-81.

② 陈玮冰，武晋. 对非基础设施援助与直接投资的传导机制研究：基于非洲 39 国面板数据 [J]. 上海对外经贸大学学报，2019，26（4）：38-46.

③ 黄梅波. 中国国际援助与开发合作的体系构建及互动协调 [J]. 上海对外经贸大学学报，2019，26（4）：14-26.

④ 林毅夫，王燕. 超越发展援助：在一个多级世界中重构发展合作新理念 [M] 北京：北京大学出版社，2016.

⑤ WARSAME MH, IRERI EM. Does international monetary aid help or hinder somalia's socioeconomic revival? [J]. Journal of public affairs，2016，16（4）：37-45.

⑥ WARREN P. Blind spots in climate finance for innovation [J]. Advances in climate change research，2020（3）：57-61.

资金参与并重的趋势转变①；刘宁指出发展筹资从融资安排上进一步改变了官方发展援助的融资模式及其利用方式，但从路径依赖角度来看还无法替代传统的官方发展援助②；姚帅对国际发展融资的研究认为，2018 年在基础设施领域的发展融资博弈加剧，并且出现了很多新的发展融资工具和机制③；黄梅波等分析了国际发展援助的创新融资机制，介绍了创新融资的标准、定义，并从政府公共支出和私人市场两个方面介绍了 7 种创新融资的机制④。乔纳森·皮克林（Jonathan Pickering）等对澳大利亚政府在气候援助融资方面的案例研究认为，影响援助的因素除了国内气候政策和援助的政治取向外，还包括国际团体的影响⑤。此外，毛小菁等考察了经合组织发展援助委员会（DAC）对官方发展援助（ODA）和发展融资概念的转变，提出了发展融资对中国的影响及应对策略，指出发展融资是国际发展援助领域的重大变革⑥；余漫等介绍了国际发展融资理念的转变，指出以支持基础设施投资为主要形式的"金砖国家"援助行为为代表的发展融资方式将取代传统的"施舍观"的国际筹资趋势⑦。

（二）开发性金融与基础设施融资

从实践角度来看，开发性金融是基础设施融资的重要来源，但也少有文献专门研究开发性金融机构为基础设施融资的方式和相关机制。国外对开发性金融机构的研究主要集中在多边开发银行方面；国内的相关研究对多边开发银行和国别开发银行均有所涉及。研究的成果主要集中在如下四个方面：

一是开发性金融机构参与融资的合理性与相关机制。当前的研究普遍认为，开发性金融机构应该参与到各类融资中，尤其是对发展中国家经济

---

① 万泰雷，张绍桐. 浅析联合国发展融资机制改革创新及对中国参与国际多边发展援助的影响 [J]. 国际经济评论，2019（1）：77-88.

② 刘宁. 国际发展援助的转变：目标、资源与机制 [J]. 国际展望，2019，11（2）：106-128.

③ 姚帅. 变革与发展：2018 年国际发展合作回顾与展望 [J]. 国际经济合作，2019（1）：29-37.

④ 黄梅波，陈岳. 国际发展援助创新融资机制分析 [J]. 国际经济合作，2012（4）：71-77.

⑤ PICKERING J, MITCHELL P. What drives national support for multilateral climate finance? international and domestic influences on Australia's shifting stance [J]. International environmental agreements：politics，law and economics，2017，17（1）：107-125.

⑥ 毛小菁，姚帅. 发展融资：国际发展援助领域的重大变革 [J]. 国际经济合作，2014（5）：47-49.

⑦ 余漫，夏庆杰，王小林. 国际发展融资理念演变分析 [J]. 学习与探索，2016（12）：104-109.

社会发展有利的资金活动中，其主要原因包括：汉弗莱（Humphrey）等认为，多边开发银行的任务就是在私人融资稀缺时介入①；加林多（Galindo）、帕尼萨（Panizza）认为多边开发银行的资金能够降低私人资本流入的顺周期性②；刘雨轩等指出开发性银行具有商业银行不可替代的多种业务功能，有利于发挥逆周期调节、弥补市场失灵、促进产业转型升级等作用③。也有研究如联合国的研究认为，多边开发银行的资金供给不可能满足融资需求④。

二是开发性金融对私人资本的动员作用。由于开发性金融的直接融资无法满足融资需求，因此研究重点转向了开发性金融对私人资本的动员作用，以期达到融资目的。艾肯格林（Eichengreen）等认为，由于多边开发银行具有长远的眼光，因此可以促进宏观经济的稳定增长和推动有利于投资的环境改善，所有这些因素都可以吸引私人债权人⑤；莫里斯（Morris）和茜恩（Shin）的研究认为，多边开发银行本身的存在也可以向私人市场传达出对国家机构的信任和对改革的承诺，能够提高东道国的信用度，从而吸引私人资本流入⑥；海恩斯（Hainz）和克莱梅尔（Kleimeier）认为多边开发银行可以通过其自身对政府的影响力来影响政府决策，从而降低融资项目的风险⑦；阿雷兹基（Arezki）等、佩雷拉·多斯桑托斯（Pereira dos Santos）、科尔尼（Kearney）和古拉拉（Gurara）等的研究则指出，多边开发银行可以通过多边担保和信用增进等方式来促进私人部门跟进⑧；

---

① HUMPHREY C, MICHAELOWA K. Shopping for development：multilateral lending, shareholder composition and borrower preferences ［J］. World development, 2013（44）：142-155.

② GALINDO AJ, PANIZZA U. The cyclicality of international public sector borrowing in developing countries：does the lender matter? ［J］. World development, 2018（112）：119-135.

③ 刘雨轩，丁思勤. 开发性银行的定位功能研究及对我国开发性银行发展的启示 ［J］. 开发性金融研究, 2019（1）：89-96.

④ UNITED NATIONS. Addis ababa action agenda of the third international conference on financing for development ［M］. New York：United Nations, 2015.

⑤ EICHENGREEN BJ, MODY A. What explains changing spreads on emerging market debt? ［P］// Capital flows and the emerging economies：theory, evidence, and controversies. National Bureau of Economic Research, 2000：107-136.

⑥ MORRIS S, SHIN HS. Catalytic finance：when does it work? ［J］. Journal of international economics, 2006, 70（1）：161-177.

⑦ HAINZ C, KLEIMEIER S. Political risk, project finance, and the participation of development banks in syndicated lending ［J］. Journal of financial intermediation, 2012, 21（2）：287-314.

⑧ AREZKI R, BOLTON P, PETERS S, et al. From global savings glut to financing infrastructure ［J］. Economic policy, 2017,（4）：223-261.

Chelsky 等指出，多边开发银行可以更好地克服融资领域信息的不对称性问题，具有更好的技术专长和风险监测能力①。此外，罗德里克（Rodrik）使用 1970 年到 1993 年中六年四个时期的平均国家数据，发现过去的多边贷款与当前的私人资金流动之间没有显著的联系②。但拉塔（Ratha）发现多边贷款对发展中国家的私人资本流动具有积极影响③；达斯古普塔（Dasgupta）和拉塔（Ratha）也发现世界银行贷款承诺对私人资本的流动有积极影响④。

三是中国开发性金融与基础设施融资的关系。我国对开发性金融的系统性研究始于 2006 年国家开发银行与中国人民大学联合进行的研究，解答了我国开发性金融产生的原因、背景，开发性金融在我国的成功实践，开发性金融的理论内涵等重要问题。后续研究大多在这一理论体系的基础上展开。彭清辉以湖南省基础设施建设为例，论述了开发性金融在基础设施投融资中的运用⑤；郑之杰提出了以开发性金融服务创新发展的五点建议⑥；姜安印等总结了中国开发性金融的三条经验，并探讨了其理论意义和在"一带一路"建设中的互鉴性⑦。李浩然等、周孟亮、王端等均通过研究美国和德国及世界其他国家开发性金融机构的海外业务运作，分析了他国开发性金融机构海外业务的运作特点，为我国开发性金融走出去提供参考。

四是开发性金融融资的实践效果与路径。克里斯·亨弗里（Chris Humphrey）等的研究认为，中国的开发性金融在非洲的影响比较大且不断

① CHELSKY J, MOREL C, KABIR M. Investment financing in the wake of the crisis: the role of multilateral development banks [J]. World bank-economic premise, 2013 (3): 121.

② RODRIK D. Why is there multilateral lending? [R]. NBER Working Papers 5160, National Bureau of Economic Research, 1995.

③ RATHA D. Complementarity between multilateral lending and private flows to developing countries: some empirical results [R]. Policy Research Working Paper 2746, The World Bank, 2001.

④ DASGUPTA D, RATHA D. What factors appear to drive private capital flows to developing countries? and how does official lending respond? [R]. Policy Research Working Paper Series 2392, The World Bank, 2000.

⑤ 彭清辉. 开发性金融在基础设施投融资中的运用 [J]. 求索, 2008 (9): 41-42.

⑥ 郑之杰. 发挥开发性金融作用 服务供给侧结构性改革 [J]. 中国金融家, 2016 (12): 23-24.

⑦ 姜安印, 郑博文. 中国开发性金融经验在"一带一路"建设中的互鉴性 [J]. 中国流通经济, 2016, 30 (11): 50-57.

增强，但它并未对传统开发性金融起到"改变游戏规则"的作用①；李艳华通过选取对广西崇左市开发性金融实践的研究认为，开发性金融与其他金融存在长期均衡关系②；王卫东等基于灰色动态模型对重庆"一带一路"与长江经济带发展融资需求和开发性金融融资模式进行了探讨③。

（三）私人资本与基础设施融资

私人资本参与基础设施建设被认为是基础设施融资的未来发展方向。当前对私人资本参与基础设施建设的研究主要集中在公私合营（PPP）的参与方式上，主要有如下两个方面的研究成果：

一是私人资本参与基础设施融资的原理与优势。Iossa 和马丁莫特（Martimort）④，德·贝蒂涅（de Bettignes）和罗斯（Ross）⑤，亨克尔（Henckel）和麦基宾（McKibbin）⑥ 的研究都证明，由于在 PPP 融资方式中，项目的整个生命周期都充分利用了私营部门的技能、技术和创新，私人资本的加入使整个项目更有可能达到预期的绩效水平。同时戴维斯（Davies）和尤斯蒂斯（Eustice）的研究显示，由于 PPP 项目要求私营部门按时建成交付，其对项目建设的约束力更强。以上学者的研究还指出，私人资本的参与还可以激励私人部门以较低的长期总成本来设计和建造基础设施，并在合同结束时以良好的资产交换给政府。Iossa 和马丁莫特的研究进一步指出，私人资本的参与有助于吸引私人资本追加更多的投入。R. D. Dinye则以加纳的例子证明，在具有可行的支付制度的条件下，私人资本参与到固体废物处理的基础设施建设上是可行的⑦。

二是影响私人资本参与基础设施融资的因素。这一类研究也相当丰

---

① HUMPHREY C, MICHAELOWA K. China in Africa: competition for traditional development finance institutions? [J]. World development, 2019 (7): 120.

② 李艳华. 发挥开发性金融引导作用，服务地方"新基建": 基于开发性金融对广西崇左金融资源引导效应的实证分析 [J]. 开发性金融研究, 2021 (3): 56-65.

③ 王卫东，姜勇，邓青，等. 开发性金融支持重庆"一带一路"和长江经济带Y字形联结点建设投融资研究: 基于灰色动态模型的分析与预测 [J]. 开发性金融研究, 2018 (5): 9-19.

④ IOSSA E, MARTIMORT D. The simple microeconomics of public-private partnerships [J]. Journal of public economic theory, 2015 (17): 4-48.

⑤ DE BETTIGNIES J E, ROSS T W. The economics of public-private partnerships [J]. Canadian public policy, 2004, 30 (2): 12-16.

⑥ HENCKEL T, MCKIBBIN W. The economics of infrastructure in a globalized world: issues, lessons and future challenges [M]. Washington, DC: Brookings, 2010.

⑦ DINYE R D. Economies of private sector participation in solid waste management in Takoradi-a Ghanaian city [J]. Journal of science and technology (Ghana), 2006, 26 (1): 53-64.

富，如阿桑特（Asante）以加纳为对象的研究，得出的结论是其积极影响因素包括公共投资、私人部门实际的信贷增长等，负面影响因素包括宏观经济增长、政治的动乱等[①]；瓦塔拉（Ouattara）对塞内加尔的研究结论是积极影响因素为人均 GDP 和收到的国外援助，负面影响因素为私营部门的贸易条件[②]；哈马米（Hammami）等在全球范围对这一问题的研究，得出的积极影响因素包括公共债务水平、总需求、市场规模、宏观经济稳定性和制度质量等[③]；金达（Kinda）的研究得出的积极影响因素包括经济增长、有形基础设施和私营部门获得信贷的情况，消极影响因素包括宏观经济和政治的稳定性[④]；还有些学者对 37 个发展中国家的研究结果认为，积极影响因素为积极增长、PPP 的经验和金融水平，消极影响因素为汇率风险[⑤]；Tewodaj 对中低收入国家的研究结论是，积极影响因素为贸易开放程度、人口、民主程度、财政的自由程度等，消极影响因素包括国际援助和通货膨胀等[⑥]。

三、"一带一路"基础设施融资体系研究

从共建"一带一路"倡议提出以来，对"一带一路"建设融资的研究就是相关研究的重点，其中又以基础设施建设融资的研究最为集中。尤其是 2017 年由 27 国财政部共同核准的《"一带一路"融资指导原则》，提出了"一带一路"建设融资的基本框架，此后相关研究更加规范和深入。总的来看，关于"一带一路"基础设施融资的研究集中在如下三个方面。

---

① ASANTE Y. Determinants of private investment behavior in Ghana [C]. Nairobi: African economic research consortium, 2000. African economic research consortium research paper 1000.

② OUATTARA B. Modelling the long run determinants of private investment in Senegal [R]. Nottingham, United Kingdom: University of Nottingham, 2004. Centre for research in economic development and international trade research 04/05.

③ HAMMAMI M, RUHASHYANKIKO J J, YEHOUE E B. Determinants of public-private partnerships in infrastructure [R]. Washington, DC: IMF, 2006. IMF working paper 62424.

④ KINDA T. Infrastructures et flux de capitaux privés vers les pays en développement [J]. Revue économique, 2008, 59 (3): 537-549.

⑤ BA L, GASMI F, NOUMBA UM P. Is the level of financial sector development a key determinant of private investment in the power sector? [R]. Washington, DC: World bank, 2010. World bank policy research working paper WPS5373.

⑥ TEWODAJ M. Determinants of private participation in infrastructure in low and middle income countries [M]. California: RAND Corporation, 2013.

（一）"一带一路"基础设施建设融资体系构建

"一带一路"基础设施建设融资体系的构建是"一带一路"基础设施融资研究中最集中的问题，当前国内学者有较多的研究成果。其中周小川详细地论述了"一带一路"投融资合作体系的构建，从四个方面指出传统的"减让式"资金支持不适合"一带一路"基础设施融资的实际情况，提出运用开发性金融、推进金融机构和金融服务的网络化布局以及发挥本币在"一带一路"建设中的作用等建议①。阎豫桂提出"一带一路"投融资合作需要宏观机制和微观业务模式两个方面的创新，并从两个层面提出了创新建议，其中微观层面重点强调了PPP、多元化融资结构、跨境资产证券化和风险管理②；梁志兵分析了金融支持企业参与"一带一路"过程中存在的主要问题，提出了增强金融支持的建议③；温来成等认为由于"一带一路"基础设施具有国际性公共物品属性，协调难度大等问题，从政府与私人资本合作（PPP）的角度提出了构建融资支持体系的建议④；仲鑫分析了"一带一路"基础设施建设融资的需求，从丝路基金、亚洲基础设施投资银行、国内政策性银行和商业性银行、投资机构等角度构建了融资支持体系⑤；袁佳对"一带一路"沿线国家基础设施建设的资金需求进行了预测，也从传统国际金融机构、新型多边开发性金融机构、开发性和政策性金融机构、商业性金融机构、专项投资基金等方面论述了推动"一带一路"基础设施建设的融资策略选择⑥；温灏等则从开发性金融体系、金融市场的角度探讨了构建投融资新合作模式⑦。

从当前"一带一路"基础设施融资体系的研究成果来看，研究者基本上都提出了构建一个多元化的融资体系，涵盖范围较广。但当前的研究普遍没有对这一多元化体系背后的机理和各渠道之间的相互联系及作用进行

① 周小川. 共商共建"一带一路"投融资合作体系 [J]. 中国金融, 2017 (9)：6-8.

② 阎豫桂. "一带一路"投融资合作需要宏观机制创新与微观业务模式创新 [J]. 全球化, 2017 (4)：79-87, 134.

③ 梁志兵. 企业参与"一带一路"金融支持 [J]. 中国金融, 2017 (9)：62-63.

④ 温来成, 彭羽, 王涛. 构建多元化投融资体系服务国家"一带一路"战略 [J]. 税务研究, 2016 (3)：22-27.

⑤ 仲鑫, 冯桂强. 构建"一带一路"倡议实施的多元融资机制研究 [J]. 国际贸易, 2017 (4)：30-33, 67.

⑥ 袁佳. "一带一路"基础设施资金需求与投融资模式探究 [J]. 国际贸易, 2016 (5)：52-56.

⑦ 温灏, 沈继奔. "一带一路"投融资模式与合作机制的政策思考 [J]. 宏观经济管理, 2019 (2)：54-61.

深入的分析和进一步的探讨。

（二）"一带一路"基础设施建设融资的具体模式

在"一带一路"基础设施融资体系下，存在多元化的融资模式，当前学者结合中国的"一带一路"融资实践，具体研究了多元化的融资模式，取得了一些成果。

首先是对各种融资模式的研究。余莹指出我国对外基础设施投资模式是援助、投资和贸易的混合体，并从政治风险的角度讨论了这一混合模式中存在的问题，提出了四个方面的建议；丝路基金原董事长金琦详细介绍了丝路基金以股权投资为主、兼具债券基金投资的经营现状和丝路基金运作的整体框架、风险体系的构建等内容，强调了其在三个方面的特殊作用和两个方面的挑战；曹文炼认为开发性金融机构应该是"一带一路"融资的主导①；英勇则讨论了全球养老机构对"一带一路"融资的参与②；赫伯特·波尼施（Herbert Poenisch）讨论了中国商业银行参与"一带一路"融资的角色定位和方法③；寇娅雯等讨论了"一带一路"股权融资市场的相关机制④；赵祚翔研究了"一带一路"境外合作园的融资模式⑤；宋微探讨了沿线主权财富基金参与"一带一路"投融资合作的问题⑥；张中元等探讨了"一带一路"融资中的债券融资机制⑦。

作为中国倡导建立的多边开发银行，亚投行如何助力"一带一路"基础设施融资也受到学者们的广泛关注。王达认为亚投行是中国落实共建"一带一路"倡议的战略支点⑧；耿楠分析了现有多边开发银行的不足和全

① 曹文炼. 发挥开发性金融在"一带一路"建设中融资的主导作用 [J]. 国际融资, 2020 (5): 15-16.

② 英勇. 引导全球养老保险等机构投资"一带一路"和中国国内基建 [J]. 国际融资, 2020 (5): 19-21.

③ POENISCH H. 中国商业银行在"一带一路"倡议中的角色 [J]. 国际金融, 2020 (3): 3-10.

④ 寇娅雯, 石光乾. "一带一路"背景下股权融资市场证券结算担保机制研究 [J]. 湖北经济学院学报（人文社会科学版）, 2019, 16 (12): 40-42.

⑤ 赵祚翔, 李晨妹, 王圣博. "一带一路"背景下中国境外合作园区投融资模式的实践 [J]. 商业经济研究, 2019 (22): 178-181.

⑥ 宋微. 开展"一带一路"主权财富基金合作的实施路径分析 [J]. 国际贸易, 2019 (4): 28-33.

⑦ 张中元, 沈铭辉. "一带一路"融资机制建设初探：以债券融资为例 [J]. 亚太经济, 2018 (6): 5-14, 146.

⑧ 王达. 亚投行的中国考量与世界意义 [J]. 东北亚论坛, 2015 (3): 48-64

球基础设施融资的缺口，认为新开发银行和亚投行是现有开发性金融体系的重大创新和有益补充①；刘国斌认为亚投行可以深化"一带一路"沿线国家的金融互助并为基础设施建设提供条件②；陈燕鸿和杨权则发现亚投行能够弥补传统融资机构对发展中国家的基础设施建设支持的忽视问题③；贾银华指出，因基础设施融资的特点，亚投行应该构建融资的全过程风险管理体系④。

（三）"一带一路"基础设施建设融资的经验借鉴

在"一带一路"基础设施建设融资的经验借鉴方面，当前的研究多从发达国家的发展融资角度出发。孟华强考察了日本企业对外投资的金融支持体系，详细介绍了日本的政府指导、多渠道的融资平台与产品以及"商社金融"模式，对"一带一路"建设融资提出了四点借鉴意见⑤；王胜文总结了中国援助非洲基础设施建设的经验，强调了多种资金并用的方式，包括无偿援助、无息贷款和优惠贷款，同时指出资金缺口巨大是非洲基础设施建设面临的最迫切需要解决的问题⑥；王松军等选择了主要发达国家和新兴市场 6 家具有代表性的政策性金融机构，分析了国外政策性金融机构的盈利模式，对"一带一路"建设融资中的政策性金融机构提出了建议⑦；沈铭辉以二十国集团（G20）国家为例，分析了全球基础设施投资与合作，指出全球基础设施投资存在发展不平衡、投融资缺口巨大的问题，并从现有经验给出了一些政策建议⑧；日本学者船津润研究了日本政

① 耿楠. 多边开发金融体系新成员：创新与合作：新开发银行与亚投行机制研究 [J]. 国际经济合作, 2016（1）：90-95

② 刘国斌. 论亚投行在推进"一带一路"建设中的金融支撑作用 [J]. 东北亚论坛, 2016（2）：58-66

③ 陈燕鸿，杨权. 亚洲基础设施投资银行在国际发展融资体系中的定位：互补性与竞争性分析 [J]. 广东社会科学, 2015（3）：5-13

④ 贾银华. 亚洲基础设施投资银行贷款全过程风险管理体系的构建：基于国家开发银行经验研究 [J]. 经济与管理, 2016, 30（3）：13-18

⑤ 孟华强. 日本企业对外投资的金融支持体系对"一带一路"战略的启示 [J]. 经济研究参考, 2016（67）：10-12.

⑥ 王胜文. 中国援助非洲基础设施建设的经验与展望 [J]. 国际经济合作, 2012（12）：7-9.

⑦ 王松军，邓钦. 国外政策性金融机构盈利模式分析及启示 [J]. 财务与会计, 2016（19）：69-71.

⑧ 沈铭辉. 全球基础设施投资与合作研究：以 G20 国家为例 [J]. 国际经济合作, 2016（6）：13-20.

府开发原则与财政投融资的基本体系和相关问题①。

四、研究现状述评

从当前国内外已有研究的情况来看，当前研究存在如下四个特点：

一是就已经查阅到的文献来看，当前对"一带一路"基础设施建设融资体系的研究多为政策性研究，缺乏理论性的研究。当前对"一带一路"基础设施建设融资体系的研究多为中国央行、国家开发银行（简称国开行）、财政部、发改委等政府部门的研究，研究角度也多从政策性框架出发，缺乏从经济学理论的角度对融资体系进行研究的相关文献，也缺乏从现状、机制等角度对融资体系进行分析的文献。

二是对"一带一路"基础设施建设融资体系的研究多为静态研究，缺乏动态分析的角度。当前的研究大多把"一带一路"基础设施融资作为一个静态的多元化体系进行分析，基本没有考虑到多元化融资体系内部的结构变化问题、基础设施生命周期与融资体系的配合问题等动态问题，缺乏动态角度的研究。

三是对跨境基础设施融资的研究多见于多边开发性金融机构，缺乏立足于中国视角的研究。无论是国际援助、开发性金融还是私人资本的跨境基础设施融资研究都多来自世界银行、国际货币基金组织、亚洲开发银行等多边开发银行，其研究的重点也是多边开发银行本身，国内还较少有深入研究这方面的文献，也缺乏以"一带一路"为视角的研究文献。

四是融资体系的研究较为分散，缺乏整合。对"一带一路"基础设施融资体系的研究要么停留在政策层面，相对较浅；要么分散在国际援助的相关理论、开发性金融理论和私人资本融资理论中，相关研究普遍比较分散，缺乏整合，没有考虑到不同融资渠道之间的联系等问题。

从已有文献的整理情况来看，在基础设施融资方面已有一些成熟的理论，但在跨境基础设施融资方面的研究还比较分散，深入研究较少，动态研究存在不足，同时也缺乏中国视角和"一带一路"背景下的研究。因此从中国的角度，结合现有成果，在理论层面更加深入地讨论"一带一路"基础设施的融资体系是十分必要的。

---

① 船津润，何培忠. 日本的政府开发援助与财政和财政投资融资 [J]. 国外社会科学，2004 (4)：109-110.

第三节 研究的主要内容、思路、创新与不足

一、研究的主要内容

本书研究的核心内容是"一带一路"基础设施建设的融资体系，试图解决的核心问题是"一带一路"基础设施建设资金从何而来，如何融资。为了解决好这个问题，具体研究的内容包括如下四个部分：

（一）"一带一路"基础设施建设融资及融资体系的现状

其一，要厘清两个问题，即"一带一路"基础设施建设融资情况如何，以及"一带一路"基础设施融资现有的融资体系是什么样的。针对这两个问题，本书分别从项目视角、供给视角和中国参与三个视角出发分析"一带一路"基础设施融资的情况，对"一带一路"基础设施融资现状及其特征进行研究；其二，从融资政策、融资机制、融资机构和融资工具四个方面分析当前"一带一路"基础设施建设融资体系的现状，为后续研究奠定基础。

（二）"一带一路"基础设施建设融资的主要方式研究

本书在理论分析的基础上，选择了国际援助融资、开发性金融融资、私人资本融资三个主要方式作为核心研究内容。研究国际援助融资主要解决"为什么使用国际援助资金为基础设施建设融资""国际援助资金为基础设施融资的重点是什么"和"中国的国际援助如何与'一带一路'基础设施融资相结合"三个问题；研究开发性金融融资主要解决"开发性金融机构为基础设施融资的重点是什么"和"中国国开行如何与'一带一路'基础设施建设融资相衔接"两个问题；研究私人资本融资主要解决"为什么私人资本应该参与跨境基础设施融资""影响私人资本参与跨境基础设施融资的因素是什么"两个问题。总的来说，这一部分主要研究的是三大融资渠道如何为"一带一路"基础设施建设融资，融资重点是什么。

（三）"一带一路"基础设施建设的融资体系构建

本书在研究主要融资渠道的基础上，探讨三种主要渠道如何相互结合和配合，共同为"一带一路"基础设施建设融资。本部分主要从静态和动态两个角度，研究如何构建一个多元化可持续的融资体系，为"一带一路"基础设施建设提供资金。

（四）中国如何推动"一带一路"基础设施建设融资

本部分在前面研究的基础上，结合中国的实际情况和新形势下的内外部环境，讨论中国如何更好地融入"一带一路"基础设施建设融资体系，从理念、制度、环境、境外合作等角度为中国推动"一带一路"基础设施建设融资提出政策建议。

二、研究思路

本书从理论出发，首先梳理跨境基础设施融资的相关理论，重点从现有基础设施融资方法理论中，寻找适用于"一带一路"基础设施建设的融资理论，为后续研究找准方向。其次根据搜集的资料，准确把握"一带一路"基础设施融资和融资体系的现状、特点，分析特征事实。在此基础上，从国际援助、开发性金融、私人资本融资三个具体融资渠道展开深入研究，分析每一个渠道为基础设施融资的可行性、融资来源、融资方法和融资重点等问题，从理论分析和实证分析等角度进行深入研究，是本书的核心。在三大渠道研究结论的基础上，通过逻辑分析的方法实现融资体系的构建，搭建一个静态和动态相结合的融资体系框架，并深入讨论融资体系内部结构与互动的问题。最后在前面研究成果的基础上，以中国为视角，给出中国在推动"一带一路"基础设施建设融资中应该"怎么做"的政策建议。思路框架见图1-1。

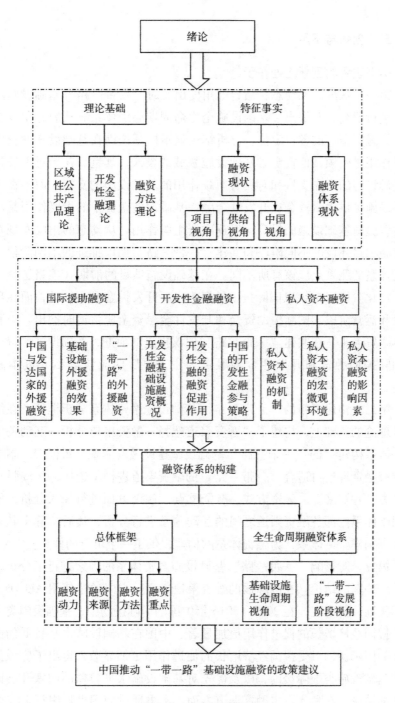

图 1-1 本书研究思路

三、创新与不足

本书主要的创新之处在于：

第一，从静态和动态相结合的角度出发对"一带一路"基础设施融资体系进行研究，并提出了基础设施全生命周期融资体系。从静态角度明确了三大融资渠道的各自定位，分析结论显示国际援助在基础设施融资中的主要作用是引领其他资金对基础设施领域的投入，其重点在于对不发达国家基础设施的率先支持和对具有瓶颈作用的基础设施的支持，而不在于为基础设施提供大量资金；开发性金融在基础设施融资中的主要作用是动员其他资金对基础设施的投资，发挥融资组织作用。从动态的角度发现在基础设施项目建设的不同阶段和共建"一带一路"倡议推进的不同阶段，其融资体系的侧重点应该有所不同。在基础设施项目的前期（项目选择、评估、孵化阶段）应该以国际援助融资为主，开发性金融为辅助；而在项目建设和运营阶段，国际援助资金和开发性金融资金应该适时撤出，以私人资本融资为主。在共建"一带一路"倡议推进的前期，基础设施融资应该以国际援助融资和开发性金融融资为主，中后期应该以私人资本融资为主。

第二，构建了新的"一带一路"基础设施融资体系分析框架。在结合现有理论的基础上，构建了"融资渠道选择—融资渠道分析—互动关系分析—体系构建"的"一带一路"基础设施建设融资体系分析框架。本书对照现有融资理论对适合"一带一路"的融资渠道进行了选择，并按照"融资动力、融资来源、融资方式、融资重点"四个方面进行深入分析，然后着眼于体系内部各融资渠道之间的互动关系进行分析，最后从静态和动态的角度构建整体体系，为融资体系的构建提供了一个可行的框架。

第三，对影响"一带一路"基础设施融资体系的因素进行了分析，得出了一些新的结论。在国际援助融资渠道方面，本书通过使用 Aid Data 数据库实证分析发现，在 2002—2016 年中国的国际援助中，基础设施类援助对受援国经济增长的促进作用更加显著、中国在基础设施水平较低的国家开展的国际援助对受援国经济增长的促进作用更加显著，得出了应该优先开展基础设施类国际援助，以及优先对基础设施水平较差的国家开展国际援助的结论。在私人资本融资渠道方面，本书通过使用世界银行 PPI 数据库对 1996—2018 年私人资本参与基础设施融资的情况进行分析发现，影响私人资本参与"一带一路"基础设施融资的因素主要是多边开发银行的参与、国际援助的带动、国家法治水平和市场规模等，其他宏观经济质量的影响并不明显。

本书同时也存在如下三个方面的不足：

第一，由于时间和篇幅限制，本书没有对私人资本融资渠道进行更进一步的深入分析，而是将其作为一个整体看待，忽略了不同私人资本融资渠道之间的差异，对私人资本融资的指导性还不够强。同样，出于研究内容篇幅的考虑，本书主要依据《"一带一路"融资指导原则》对适宜的融资渠道进行了取舍，进而重点研究选取的融资渠道的合理性、融资重点等问题，而对已经舍弃的融资渠道没有做更为深入的合理性分析。

第二，由于中国对外援助数据的严重缺乏，本书采用了该研究领域常用的 Aid Data 数据，但这一数据从采集方法就存在一些缺陷，可能存在重复计算，同时没有区分开发合作和国际援助之间的区别，将一些商业银行融资也划分在其中，这可能导致一部分数据失真，从而削弱了实证研究的解释力。

第三，本书研究的主要内容以三大主要融资渠道为主，而对风险、政策、市场、中介服务、监管合作等融资支持体系缺乏足够的关注。这是由本书选取的研究视角导致的，也使得这一融资体系还不够完善。肖钢撰写的《制度型开放——构建"一带一路"投融资新体系》则从融资支持的角度展开，可以成为后续研究的借鉴。

第二章 相关概念界定和理论基础

第一节 相关概念界定

一、基础设施

发展经济学家是最先研究"基础设施"这一概念的。保罗·罗森斯坦·罗丹（Paul Rosenstein-Rodan）、拉格纳·纳斯（Ragnar Nurse）和阿尔伯特·赫希曼（Albert Hirschman）等发展经济学家将用于基础设施建设的资本称为"社会管理资本"，并最先对这一问题进行了研究。普遍观点认为电力、运输、通信等与社会经济息息相关的基础设施，其"成本"应该由国民经济总体来进行分摊；拉格纳·纳斯在罗森斯坦（Rosenstein）提出的经济类基础设施中增加了医院、学校等社会基础设施，认为其主要用来提高私人资本的投资回报率[①]；阿尔伯特·赫希曼则更加详细地对基础设施进行了分析，认为基础设施是社会间接资本，为各类产业活动提供必要的基本服务，并将具备"硬件"条件的基础设施称为狭义的基础设施，主要指交通（港口、公路）、能源（电力）等设施，同时将法律、教育、公共卫生等也纳入到广义的基础设施中[②]。在发展经济学家的影响下，西方对"基础设施"的广义认识为：基础设施包括运输和通信系统、电力设备及其他公共服务设施，同时也包括人民受教育的水平、社会风尚、生产技术及管理经验等无形资产[③]。

---

① NURSKE R. Problems of capital formation in underdeveloped countries [J]. Punjab university economist, 1966, 2 (4): 1-23.

② 赫希曼, 曹征海. 经济发展战略 [M]. 北京：经济科学出版社, 1992。

③ 格林沃德. 现代经济学词典 [M]. 北京：商务印书馆, 1981.

"基础设施"这一概念引入我国时，研究者将其按照字面意思翻译为"基础结构（infrastructure）"。钱家骏和毛立本在 1981 年率先介绍了这一概念的含义，将其定义为"向社会上所有商品生产部门提供基本服务的那些部门"，认为它是社会的基础，并同样将其区分为具有有形资产的狭义基础设施，如运输、动力和通信，以及具有无形资产的广义基础设施，如教育、卫生、科研服务①。其后，刘景林在《论基础结构》一文中对基础设施的概念进行了系统的研究，定义其为"为发展生产和保证生活供应创造共同条件而提供公共服务的部门、设施、机构的总体"，将其按照职能划分为生产性基础结构、生活性基础结构、社会性基础结构，并探讨了生产性基础结构对国民经济发展的影响②，这也是国内早期对基础设施进行的最系统的研究。其后，冯兰瑞、何兴刚等学者都沿用了钱家骏等人的概念。同时，樊纲等学者将"基础结构"改为"基础设施"，同时提出"基础部门"的概念，对基础设施的基本认识一直沿袭至今。

　　除了各国的研究者外，国际组织也十分重视对基础设施的研究，当前受到广泛认可的"基础设施"的概念基本来源于国际组织。世界银行在《1994 年世界发展报告：为发展提供基础设施》中使用了"基础设施"的概念，并将其主要定义为经济基础设施，包括公用设施（电力、电信、自来水、卫生、排污等）、公共工程（公路、大坝、排水灌溉等）和其他交通运输部门（城市间道路、港口、机场等）。在这一份报告中，世界银行深入讨论了基础设施对经济发展的影响、基础设施供给的方式、政府基础设施融资问题等，形成了许多共识③。此外，联合国及 OECD 的相关定义也受到广泛的认可："基础设施是一个国家或地区内的公共工程系统。基础设施投资是指公共和私营部门对能够在长期内支持经济可持续增长的固定的、不可移动的资产的投资。"④ 世界经济论坛（WEF）也有类似定义：对于政府和社会而言，基础设施通常指对社会运作和经济运行至关重要的物理结构——道路、桥梁、机场、电网、学校、医院。

---

　　① 钱家骏，毛立本. 要重视国民经济基础结构的研究和改善 [J]. 经济管理，1981 (3)：12-15.
　　② 刘景林. 论基础结构 [J]. 中国社会科学，1983 (1)：73-87.
　　③ 世界银行. 1994 年世界发展报告 为发展提供基础设施 [M]. 毛晓威，等译. 北京：中国财政经济出版社，1994.
　　④ 中国对外承包工程商会. "一带一路"国家基础设施发展指数报告 2019[R/OL].（2019-05-30）[2020-4-1]. https://www.yidaiyilu.gov.cn/wcm.files/upload/CMSydylgw/201905/201905300609042.pdf

从"基础设施"这一概念的发展沿革来看，基础设施是一种具有公共工程性质的物理结构，主要为经济社会发展服务。随着经济社会的发展，基础设施的内涵也在不断丰富，如在信息化时代，"数字基础设施"也成为基础设施的一部分。从本书研究的内容来看，共建"一带一路"倡议中强调的基础设施主要是起"互联互通"和推动经济发展作用的经济基础设施，包括公路、铁路、港口等交通基础设施和电力等能源基础设施，这也是本书"基础设施"研究的主要内容。

二、"一带一路"基础设施融资

"一带一路"是"丝绸之路经济带"和"21世纪海上丝绸之路"的简称，由中国国家主席习近平于2013年9月和10月分别提出建设"新丝绸之路经济带"和"21世纪海上丝绸之路"的合作倡议。2015年，国家发展改革委、外交部、商务部联合发布了《推动共建丝绸之路经济带和21世纪海上丝绸之路的愿景与行动》，详细阐述了共建"一带一路"倡议的原则、思路、重点和机制。

当前学界对涉及"一带一路"的国家的主要分为以下几类：

一是与中国签署了"一带一路"合作协议、政府间合作备忘录、合作文件、谅解备忘录等政府间合作文件的国家。这些国家并不一定处于"丝绸之路经济带"和"21世纪海上丝绸之路"地理位置的沿线，但基于"一带一路"的开放原则，依然将这些国家视为"一带一路"的研究范围。截至2023年8月底，中国已经与152个国家签署了共建"一带一路"合作文件。

二是在地理位置上处于"丝绸之路经济带"和"21世纪海上丝绸之路"沿线的国家，共有65个国家①。这也是目前最常用的"一带一路"研究范围。

---

① 分别包括菲律宾、柬埔寨、老挝、马来西亚、缅甸、泰国、文莱、新加坡、印度尼西亚、越南、阿塞拜疆、白俄罗斯、俄罗斯、格鲁吉亚、摩尔多瓦、乌克兰、亚美尼亚、蒙古国、阿富汗、巴基斯坦、巴勒斯坦、不丹、马尔代夫、孟加拉国、尼泊尔、斯里兰卡、印度、埃及、阿拉伯联合酋长国、阿曼、巴林、卡塔尔、科威特、叙利亚、黎巴嫩、沙特阿拉伯、土耳其、也门、伊拉克、伊朗、以色列、约旦、哈萨克斯坦、吉尔吉斯斯坦、塔吉克斯坦、土库曼斯坦、乌兹别克斯坦、阿尔巴尼亚、爱沙尼亚、保加利亚、波兰、波斯尼亚和黑塞哥维那、黑山、捷克、克罗地亚、拉脱维亚、立陶宛、罗马尼亚、北马其顿共和国、塞尔维亚、塞浦路斯、斯洛伐克、斯洛文尼亚、希腊和匈牙利。

三是在实际研究中，由于"一带一路"沿线 65 个国家的情况差异较大，尤其是缺乏统计资料和研究渠道，因此我们常常选择一些"一带一路"重点国家来开展研究。其中比较权威的是商务部投资促进事务局发布的《"一带一路"战略下的投资促进研究》中，通过综合评价指标体系筛选出的"一带一路"投资促进重点国别市场，共计 31 个国家，分别是东南亚的新加坡、印度尼西亚、马来西亚、越南、泰国、文莱 6 国，南亚的印度、斯里兰卡 2 国，中亚的哈萨克斯坦、土库曼斯坦 2 国，西亚北非的阿联酋、沙特阿拉伯、以色列、卡塔尔、科威特、阿曼 6 国，中东欧的罗马尼亚、波兰、克罗地亚、捷克、爱沙尼亚、匈牙利、拉脱维亚、立陶宛、北马其顿共和国、斯洛文尼亚、斯洛伐克 11 国和独联体及俄罗斯、白俄罗斯、蒙古国、阿塞拜疆 4 国。这些国家覆盖了"一带一路"沿线的所有区域，具有较强的代表性。

本书主要根据实际情况选取第二类和第三类国家范围来进行研究。

本书所称的"一带一路"基础设施融资或"一带一路"基础设施建设融资，均指在"一带一路"沿线国家的范围内开展的基础设施融资活动。从实践情况来看，一般分为两类：

第一类是由沿线国家国内政府提供资金支持的基础设施建设，包括交通道路、农田水利、城镇化等各个方面，这一类基础设施建设主要依靠国内财政资金支持，由来已久，属于国内基础设施建设的范畴。从本书"一带一路"的研究范围来看，这一类不属于本书的讨论范畴。

第二类是由沿线国家国内政府以外的其他资金提供者支持的基础设施建设，尤其是国外资金（包括公共资金和私人资金）支持的跨境基础设施建设，并且发生了基础设施建设资金在"一带一路"沿线或区域范围内的流动。这一类基础设施融资是本书研究的主要内容。

三、融资体系

融资体系是一个由融资市场、融资机构和融资制度组成的，通过创造融资工具实现资金在融入者和融出者之间转移的网络，是金融体系的一个组成部分。融资体系的基本作用是通过合理的收益和风险分配，实现资金从提供者到需求者之间的转移。好的融资体系可以实现金融资源更有效的分配。融资体系的构成要素一般包括融资市场、融资机构、融资工具、融资监管和融资需求主体。融资体系根据不同的划分标准可以划分为债务融资体系、债权融资体系；直接融资体系、间接融资体系等。从现代金融体系的基本形态来看，融资体系还可以分为以市场为主导的融资体系和以银行为主导的融资体系①。

"一带一路"基础设施融资体系具有其特殊性。由于基础设施的公共产品属性和"一带一路"基础设施的跨境属性，其融资体系与普通融资体系具有一定的区别。其融资市场包括国际基础设施私人融资市场、开发性金融机构和商业银行的基础设施债券融资市场、股权融资市场等；融资机构包括政府、国际组织、开发性金融机构、商业金融机构、私人企业、机构投资者等；融资工具种类多样，涵盖了国际援助融资中的专项融资工具和私人资本融资中的基础设施债券、PPP融资等；融资需求的主体则主要是政府；融资监管涉及跨境投融资的多个领域。从"一带一路"基础设施融资体系的基本形态来看，当前其正在从一个以银行（或者说融资机构）为主导的融资体系，向以市场为主导的融资体系转变，因此本书也是以融资机构为主要视角展开对融资体系的研究。

四、开发性金融

对开发性金融的界定目前还没有一个统一的概念。Schreiner M 和 Yaron 将开发性金融描述为一种金融活动，是"为提高社会福利，由政府出资建立特定金融机构（开发性金融机构）向制度落后或商业银行不能服务的行业提供贷款的金融活动"②。中国国家开发银行联合课题组首次对中国的开发性金融进行了系统研究，提出开发性金融的概念为："单一国家或国家联合体通过建立具有国家信用的金融机构（通常为银行），为特定需求者提供中长期信用，同时以建设市场和健全制度的方式，加快经济发展，实现长期经济增长以及其他政府目标的一种金融形式。"③

当前开发性金融理论认为开发性金融具有的基本特征包括：第一，以国家信用为基础，但同时以市场业绩为支柱；第二，以市场路径实现政府（或多国政府）的经济社会发展目标；第三，其基本原理和方法为组织增

---

① 吴晓求，赵锡军，瞿强. 市场主导和银行主导：金融体系在中国的一种比较研究［M］. 北京：中国人民大学出版社，2006.

② SCHREINER M, YARON J. Development finance institution: measuring their subsidy［R］. Directions in Development Series. Washington, D. C. The World Bank, 2001.

③ 国家开发银行·中国人民大学联合课题组. 开发性金融论纲［M］. 北京：中国人民大学出版社，2006：75.

信；第四，基本业务方式为政府机构债券和金融资产管理；第五，融资机制以金融孵化为核心；第六，治理结构为通过现代化企业体系进行民主管理。

开发性金融的主要作用包括：在经济建设中提供长期资金支持；奠定可持续发展的金融制度基础；构建开发性金融合作机制以控制整体风险以及发挥其在经济建设中的调控作用①。在区域或国际领域，其作用可以归纳为长期规划、市场培育及聚合各方力量，促成政府与私人资本合作三大作用②。

需要指出的是，当前学者的研究把传统开发性金融机构与现代开发性金融机构区分开了。陈元认为，传统的开发性金融机构是以凯恩斯主义为指导的，以保本微利为特征，是财政补贴的产物，此类开发性金融机构基本上是失败的。现代开发性金融机构的核心特征是实现国家战略目标，因此必须要拥有财务持续和自主发展能力，以货币金融体系建设、市场建设为重点③。

第二节　区域性公共产品理论

区域性公共产品理论是公共产品理论的拓展，区域性公共产品理论包括区域性公共产品的定义与分类、区域性公共产品的供给理论、区域性公共产品的融资理论及应用等相关内容。

一、区域性公共产品的定义与分类

与私人产品相对应，公共产品很早就受到经济学家的关注。早在亚当·斯密的研究中就出现了对这类产品的描述："有一类产品很可能为广大社会带来最大程度的利益，但其性质却决定了其产出的利润水平远无法回报某个人或少数人组成的群体为此所投入的开支。因此个人或少数人群

---

① 中国开发性金融促进会. 全球开发性金融发展报告（2015）[M]. 北京：中信出版社，2015：12.

② 中国开发性金融促进会. 全球开发性金融发展报告（2015）[M]. 北京：中信出版社，2015：12.

③ 陈元. 开发性金融的思想、属性与发展 [J]. 经济导刊，2019（6）：14.

体都无法提供此类产品。"①

当前公认的对公共产品的界定来自萨缪尔森，他提出了公共产品消费的非排他性和非竞争性两个特征。"非排他性"是指公共产品一旦被提供，其消费过程就不可能被独占，而是可以被任何人消费的。不可能被独占的原因要么是技术上不可行，要么是独占成本过高。"非竞争性"是指公共产品消费者的增加不会引起任何边际成本的增加，当然也不会减少他人对该产品的消费，因此消费者之间不存在相互竞争的问题②。严格符合这两个定义的公共产品一般被称为"纯公共产品"，其涉及的范围比较狭窄，主要包括政府的环境保护、国防、新闻广播等服务；相对不那么严格满足这两个特征的产品被称为"准公共产品"，典型的如道路桥梁等。

在对公共产品的讨论中，主流观点还是围绕"非竞争性"和"非排他性"展开，如鲍德威等强调公共产品消费的共同性，奥尔森等强调公共产品的非排他性，布鲁斯等强调公共产品的非竞争性等③。其中奥尔森在"非竞争性"中加入了时间概念，提出"集团中任何个人的消费都不妨碍其同时被其他人消费"④。与之对应的是，也有部分学者提出了新的观点。布坎南（Buchanan）从公共产品的供给角度进行了定义，认为公共产品是指通过政治制度实现的供给与需求，与之区分的私人产品是通过市场制度实现供给与需求⑤。迈克尔（Michael）从消费角度指出凡是被非竞争性消费的产品都是公共产品。新制度经济学派的部分学者认为公共产品和私人产品的区别在于个人根据产权界定的边际收益和边际成本选择。

（一）区域性公共产品理论的提出

公共产品的概念拓展到国际以后，产生了国内公共产品、全球公共产品和区域性公共产品等概念，其主要不同来自公共产品的跨国界特征。奥尔森（Olsen）在1971年提出了"国际公共产品"的概念，从全球公共产

---

① 亚当·斯密. 国民财富的性质和原因的研究 [M]. 上海：商务印书馆，1974：284.

② SAMUELSON P. The pure theory of public expenditure [J]. Review of economics and statistics, 1954, 36 (4)：387.

③ 许彬. 公共经济学导论 [M]. 哈尔滨：黑龙江人民出版社，2003：50.

④ 奥尔森. 集体行动的逻辑 [M]. 上海：上海三联书店，上海人民出版社，1995：13.

⑤ BUCHANAN J. The demand and supply of public goods [J]. Immunology today, 1968, 51 (1)：844-846.

品的角度分析了提高国际合作激励的问题①。金德尔伯格（Kindleberger）对全球公共产品定义为：生产过剩时的市场开放、严重短缺时的资源供给以及严重金融危机中作为最后手段的"贷款人"，并且指出在缺乏国际政府的情况下，全球公共产品引起的"搭便车"行为更加严重②。被研究者广泛接受的定义来自英奇·考尔（Inge Kaul）等。其将全球公共产品定义为"收益延伸至所有国家、群体及世代的产品"③。这一定义明确了三个方面的内容：一是全球公共产品的消费跨越国家，覆盖所有国家和所有群体；二是全球公共产品的消费跨越时间，能够满足多代人的需求；三是全球公共产品具有公共产品的特征，即非排他性和非竞争性。世界银行将其定义为跨越国界的物品、资源、服务、规则系统或者整体体制等，其具有很强的外部性，对发展和减贫都很重要，并且只有发达国家和发展中国家合作并集体行动才能发挥效用④。这与考尔（Kaul）等人的定义基本一致。

介于国内公共产品和全球公共产品之间的是区域性公共产品，其定义为"由区域内国家联合提供的，服务于本地区的繁荣和稳定的跨国公共产品，可以是有形的基础设施，也包括无形的制度"⑤。最早将传统的国际公共产品分析应用于区域层次的是 2000 年瑞典外交部的《区域性公共产品与国际发展合作的未来》报告。2002 年，美洲开发银行出版的《区域性公共产品：从理论到实践》，详细阐述了区域性公共产品的理论和在亚洲、拉丁美洲的实践，提出了"汇总方法"（Aggregator Technology）这一区域性公共产品的分类和研究方法。

当前区域性公共产品理论主要包括区域性公共产品的概念与分类、区域性公共产品的供给等理论。

（二）区域性公共产品的分类

随着全球化和区域一体化的发展，人们对区域性公共产品的需求日益

---

① OLSEN M. Increasing the incentive for international cooperation [J]. International organization, 1971, 25 (4): 866-874.

② KINDLEBERGER C. International public goods without international government [J]. The American economic review, 1986 (1): 1-13.

③ 英格·考尔. 全球化之道：全球公共产品的提供与管理 [M]. 张春波，译. 北京：人民出版社，2006：88.

④ DEVELOPMENT C. Poverty reduction and global public goods: issues for the world bank in supporting global collective action [M]. Washington, DC: World Bank, 2000.

⑤ 樊勇明. 区域国际公共产品与东亚合作 [M]. 上海：上海人民出版社，2014：53.

增加。研究区域性公共产品的原因有以下四方面：一是全球化进程中大规模的要素跨边界流动，需要和产生了大量的公共产品；二是区域一体化进程的加快促使跨国界的区域产生了公共产品；三是发展理念的转变，大量的对外经济援助转变为对公共产品的援助；四是技术的进步促使新的公共产品不断产生。许多研究都发现，越来越多的对外援助集中于两个领域：为受援国的跨国公共产品提供资金，以及为受援国吸收这些资金提供准备①。

对区域性公共产品的分类有如下两个角度：

1. 产品"公共性"角度的分类方法

从区域性公共产品对公共产品经典特征的满足程度来看，区域性公共产品可以分为四类。一是完全满足非排他性和非竞争性特征的公共产品，一般称为纯公共产品，奥尔森和桑德勒等认为这类产品的利益可以惠及整个区域，但这类公共产品的提供存在着集体行动的问题，即"搭便车"行为，没有任何国家愿意提供这些产品，因此需要某种形式的政府供给或外部干预②。第二类通常被称为"不纯的公共产品"，即不能严格满足非排他性和非竞争性两大特征的公共产品，事实上大部分公共产品都是不纯的公共产品。当一个国家对公共产品的消费导致其他国家的收益减少，或者国家通过收费的方式排除掉未付费的消费者，就出现了这样的情况。

"不纯的公共产品"实际上是一个较大的范围，研究者还通过对公共产品特征的进一步研究，细分出了"俱乐部产品"和"联产品"。"俱乐部产品"是公共产品理论中的概念，指具有排他性但不具有竞争性的产品，如道路基础设施（道路基础设施若不收费，则在达到该设施的设计容量上限之前可以看作是纯公共产品；若收费，则在达到该设施的设计容量上限之前可以看作是俱乐部产品，我们一般讨论的都是在基础设施设计使用容量上限之内的情况，因此均不具有竞争性）。俱乐部产品解决了一部分公共产品的效率问题，是公共产品供给中的一个重要讨论角度。

另外一种重要的公共产品是"联产品"，是指单个的活动产生了两个或者更多的结果，这些结果的"公共性"特征是各不相同的，科尔内斯

---

① 埃斯特瓦多道尔. 区域性公共产品：从理论到实践 [M]. 张建新，译. 上海：上海人民出版社，2010：12.

② 埃斯·特瓦多道尔. 区域性公共产品：从理论到实践 [M]. 张建新，译. 上海：上海人民出版社，2010：16.

（Cornes）和桑德勒①等进行了研究。常见的例子是对一个热带雨林的保护，会同时产生如下效应：促进生物的多样性，这是一种全球性的纯公共产品；保持水土，这是一种区域性的不纯的公共产品；影响微观气候，这是一种区域性的纯公共产品；提供生态旅游，这是一种区域性的俱乐部产品。联产品的供给需要根据其中具有排他性的利益占总利益的比重来决定。

2. 产品供给角度的分类方法

从公共产品是如何供给的这一角度，荷什勒佛（Hirshleifer）、科尔内斯和桑德勒等人于1984年提出了"汇总方法"，主要包括六个种类。

第一种汇总方法叫作"总和"，即公共产品的供给由每一个个体提供，并且"捐款者提供的总和等于供给的总水平"。这一种方法通常用来描述区域中各国行为体分别提供某一公共产品的一部分，其供给的总和形成了该公共产品的情况。在这样的情况下，每个行为体的供给具有完全的可替代性。

第二种是"权重总和"，与"总和"类似，但不同行为体由于其努力程度的不同而存在不同的权重，因此该类区域性公共产品的供给水平由不同行为体的权重和供给量共同决定。在这样的情况下，不同行为体的供给不再具有完全可替代性。

第三种是"最弱环节"，即区域性公共产品的有效水平根据最小贡献者的供给决定，比如一个区域最低的金融标准决定着这个区域的金融体系稳定程度。研究者认为，一般来说一个国家倾向于提供最弱环节的区域性公共产品。

第四种是"较弱环节"，即尽管最小贡献对公共产品总供给的影响最大，但次小贡献依然具有较大影响。在区域性公共产品中，基础设施往往是比较典型的"较弱环节"产品，因为提供略高于最小贡献的基础设施（实现基础设施的改善），就能够获得某些较大的额外利益，导致区域的行为体具有超越"最弱环节"供给的动机。

第五种是"最佳表现"，是指由区域行为体最高水平、最大贡献决定供给水平的区域性公共产品，比较典型的如科学技术的研究、卫星发射基

---

① CORRES R，SANDIER T. The theory of externalities，public goods，and club goods［J］. Journal of Economics，1989，49（2）：231-233.

地建设等。某一个行为体的供给就能够实现区域性公共产品的供给。

第六种是"次佳表现"，这是"最佳表现"类型区域性公共产品的不完美形式，即第二努力的供给者也会使公共产品的总水平有所提高，就算区域内有最好的卫星发射基地，但次好的卫星发射基地依然可能会因为地理位置优势、成本优势、容量优势等提高公共产品的供给水平。

在上述两个角度的基础上，研究者提出根据公共性特征分类的公共产品按照汇总方法再进行细分，可以得到二十四种类型。这样的分类方法是当前区域性公共产品最常见的方法，如表 2-1 所示。

表 2-1　区域性公共产品分类及其实例

汇总方法	纯公共产品	不纯的公共产品	俱乐部产品	联产品
总和：公共产品总水平等于各国贡献的总和	净化湖泊	艾滋病人的治疗	跨国公园	保护雨林
权重总和：公共产品的综合等于各国贡献乘以不同权重并加总	防止艾滋病扩散	减少酸雨	电网	消灭跨国恐怖主义威胁
最弱环节：最小贡献决定着产品的总水平	执行国际金融标准	防止疫情暴发	机场辐轴网络	防治或减少自然灾害
较弱环节：次小贡献者对公共产品总水平也有贡献	阻止农业虫害的蔓延	保持消毒	运输基础设施	互联网接入
最佳表现：最大贡献决定产品的总水平	防治疾病	农业研究成果	卫星发射设施	地区维和
次佳表现：次大贡献者对供给水平也有影响	寻找有效的治疗方法	搜集政治不稳定的情报	防止有害生物的措施	生物调查

资料来源：埃斯特瓦多道尔. 区域性公共产品：从理论到实践 [M]. 张建新，等译. 上海：上海人民出版社，2010：21

二、区域性公共产品的供给理论

对区域性公共产品的供给理论的核心内容，布鲁斯·拉西特（Bruce

Russett）和哈维·斯塔尔（Harvey Starr）等人提出了六种可能的供给策略①，这是当前较为完善的区域性公共产品供给理论。结合已有的区域性公共产品供给实践，主要包括如下五个途径：

一是"霸权国供给论"。"霸权国供给论"是建立在金德尔伯格和吉尔平的"霸权稳定论"基础上的，认为应该由在经济政治军事等方面占统治地位的霸权国提供国际政治经济的公共产品。霸权国由于其政治经济等方面的优势可以较为稳定地提供国际公共产品，并使受援国对这一体系认同，形成共同利益，并逐步建立起以霸权国为主导的国际体系。在这一供给模式下，由于霸权国的单独供给，会产生较为明显的集体行为，"搭便车"情况严重，导致供给的成本极高。根据区域性公共产品理论的观点，只有在区域范围较小时才能够减少集体行为带来的损失，霸权国供给模式才能够实现。

北美自由贸易区公共产品由这种模式来提供。霸权国美国通过自身的优势，为该区域提供公共产品，其"以足够的经济剩余和制度条件支付因公共产品供给产生的经济和政治成本"。② 事实上，霸权国供给理论受霸权国供给中所包含的政治倾向、霸权国实力的变化、霸权国国内政治、区域国家政治之间的博弈等因素的影响，其供给已经无法适应实际情况，因此不断受到挑战。

二是超国家供给论。超国家供给是指在区域一体化程度较高的地区，建立起超国家权威，并将该超国家权威作为该区域公共产品供给的中心的一种模式。实际上相当于通过建立一个超国家权威，将区域性公共产品的问题内部化了。区域内主权国家通过契约等方式，让渡一部分权利给超国家机构，委托超国家机构进行区域活动，能够较好地将外部交易成本内部化，并实现区域性公共产品的有效供给。

欧盟是超国家供给模式的代表。通过欧盟成员国的集体契约达成了这一供给模式。应该注意到，它的形成是"欧洲在漫长的历史演变中形成的均势格局及其理念，特别是其背后各国长期的相互依赖关系"③ 导致的。

---

① 布鲁斯·拉西特，哈维·斯塔尔. 世界政治 [M]. 王玉珍，等译. 北京：华夏出版社，2001：380-382.

② 刘雪莲，李晓霞. 论"一带一路"区域性公共产品的供给创新 [J]. 阅江学刊，2017（5）：78-85.

③ 高程. 区域合作模式形成的历史根源和政治逻辑：以欧洲和美洲为分析样本 [J]. 世界经济与政治，2010（10）：35-42

要能够满足区域公共产品的超国家供给，首先需要有一个有效的超国家机构，而这一机构的产生需要地缘、文化、经济、政治等各方面因素的综合作用。

三是少数国家供给论，是指由区域内少数国家形成集体提供区域性公共产品。少数国家供给一方面可以削弱由于霸权国供给所带来的问题，另一方面也可以通过少数国家建立区域内的多个中心，提升供给的质量。

四是多边联合供给论。英国曾经提出通过多边联合供给模式对原有的国际公共产品供给模式进行改革，通过将私人援助资本加入国际公共产品供给体系，加入"自愿合作供给关系"，通过对多边供给主体的评估、吸引、激励和制约，建立一个更加包容的供给体系。

五是相机调整的供给模式。日本在对区域性公共产品的供给中，就出现了从单一供给模式到联合供给模式的调整。在 20 世纪 50 年代，日本采用"雁行发展模式"，通过本国产业的输出带动区域内贸易和投资增长；到 80 年代中期，转变为"后雁行发展模式"，发挥"领头雁"的作用而不是单一提供公共产品的作用，形成美国提供最终产品的消费市场、东亚各国负责生产的"功能性合作"格局；90 年代中后期，随着亚洲金融危机的产生，日本将区域性公共产品的供给转向了区域货币和金融，建立"东盟 10+3"机制；21 世纪以来，日本将重点转变为区域内双边与多边的自由贸易[①]。

三、区域性公共产品的融资理论

区域性公共产品理论有两个重点：一是区域性公共产品的供给，二是区域性公共产品的成本分摊。在这两个重点中，实际上都涉及一个关键问题，那就是由谁提供区域性公共产品的资金，即区域性公共产品如何融资。区域性公共产品的供给中就包括资金供给，而成本分摊归根到底涉及的是建设资金的分摊。因此，区域性公共产品的融资问题是区域性公共产品理论中的一个重点。

（一）区域性公共产品融资的特点

英格·考尔等研究了全球性公共产品的融资安排，并指出全球性公共产品融资的四个主要趋势包括：第一，全球性公共产品的大部分融资继续

---

① 陈辉，王爽."一带一路"与区域性公共产品供给的中国方案［J］. 复旦国际关系评论，2018（1）：81-85

在国家层面进行；第二，全球性公共产品的国际融资活动主要受制于工业化国家的取舍；第三，全球性公共产品的国际融资通常遵循"受益人支付"的原则；第四，全球性公共产品的国际融资活动通常以援助的伪装出现①。

将这四个趋势放在区域性公共产品的融资上来看，除了第一个趋势基本一致外，即区域性公共产品的融资实际上也大多在国家层面进行，其他三个趋势均发生了明显的变化。区域性公共产品的覆盖面是某一个区域，如"一带一路"区域的融资安排显然并不主要受工业化国家取舍的影响，而是区域内的共商共建。"受益人支付原则"在大部分情况下成立，但和以前的全球性公共产品提供相比已经没有那么明显了，特别是在大量官方发展援助和区域开发性金融机构的参与下，主要覆盖中等收入国家的"一带一路"区域并没有明显地体现出"受益人支付"原则。针对公共产品融资和援助的关系，在英格·考尔的理论中认为应该将两者分开，两者的不明确区分影响了公共产品的融资效率；而更多学者的观点认为，官方发展援助本身是全球或区域性公共产品融资的一个组成部分。

（二）国际财政税收融资理论

由于区域性公共产品理论产生的背景是国际关系学和公共经济学领域，因此针对区域性公共产品的融资研究首先是以公共经济学为框架的，学者们提出的融资理论首先是财政税收融资理论。

如果将区域性公共产品看作国内公共产品在区域上的拓展，那么区域性公共产品的融资理论也应该是国内公共产品理论融资的拓展。在这一研究逻辑下，英格·考尔、斯科特·巴雷特等都提出了财政税收是国际性公共产品的主要融资方式。

公共产品是从一般税收即公共收入中融资的。由于不存在世界政府，固然不存在全球税收，但国际合作征税或区域征税还是可行的。如法国就曾推出对飞机票进行联合征税，以对抗饥饿和贫穷，并为全球可持续发展筹备资金。尽管这样的税收协调或联合征税具有一些优势，但由于贪婪动机的存在，集体行动困境依然会出现，会出现区域内部分国家不采取该税收行动，而从税收差距中获取竞争优势的情况。随着"搭便车"情况的加剧，联合税收安排往往无法继续下去。如 1992 年欧共体曾承诺如果其他经

① 英格·考尔. 全球化之道：全球公共产品的提供与管理 [M]. 张春波，译. 北京：人民出版社，2006：284.

合组织成员采取相同的税收安排，其会采取统一的碳排放税或能源税，但其他国家没有采用，导致欧共体取消了该税收①。

从财政税收融资理论来看，该理论在区域性公共产品中适用于纯公共产品的情况，由于不具有排他性和竞争性，所有国家都均等受益，因此所有国家都没有额外提供该公共产品的动力，此类产品就更适合通过区域性财政税收的方式达成融资目标。

（三）国家融资理论

由于国际性和区域性公共产品实际上为所在国家带来了收益，因此许多国际性和区域性的公共产品是由所在国政府提供资金的。英格·考尔提出了1∶200的比例，认为在国际性公共产品融资中，纯国际融资额与国家融资额的比例大概是1∶200②。大部分国际性公共产品的融资来源于国家融资。但国家融资存在着如下四个方面的问题：一是当收入普遍匮乏时，国家将不能很好地应对国际性或区域性问题，即无法提供足够的融资支持；二是如果国家缺乏足够的政策分析和设计能力，就会导致全球性公共产品融资不足；三是各国对全球性和区域性公共产品的偏好是不同的，这些偏好取决于发展水平、历史文化、价值观点等，会直接影响到区域性公共产品的融资；四是区域性公共产品的国家融资可能受到负跨国溢入效应的阻碍，即全球化带来的负面效应如风险冲击、恐怖主义等会阻碍国家融资③。

国家融资理论不仅包括国家为区域性公共产品的国内部分提供资金，也包括国家为区域性公共产品的他国部分提供资金，主要表现为开发援助。其融资动机有三个方面：一是从"成本—收益"分析的经济学逻辑来看，由于受援国的公共产品提供具有外部性，能够为整个区域带来收益，同样包括出资国，因此当出资国给予的开发援助成本低于其可以为本国带来的收益时，该国就愿意提供资金。这个收益既包括短期收益，也包括长期收益。同时由于开发援助常常有附加购买条件，以及参与公共产品供给的国家不仅会因为公共产品获益，还常常因为公共产品的参与本身而获益

---

① 斯科特·巴雷特. 合作的动力：为何提供全球公共产品 [M]. 黄智虎，译. 上海：上海人民出版社，2012：111.

② 英格·考尔. 全球化之道：全球公共产品的提供与管理 [M]. 张春波，译. 北京：人民出版社，2006：294.

③ 英格·考尔. 全球化之道：全球公共产品的提供与管理 [M]. 张春波，译. 北京：人民出版社，2006：295-296.

（如技术的提升），因此收益的范围更广。二是从"汇总方法"的角度来分析，当某些区域性公共产品遵循"最弱环节"供给路径时（如基础设施），区域内最弱环节的节点会给出资国带来负面影响，消除负面影响也将成为出资国的动机。三是出资国可能出于国内国际政治需求进行融资。英格·考尔认为，一个国家为自身供给的公共产品越多，它也将更加有兴趣寻求与其他国家的合作①。

（四）市场融资理论

与国家融资相对应，市场融资可以解决国家融资中资金不足、受到外界冲击时存在融资波动、政府对融资的偏好影响等问题。对具有一定收益的公共产品，均可以采用市场融资的方式进行供给。英国公共经济学家欧文指出，通过市场机制融资的效率要高于政府融资，提高公共产品中的市场融资比例将有利于增进整体经济福利②。

美国学者将公共产品的供给分为"提供"和"生产"两个部分，将"提供"定义为制度、资金等内容，"生产"定义为具体的物质生产活动。在这样的划分下，"生产"类的公共产品可以完全由市场提供，"提供"类的公共产品如资金等可以部分由市场提供，这为公共产品的市场融资的可能性提供了理论基础③。宋官东等进一步分析认为，只要在具有充分制度保障、排他性经济利益和技术可行三个前提条件的基础上，市场为公共产品提供资金是可行的。科斯通过对英国灯塔供给的研究发现，一旦满足技术和制度两方面的条件就能够有效降低"非排他性"成本，则市场供给公共产品更加高效④。

在实践中，区域性公共产品的市场融资并不少见，尤其是在西方发达国家，其交通基础设施、能源基础设施等方面的"公私合作"类融资安排已经十分普遍。市场融资尽管在融资效率上受到研究者的认可，但对于纯公共产品和不满足上述三个条件（尤其是"非排他性"），无法降低或降低成本过高的公共产品，其市场融资依然处于困境中。在区域性公共产品中，存在跨国融资的情况导致市场融资面临着更高的市场风险和信息获取

---

① 斯科特·巴雷特. 合作的动力：为何提供全球公共产品 [M]. 黄智虎，译. 上海：上海人民出版社，2012：297。

② 欧文·E休斯. 公共管理导论 [M]. 北京：中国人民大学出版社，2001：12-13.

③ 宋官东，吴访非，李雪. 公共产品市场化的可能与条件 [J]. 社会科学，2016 (6)：53-60.

④ 唐建新，杨军. 基础设施与经济发展：理论与对策 [M]. 武汉：武汉大学出版社，2002：76-81.

成本，同样增加了市场融资的难度。

（五）多中心融资理论

在全球性和区域性公共产品的融资中，越来越多的研究者认识到，单一融资体系不能满足公共产品融资的需要，因此产生了多中心融资理论，即通过多种渠道开展公共产品融资活动。

美国学者奥斯特罗姆提出了多中心供给理论，在区域公共产品融资中，多方行为体通过多个相互独立的决策中心来开展融资活动。在这一过程中，一方面存在着多中心的相互合作和机制构建，通过外部权威或非正式协商解决融资问题和冲突争端；另一方面多个中心之间也因"搭便车"和收益等问题而存在着博弈和竞争。

多中心融资一方面可以扩大融资的渠道，缩小公共产品的融资缺口；另一方面也可以通过多个行为体之间的竞争和博弈实现效率的提升，减少"搭便车"行为的发生。但多中心融资如果采取单个行为体自主融资的方式，就会缺乏一个跨区域的协调组织、机构和机制的话，通常也会带来合作和协调的问题。

四、"一带一路"基础设施融资中的理论应用

区域性公共产品理论为我们分析"一带一路"基础设施的供给与融资提供了一个新的视角，这一分析的前提必须说明"一带一路"基础设施是否具有区域性公共产品属性以及在区域性公共产品分类中的位置，这样才能利用这一理论做进一步分析。

（一）"一带一路"基础设施的区域公共产品属性

根据前文的定义，本书将"一带一路"基础设施定义为在共建"一带一路"倡议沿线国家建设的基础设施。我们可以将"一带一路"基础设施定义为一种区域公共产品，主要有如下两个方面的理由：

第一，基础设施属于公共产品。在当前的研究中，基础设施属于公共产品这一观点得到了广泛的认可。从公共产品的典型特征来分析，其一，基本上所有的基础设施在未达到设计容量上限时不具有竞争性，满足"非竞争性"的特征。当达到设计容量使用上限时存在竞争性，如公路拥堵会导致后来的车辆无法享受该基础设施，但这属于基础设施供给不足或政策安排协调等方面的问题，并不是基础设施本身所带来的竞争性。其二，公园、不收费公路、城市道路等基础设施显然不具有排他性，这类基础设施满足公共产品的两个特征，显然属于公共产品。但收费的公路、能源、电力、通信等基础设施显然具有排他性，能够通过收费的方式排除掉一部分消费者，但其依然具有公共产品属性，属于不纯的公共产品。总的来看，基础设施属于公共产品，但存在纯公共产品和不纯的公共产品的差别。

第二，"一带一路"基础设施属于区域公共产品。从前文国际公共产品和区域公共产品的定义来看，"一带一路"基础设施属于区域公共产品。共建"一带一路"倡议沿线国家在地理上和制度上形成了一个区域，尽管它作为一个开放的体系与大量的国家签订了合作协议，但从地理上看其受益区域主要集中在亚太地区，并没有扩展到全世界所有国家。第二，共建"一带一路"倡议本身的目的是通过五大措施打破区域内集体行动的困境，加快亚太地区经济深度一体化，从目的上看它就是一个区域公共产品。第三，"一带一路"基础设施建设的受益范围超越了国家，实现了整个区域的覆盖，其效果实现了"区域间商品、资金、信息、技术等交易成本大大降低，有效促进了跨区域资源要素的有序流动和优化配置，实现了互利合作、共赢发展"①。

（二）"一带一路"基础设施作为区域公共产品的供给逻辑

从"一带一路"基础设施的实际情况来看，"一带一路"基础设施主要涉及交通运输、能源电力、农林水利、信息通信和教育医疗等行业。按照区域公共产品理论，这些基础设施是比较典型的俱乐部产品，因为它们普遍具有"排他性"，从制度上和技术上向使用者收费是可能的。在区域公共产品理论下，"一带一路"基础设施的供给可以得到如下四个方面的结论。

第一，"一带一路"基础设施大部分符合"最弱环节"供给方法。从区域性公共产品的供给理论来看，按照阿尔赛和桑德勒提出的"汇总方法"分类，大部分"一带一路"基础设施符合"最弱环节"的供给方法。由于共建"一带一路"倡议的沿线国家大多属于发展中国家，其经济发展水平不高，对基础设施的供给也存在大量缺口，许多国家的交通能源基础设施建设仍然处于最低水平，而根据"最弱环节"供给的理论，这些最低水平决定了"一带一路"基础设施作为区域公共产品的水平。实际上，"一带一路"区域最薄弱国家的交通网络、港口、机场等基础设施水平确

① 推进"一带一路"建设工作领导小组办公室. 共建"一带一路"倡议：进展、贡献与展望 2019 [M] 北京：外文出版社，2019：8–9.

实决定了整个区域的互联互通水平。

第二，"较弱环节"的供给方法能够对"一带一路"基础设施的建设水平进行提高，对"最弱环节"供给的改善，如通过援助、合作开发等方式对"最弱环节"进行提升，通过"较弱"环节的供给，能够显著提升"一带一路"基础设施的整体水平，给整个区域带来较大程度的效果外溢。

第三，"一带一路"基础设施的某些细分领域可以实现"最佳表现"供给。尽管"一带一路"基础设施整体属于"最弱环节"或"较弱环节"，即由最弱和较弱的供给水平决定了整个区域公共产品的供给水平，但在某些细分领域可以实现"最佳表现"的供给。借鉴公共产品市场融资理论的观点，基础设施提供可以分为"提供"与"生产"两个部分，而基础设施建设能力这一"生产"领域的水平也就成了公共产品的一部分。中国具有世界领先的基础设施建设能力，由中国提供这一"生产"，将实现整个区域"生产"能力的提升，属于"最佳表现"的供给。

第四，"一带一路"基础设施的供给更适应多边供给论。从区域基础设施的供给理论来看，"一带一路"基础设施的供给显然不适应霸权国供给论，中国一方面在经济政治实力上还不足以成为区域公共产品供给的"霸权国"，另一方面从共建"一带一路"倡议的根本原则和发展目标来看，霸权国供给论也不适应"一带一路"的需求；超国家供给论需要区域之间存在着历史、文化、经济方面较为密切的联系的基础，而"一带一路"区域横跨亚欧，区域范围广，显然不符合实现超国家供给论的要求。从区域公共产品的供给理论来看，多边供给的方式最适合"一带一路"基础设施建设。从这一结论也能够看出，多中心融资理论更加适应"一带一路"基础设施的融资需求。

第三节　开发性金融理论

在中长期融资领域，开发性金融理论随着开发性金融实践的不断深化，逐渐受到广泛关注。全球和区域的双边、多边开发银行实践和中国在国内通过开发性金融推进基础设施建设、中小企业发展的成果实践为开发性金融理论提供了坚实的现实基础。

开发性金融的理论基础主要说明了开发性金融存在的动因和运行机理。

当前比较成熟的理论包括市场失灵理论、国家战略理论和组织增信理论。

一、市场失灵理论

市场失灵理论最先用以论证开发性金融存在的必要性。市场中存在垄断、外部性、信息不完备及公共物品等现象，导致市场无法对这些领域进行有效调节以达到最优，因此需要政府的干预。

从金融领域来看，在基础设施建设等领域由于存在投资期限长、融资额度大、收益不高和投资风险较大等情况，在中小企业融资等领域也存在因融资风险、信息不对称等问题带来的融资困难等情况，导致金融领域并没有自发达到最优状态，在这一情况下需要政府的介入和引导。政府介入一开始采取了政策性金融的方式，并暴露出包括道德风险、逆向选择等在内的一系列问题，而开发性金融介于政策金融与商业金融之间，承担着重要的角色。

斯蒂格利茨（Stiglitz）和外斯（Weiss）等学者从逆向选择的角度说明了在金融市场上开发性金融存在的必要性[①]。威廉姆森（Williamson）从道德风险的视角着手研究，提出了开发性金融存在的理论依据[②]。此外，由于金融市场存在信息不对称，在自由竞争的市场上，"信贷配给"会导致对融资企业和银行双方的损害，因此政府通过开发性金融解决这个供需问题就十分必要。

二、国家战略理论

对开发性金融的必要性的研究，更多的是从国家战略目的的角度来展开的。Johnson对日本开发性金融的研究认为日本政府通过开发性金融参与到资金的战略分配中，对经济发展起到促进作用，开发性金融是国家经济发展的战略工具[③]。希斯曼（Zysman）的研究指出开发性金融可以从国家战略的角度促进资金从传统部门向新兴部门转移[④]。国际组织的现实主义

---

① STIGLITZ J, WEISS A. Credit rationing in markets with imperfect information [J]. American economic review, 1981 (71): 393-410.

② WILLIAMSON. Costly monitoring, financial intermediation and equilibrium credit rationing [J]. Journal of monetary economics, 1986 (48): 851-872.

③ JOHNSON C. Miti and the Japanese miracle: the growth of the industrial policy, 1925—1975 [M]. California: Stanford University Press, 1982.

④ ZYSMAN J. Government, market and growth: financial system and the politics of industrial change [M]. New York: Cornell University Press, 1983.

理论认为多边开发金融主要是由一个或几个强国（主要是美国）的国家战略自利考虑所驱动的。以现实主义为导向的学者如安德纳特（Andersenet）、德勒埃（Dreher）和弗里兰（Vreeland），基比尔（Kilby）和克斯汀（Kersting）等利用定量方法研究了多边金融机构贷款模式与美国外交政策优先顺序之间的统计联系，认为美国通过多边开发银行来惩罚敌人或奖励盟友，从而实现自己的战略目标[①]。

三、组织增信理论

组织增信理论在中国的开发性金融实践中被广泛使用，成为中国开发性金融的基本原理和方法。组织增信是指通过组织的力量来增进信用，运用到金融领域主要是通过政府、权威机构等组织的参与、担保等方式，来增加融资者的信用，带动更多资本的参与。组织增信的方式包括国家或权威机构提供贷款、国家或权威机构提供担保、国家或权威机构参与股权融资等，为融资方提供了财政信用、国家信用或权威组织信用。

开发性金融的组织增信一般定义为：以国家信用及政府信用为基础，运用国家和各级政府的组织优势和政治优势，以制度建设为手段，完善信用制度等机制、体制建设，进而达到消除信息不对称，弥补市场缺位，增强信用主体的意识和能力，规范并引导市场行为，防范金融风险的目标。组织增信的过程体现的是开发性金融机构、国家和政府、企业三者之间共识、共建、协调、合作的关系[②]。

开发性金融组织增信的现实意义体现在六个方面，即可以通过组织增信推动资源优化配置、整合政府各项职能、增强政府银行合作的协同力、发挥融资激励作用、节约交易费用和完善融资的市场机制。

开发性金融组织增信的原理是以国家信用为基础，以制度建设为核心。无论是国家开发性金融机构还是多边开发金融机构，其背后都是国家信用。开发性金融机构的原始资本基本上都来源于政府，其信用来源包括财政信用、政府信用和货币信用三个方面，信用水平较高。通过开发性金融机构的组织增信，构建起多层次的信用结构和风险分摊机制，能够有效控制信用风险，优化信用资源的配置。开发性金融的作用方式不是通过财

① GALLAGHER K P, KAMAL R, JIN J, et al.. Energizing development finance? The benefits and risks of China's development finance in the global energy sector [J]. Energy policy, 2019 (5): 187-195.

② 夏维. 中国农业政策性银行的转型研究 [D]. 成都：西南财经大学，2009：39.

政手段提供资金，而是提供一种制度，弥补金融市场在某一个阶段存在的制度缺陷和机制缺失。

第四节　金融结构理论

对融资体系中的金融工具、金融机构和融资方式等内容的系统性探讨始于格利（Gurley）和斯拉夫（Slaw）[①]，并由戈德史密斯（Goldsmith）首次提出了金融结构这一概念[②]。金融结构理论的研究起源于探讨金融结构与经济增长的关系，戈德史密斯认为金融工具与金融机构之和就是金融结构。更多的研究者将一定时期内的金融工具、金融市场和金融机构的形式、内容、相对规模和比例叫作金融结构[③]。林毅夫等将其定义为金融体系内部各种不同的金融制度安排的比例和相对构成[④]。金融结构的不同，金融服务经济的效能和水平也不同，自然也会带来不同的融资水平和融资效率。因此研究融资体系，尤其是研究融资体系的内部结构时，金融结构理论能够提供借鉴和参考。

一、金融结构供给论

关于金融机构的研究一开始主要集中在金融结构与经济发展之间的关系上，其中关于金融结构能够促进经济发展的观点认为，可以通过对金融结构的调整来满足对经济增长的需要，从而促进经济增长。这种通过对金融结构进行调整，促进使其满足经济增长需要的观点称为金融结构供给论。

戈德史密斯是金融结构供给论的开创者，其主要观点体现在1969年出版的《金融结构与金融发展》中，其对30多个国家的金融发展历史与金融结构现状进行了研究，从8个主要方面对金融结构与金融发展进行了讨论，认为金融中介的规模与金融部门提供的金融功能的质量呈正相关，因

---

① GURLEY J G, SLAW E S. Money in a theory of finance [M]. Washington, DC: Brookings Institution, 1960.

② GOLDSMITH R W. Financial structure and development [M]. New Haven: Yale University Press, 1966.

③ 李量. 现代金融结构导论 [M]. 北京: 经济科学出版社, 2000: 12.

④ 林毅夫, 孙希芳, 姜烨. 经济发展中的最优金融结构理论 [J]. 经济研究, 2009 (8): 4-16.

此可以通过扩大金融中介规模来提升金融部门服务经济的功能。他还提出了金融相关率（Financial Relative Ratio）为主的金融结构度量指标，用以衡量金融结构的发展以及作为调整金融结构的依据。

在金融抑制理论和内生金融经济增长理论中，也有金融结构供给的思想。金融抑制理论提出金融结构的扭曲与金融抑制是伴生的，金融深化包含金融结构的优化。内生金融经济增长理论则明确地将金融体系分为金融市场型的体系和以银行中介为主的金融体系，通过内生金融增长模型，考察金融中介、金融市场和经济增长之间的关系，对比了不同金融结构的优劣。

金融结构供给理论内部也存在两类不同的观点，即银行主导型金融结构和市场主导型金融结构的优劣问题。

偏向银行主导型的观点包括：由于大量的中小型和微型企业难以上市，因此其难以在资本市场上融资，这些企业更加需要银行成为融资来源。由于市场主要是由中小型企业构成的，因此银行主导型更为有利。从风险监管的角度来看，Valerie R. Bencivenga 认为银行比金融市场更能有效防范风险[1]。撒克（Thakor）认为由于银企合作的长期性，银行对企业的监管更为到位[2]。从解决信息获取和"搭便车"问题的角度来看，Amoud W A. Boot 等认为银行由于存在与企业的长期合作，不需要披露信息，因此可以有效缓解因"搭便车"而带来的对信息获取者获取信息动力的弱化的问题[3]。此外，弗兰克·艾伦（Franklin Allen）的研究认为从道德风险与核查成本对企业外源融资的影响来看，银行中介在降低企业投资项目成本与项目监管中比金融市场更有优势[4]。安德列·施莱弗（Andrel Shleifer）和 Amar Bbide 等学者从金融市场（如股票市场）所带来的短期投机行为和

---

① BENCIVENGA V R, SMITH B D. Some consequences of credit rationing in an endogenous growth model [J]. Journal of economic dynamics & control, 1993, 17 (1-2): 97-122.

② BHATTACHARYA S, THAKOR A V. Contemporary banking theory [J]. Journal of financial intermediation, 1993, 3 (1): 2-50.

③ BOOT A W A, THAKOR A V. Can Relationship Banking Survive Competition? [J]. Journal of finance, 2000, 55 (2): 679-713.

④ ALLEN F, GALE D. Diversity of Opinion and Financing of New Technologies [J]. Journal of financial intermediation. 1999, 8 (1-2): 68-89.

对企业绩效的忽视来看，银行的长期投资行为对金融发展和经济发展更有好处①②。

支持市场主导型的观点如蒂罗尔（Tirole）则认为在利益驱动下，金融市场投资者比银行更有动力去获取企业信息、研究分析企业，而不会产生信息获取中的"搭便车"问题③。从风险管理角度来看，赫尔维格（Hellwig）等则认为银行对企业的道德风险衡量可能存在偏差，主要是以平均标准来衡量的，从而可能会导致在风险系数较大的经济中，银行的衡量不如市场主导型有效④；托尔斯滕·比克（Thorsten Beek）和罗斯·莱文（Ross Levine）的研究认为金融市场在风险管理中可以有效分散风险，可以将市场风险分散给零散的投资者，但银行中介机构无法实现这一功能⑤。从银行与企业的关系来看，迈尔尔·詹森（Miehael C. Jensen）、凯文（Kevin）和克里斯托夫·卡斯勒（Christoph Kaserer）等人的研究表明，银行主导型可能造成银行对公司的过度控制而带来对公司治理的负面影响，而金融市场主导型则由于高流动性不会造成这一问题，投资者只会对企业进行监督而非控制或干扰⑥⑦。

二、最优金融结构理论

林毅夫等提出的"最优金融结构理论"是近年来金融结构理论的最新代表。这一理论对市场主导型和银行主导型的争论进行了解答，提出了一个国家的经济在一定发展阶段的要素禀赋结构决定着该阶段具有比较优势的产业和技术结构的性质，以及具有自主能力的企业的规模特征和风险特

① BOYCKO M, SHLEIFER A, VISHNY RW. A theory of privatization [J]. The economic journal. 1996, 106（435）：309-319.

② BHIDE A. The hidden costs of stock market liquidity [J]. Journal of financial economics. 1993, 34（1）：31-51.

③ HOLMSTRÖM B, TIROLE J. Market liquidity and performance monitoring [J]. Journal of political economy. 1993, 101（4）：678-709.

④ HELLWIG M. Banks, markets, and the allocation of risks in an economy [J]. Journal of institutional and theoretical economics. 1998：328-345.

⑤ LEVINE R, LOAYZA N, BECK T. Financial intermediation and growth：causality and causes [J]. Journal of monetary economics. 2000, 46（1）：31-77.

⑥ JENSEN MC, MURPHY KJ. Performance pay and top-management incentives [J]. Journal of political economy. 1990, 98（2）：225-264.

⑦ KASERER C, KEMPF V. Das Underpricing-Phänomen am deutschen Kapitalmarkt und seine Ursachen [J]. Zeitschrift für bankrecht and bankwirtschaft. 1995, 7（1）：45-68.

征，从而形成对金融服务的特定需求，这是决定金融结构的根本因素。也就是说，与实体经济对金融服务的需求相适应的金融结构才是最优的，才能有效地发挥金融体系动员资金、配置资金和降低系统性风险的功能，促进实体经济的发展。

最优金融结构理论实际上指出了这样的观点，即不存在适用于所有经济发展阶段和所有经济体的最优金融结构，最优金融结构是和时间、空间范围相关的。因此这种内生的最优金融结构是客观和动态的，是随着一个国家经济的要素禀赋结构和产业技术结构的提升、企业规模和风险特征的变化而演变的。此外，政策法律、文化、内外部环境等各种因素都可能影响金融结构，从而使金融结构偏离最优。这种偏离会降低金融体系的效率、抑制实体经济的发展，甚至有可能引发系统性风险。

对最优金融结构的进一步探索主要是讨论现有金融结构的优化问题，即如何通过调整现有的金融结构而实现最优。如有研究指出在面临一种新技术时，最优的金融结构应该是在技术推广的前半段分散行动，提供足够的机会，并尽量降低搜集和处理信息的成本；当技术传播开来以后，最优的金融结构应该是让金融市场为优质企业提供资金以启动技术，而银行的作用是为技术的后续普及提供支持①。在最优金融结构理论的基础上，提出了金融结构缺口指标（实际金融结构与最优金融结构估计值之间差距的绝对值）可以用来分析最优金融结构，其并不单纯考虑银行主导还是市场主导的问题，而重点考虑当前与最优金融结构的偏离情况。

除了理论分析，也有更多的实证分析支持了最优金融结构理论。德米尔古·昆特（Demirgu-Kunt）、弗扬（Feyan）和莱文（Levine）运用跨国数据构建了金融结构与经济因素之间的关系模型，论证了最优金融结构的存在性，并构建了"金融结构缺口"指标，研究了金融缺口程度与经济增长之间的关系②。尹雷建立了一个理论模型，从理论的角度上证明了最优金融结构的存在③。

---

① 殷剑峰. 结构金融：一种新的金融范式 [J]. 国际金融, 2006 (10): 56-61.

② DEMIRGUC-KUNT A, FEYEN E, LEVINE R. Optimal Financial Structures and Development: The evolving importance of banks and markets [R]. World Bank, Mimeo. 2011.

③ 尹雷，赫国胜. 金融结构与经济发展：最优金融结构存在吗?：基于跨国面板数据的 GMM 估计 [J]. 上海金融, 2014 (2): 10-14.

三、金融结构功能论

金融结构功能论强调的是金融结构的金融功能，认为金融结构与经济增长没有关系，无论是银行主导型还是市场主导型，金融结构对经济增长并不重要。其中比较具有代表性的理论是金融与法律论、金融服务论等。金融与法律论认为法律系统对金融体系和经济增长存在作用，金融发展并非受益于金融结构的调整，而是法律体系的完善而带来的对企业、产业的经济发展的促进作用。金融服务论则认为金融系统主要是提供金融服务，金融机构的关键在于为企业发展、产业扩张、国民经济发展、收入增长提供高质量的金融服务，而无论是银行中介还是金融市场，谁占主导地位并不重要[1][2][3]。

第五节 "一带一路"基础设施融资体系的理论分析框架

尽管融资体系的内容涵盖范围很广，包括融资机构、融资市场、融资工具，甚至是融资监管、融资法律体系、融资风险防控等多个方面。但从本书的研究背景和研究目的来看，首先需要解决的中心问题是融资供给问题，具体为"谁来供给"和"如何供给"基础设施资金的问题。

从理论层面来看，解决"谁来供给"的问题，应该从区域公共产品供给理论出发，"一带一路"基础设施具有公共产品属性，其本身特点更适用于多中心融资理论和多边供给理论。而多中心融资理论和多边供给理论的中心问题是融资机构与融资模式的问题。

解决"如何供给"的问题，可以从每一类融资方式的具体融资模式出发，同时也应该引入金融结构理论。从金融结构理论来看，如果将"一带一路"领域看作一个整体，那么这个整体内部与基础设施有关的金融结构，具体到现阶段的融资结构，就会对"一带一路"基础设施建设产生具

---

① BOYD JH, SMITH BD. The evolution of debt and equity markets in economic development [J]. Economic theory. 1998（12）：519-560.

② LEVINE R. Stock markets, economic development, and capital control liberalization [J]. Perspective. 1997, 3（5）：1-8.

③ BECK T, LEVINE R. Industry growth and capital allocation：Does having a market-or bank-based system matter? [J]. Journal of financial economics. 2002, 64（2）：147-180.

体的影响。而这一金融结构也是以融资机构与融资模式为中心的。

从实践层面来看，当前"一带一路"基础设施融资体系的基本形态是一个以融资机构为主导的融资体系，因此适合以融资机构为中心建立理论分析框架。

具体来说，可以建立一个以融资机构为中心的、"融资渠道选择—融资渠道分析—互动关系分析—体系构建"为逻辑的"一带一路"基础设施建设融资体系理论分析框架，详见图2-1。

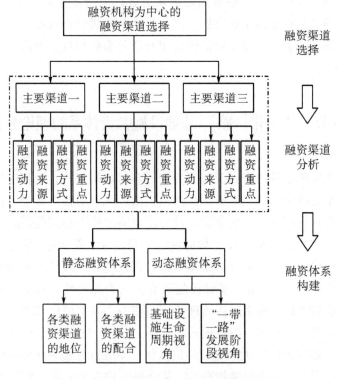

图2-1　本书理论分析框架

分析的第一步是对主要的融资渠道进行选择。从融资结构理论来看，当前存在银行和市场两大类融资渠道，在每一类融资渠道中又存在多种不同的融资方式和供给主体。此外，基础设施融资由于其公共产品属性，还包括了政府财政资金的供给方式，因此需要根据当前的实践现状来选定本书研究的主要融资渠道。

选定主要融资渠道后，进一步需要对每一类融资渠道进行分析。具体的分析框架包括融资动力、融资来源、融资方式和融资重点四个方面。这一框架的设计，是由不同融资渠道和融资机构的差异性所决定的。

融资动力决定着融资机构的融资意愿和行为模式。从前一个阶段确定的三大类融资渠道来看，不同融资渠道的融资动力具有较大的差别。如对于国际援助融资来说，其融资动力可能包含"利他"因素，但同时也混合了融资机构（援助国政府或其代理机构）的政治因素、外交因素等；多边开发性金融机构的融资动力更多与其机构职能有关，可能是减贫、促进区域经济发展等，国别开发性金融机构的融资动力则是国别政治导向；私人资本的融资动力更多的是利益驱动。不同的融资动力对融资机构在融资体系中的定位和作用有着显著的影响，其应该是理论分析的首位。

融资来源决定着融资机构的融资能力。融资能力是融资体系的重点关注内容，关系着融资体系是否能满足融资需求这一根本问题。融资体系的融资能力是由体系内各融资机构所决定的，因此应该将融资来源作为融资机构分析的重要内容。虽然总的看来，融资来源只包括公共部门和私人部门，公共部门的融资能力存在的限制相对较大，私人部门的融资潜力相对更大，但由于基础设施融资的特殊性，应该对不同融资渠道的融资来源进行更有针对性地研究。

融资方式是融资体系的具体内容。融资方式包含融资市场、融资工具等内容，不同融资渠道的融资方式具有显著的区别。国际援助融资除了政府拨款等传统方式外，债务交换协议、机票统一税等新的发展筹资方式不断出现；开发性金融的本币债券融资、绿色债券融资等方式成为新的发展方向；私人资本融资中的 PPP 融资方式不断推进等。这些成为"一带一路"基础设施融资体系的重要内容。

融资重点决定着融资体系整体效用的发挥。融资体系之所以能够提升融资能力和融资效率，实现金融资源的有效分配，关键在于将体系内部各类渠道整合成为一个整体，通过发挥各自的比较优势来提升整体效率。要发现各自的比较优势，就需要分析各类融资渠道和融资机构融资的重点。若将大量的国际援助资金配置于经济基础设施建设的成熟阶段，就会出现金融资源错配问题，从而降低整个融资体系的融资能力和效率。

在完成了融资渠道的分析后，最终目的是要构建一个融资体系。"一带一路"融资体系的分析框架包括静态分析框架和动态分析框架两个部分。

静态分析框架是借鉴传统的金融结构理论进行的，是指在不考虑时间因素情况下，如何构建"一带一路"基础设施融资体系，其重点在于分析不同融资渠道之间的相互关系和配合。分析的主要内容包括：一是各融资渠道的地位如何，前面的理论分析结果显示应该采用多中心融资体系，但还应该进一步明确各中心之间的关系是均等的还是有所区分的，是否存在主导和辅助关系等。二是各融资渠道之间如何相互配合。"一带一路"基础设施融资体系作为一个多中心融资体系，各中心之间显然不应该互相割裂，而应该相互配合。我们可以通过理论分析和实证研究来讨论三类融资渠道之间的关系，是否存在相互促进或相互制约的关系，以及相互促进或制约的机制如何。

动态分析框架借鉴了最优金融结构理论，指在纳入时间因素的情况下，对"一带一路"基础设施融资体系进行了进一步完善。根据最优金融结构理论的观点，最好的融资结构应该是与资源要素禀赋、产业结构相匹配的融资结构。其对基础设施融资体系的借鉴意义体现在两个方面：一是单一基础设施生命周期对融资体系的影响，在基础设施尤其是"一带一路"基础设施这一类跨境基础设施的融资中，由于融资期限长，融资机构动力和风险偏好的不同，在不同的融资阶段其最为适用的融资渠道和方法可能有所不同，因此可以结合基础设施生命周期理论对融资体系进行动态研究；二是共建"一带一路"倡议的发展阶段对基础设施融资体系的影响，当前还处于共建"一带一路"倡议的初期，各类建设正在推进，与基础设施融资相关的制度建设、市场建设等必然会随着共建"一带一路"倡议的推进而发生变化，那么与之相关的融资体系也应该做出相应的调整。

第三章 "一带一路"基础设施融资体系的现状分析

第一节 融资体系的总体结构

一、主要融资渠道选择

当前主流的基础设施融资渠道包括政府融资、银行贷款融资、债券融资、多边开发银行融资、国际援助融资、机构投资者融资、公私伙伴关系融资、资产证券化融资、财政支持机制融资。结合"一带一路"基础设施建设的实际情况来看，当前"一带一路"基础设施融资的主要渠道为国际援助融资、多边开发银行融资和私人资本融资（包括机构投资者融资、公私伙伴关系融资），主要理由如下：

（一）政府融资无法解决"一带一路"基础设施建设资金的缺口问题

政府融资渠道基本都受限于国家债务水平，政府预算拨款会增加政府财政负担，同时存在缺乏市场机制的问题；增加税收产生负面效应，扭曲经济决策，还会产生公平和福利方面的损失，也因为拉弗曲线的原理可能无法增加净收入；私有化当前已经遭遇了瓶颈期，完全的私有化效果与PPP相比更差，可私有化和可循环的棕地资产也存在限制；公共债券和预算赤字会直接提高政府的外债水平，并不是解决融资缺口的可持续方式；国有企业的方式被普遍采用，但正如前文分析的，国有企业能够在基础设施建设的短期内提供一些解决方案，但可能不是一个可靠的长期选择。总的来看，政府融资作为"一带一路"基础设施建设的资金来源，已经具有较大的"存量"，但作为"增量"的潜力有限。

同时政府投资还存在效率问题。IMF 的研究表明，通过比较各国的公共资本（投入）的价值及基础设施覆盖率和质量（产出）的度量，可以发现政府对基础设施的投资，平均有 30% 的效率是低下的，且效率差异水平很大，效率最高的公共投资者的公共投资收益是效率最低的投资者的两倍。此外，另有研究证实，政府投资存在上限，并不是越多越好，一旦公共投资接近 GDP 的 10%，单位成本就会增加。在投资效率低的国家，该门槛较低（约占 GDP 的 7%），通常，在投资热潮期间，扩大投资对成本的影响尤其明显。

（二）银行贷款对基础设施建设的资金支持存在瓶颈

银行贷款是基础设施建设资金的重要来源，但对"一带一路"基础设施建设融资的实际情况来说，银行贷款存在资金支持的瓶颈，主要包括两个方面：一是银行贷款本身存在银行短期信贷资金与基础设施建设长期贷款需求的期限错配问题，并不能完全支持基础设施建设；二是由于系统性风险和全球外部环境的影响，大多数银行对基础设施的融资支持都局限在国内市场，而"一带一路"基础设施建设存在许多跨境基础设施和区域基础设施，这也与银行融资渠道不匹配。

（三）债券融资方法具有一定的潜力

债券融资可以解决基础设施融资中期限错配的问题，但实际上债券融资可以最终分解成政府债券融资、国际开发机构的债券融资（如世界银行债券）、开发性金融机构债券融资（包括多边开发银行和国别开发银行的债券）和公司债券融资，其最终的资金来源会归结到公共部门和私人部门。同时，债券融资需要一个完善的国内和国际债券市场作为支持，但"一带一路"沿线的债券市场建设水平差异较大，有的地方还不足以支持债券融资的开展。2015 年 12 月，中国证监会正式启动境外机构在交易所市场发行人民币债券（"熊猫债"）试点，截至 2023 年 6 月底，已累计发行"熊猫债" 99 只，累计发行规模 1 525.4 亿元；累计发行"一带一路"债券 46 只，累计发行规模 527.2 亿元，无论从规模还是覆盖程度来看，现阶段都不足以成为主要融资渠道。总的来说，债券融资和债券市场建设是"一带一路"基础设施建设融资的重要内容，本书将其分解到公共部门和私人部门两个领域中去分别讨论，同时由于债券更多地涉及金融领域，本书限于研究对象和研究范围，不做重点研究。

（四）多边开发银行融资具有开发潜力

多边开发银行从实践上来看已经是基础设施建设，尤其是跨境基础设施建设的重要渠道。对发展中国家来说，多边开发银行的援助和对私人资本的动员尤为重要。"一带一路"沿线国家多为发展中国家，资本市场不够成熟和完善，采用多边开发银行融资能够有效地弥补融资缺口，多边开发银行的资本动员能力尤为重要。因此多边开发银行融资是"一带一路"基础设施建设融资体系的重要研究内容。

（五）国际援助融资是"一带一路"基础设施建设资金的重要来源

与多边开发银行融资一样，国际援助已经是"一带一路"基础设施建设的重要融资来源。与其他发达经济体和较为发达的区域不同，"一带一路"沿线的经济发展水平不高，国际援助是当前沿线区域基础设施建设的重要资金来源，是需要重点研究的内容。

（六）私人资本融资是"一带一路"基础设施融资的重要发展方向

从当前理论来看，私人资本的融资是"一带一路"基础设施融资的重要发展方向，政府融资存在国家债务水平的限制和效率损失问题；国际援助和多边开发银行融资会受到融资总额的限制，因此应该在私人资本融资中挖掘潜力。无论是私人资本通过债券融资，动员国际机构投资者融资，还是采取公私伙伴关系融资，都应该进行重点研究。但从现有理论来看，由于债券融资需要更为成熟完善的债券市场支持，加上存在养老基金和主权财富基金的投资倾向问题，因此机构投资者并不是当前"一带一路"基础设施建设的投资主力，我们应该将研究重点放在公私伙伴关系融资领域来。

（七）资产证券化融资还缺乏成熟的环境

如同前面的分析所述，尽管资产证券化具有一些融资的优势，但需要一个成熟的资本市场，需要充分的中介服务、分销服务来分摊风险。由于宏观经济环境的不稳定和发展阶段的限制，对于"一带一路"沿线国家的实际情况来说，对基础设施的资产证券化目前并不比债券市场更具优势，因为债券市场提供了更具流动性和灵活性的多样化选择。但资产证券化仍然应该作为未来远期的一种选择加以考虑。

通过对主要融资渠道的选择，结合"一带一路"基础设施建设的实际情况，本书确定研究的主要融资渠道为国际援助融资、多边开发银行融资和私人资本融资。

二、融资体系的构建逻辑

传统上对融资体系的研究一般面向的是企业融资，通常分为两种模式，一是以证券市场为主导的英美模式，二是以银行为主导的日德模式，两种融资体系各有特点和优势。

在以证券市场为主导的融资体系中，资金供需双方表现为一种更加独立的、保持距离的关系，资金供需双方根据市场机制进行交易，具有更高的运行效率和更多的市场参与主体。以证券市场为主导的融资体系比较容易解决市场机制下的融资问题，如企业融资的问题，但存在市场失灵的情况，如公共产品的供给存在"搭便车"的情况，在收益曲线比较特别的情况下，其融资的市场机制也可能失灵。在基础设施融资市场中，基础设施建设的资金需求量大，仅仅依靠市场很难形成可靠的协调机制、风险分摊机制和收益分配机制，此时仅仅依靠证券市场为主导的模式构建融资体系往往不能达成目标。以银行为主导的融资体系更类似于一种关系型融资体系，资金供求双方的关系更为紧密，这种不完全依靠市场机制的融资体系可能带来效率低下的问题。由于银行融资通常都具有官方性质，商业银行的最后担保人是中央银行，中央银行的最后担保人是国家财政，即意味着银行融资的风险往往由政府承担，这与公共产品的传统供给渠道是一致的。

即使是在常见的企业融资领域，各国的融资体系也不可能是完全的英美模式或完全的日德模式，通常都是两种融资模式的综合，只是在权重和功能上各有不同，也因此产生了金融结构理论。普遍的观点是，在企业融资领域应该发展以证券市场为主导的融资模式，因为在以银行为主导的融资体系中，由于银行与企业之间的紧密关系，容易出现从公司到金融部门的资金（如租金和利益）的再分配问题[①]，削弱企业的创利能力和动力，影响融资体系的效率。但对于存在市场失灵情况下的融资体系则有所不同，基础设施的公共产品属性导致其完全依靠证券市场融资无法解决市场失灵的问题。从前面的研究来看，国际援助融资（尤其是政府或国别开发银行的优惠贷款）和开发性金融机构融资（开发性银行贷款）对于基础设施融资体系是非常重要的，即在基础设施融资体系中，当前银行依然占据主导地位。

在基础设施融资体系中证券融资与银行融资并不是相互替代的关系，而应该是互补的关系。这种互补的关系表现在：一是银行体系（开发性银

① 吴富佳.论融资模式选择与有效融资体系构建 [J].天津社会科学，2001（4）：64-68.

行和商业银行）目前都不能满足基础设施融资的需求，需要证券市场的介入（包括政府债券、开发性金融机构债券、基础设施建设企业债券及相关企业的股票市场），证券市场的加入可以增加融资供给；二是证券市场带来的融资供给增加并不会"挤出"银行体系的供给，银行体系的供给多为具有官方背景的资金，而证券市场代表了私人供给的资金，来源于对社会潜在储蓄资源的挖掘，不会减少银行体系资金的供给，许多研究证明，公共资金对私人资本有带动和促进的作用；三是证券市场并不会损害银行融资体系的功能，如多边金融机构债券市场的发展恰恰是为银行融资体系提供了一个新的资金来源，两者可以同时存在，各有侧重地发展。

因此，"一带一路"基础设施建设的融资体系应该是以银行融资模式为主的，以国际援助、开发性金融和私人资本三大融资渠道为来源的，以各类证券融资模式为有效补充的融资体系。这一融资体系需要实现的主要目标是拓展融资渠道，满足融资需求；提高融资效率，提升融资水平；加强融资协调，推进互联互通。

在这一逻辑下，构建"一带一路"基础设施建设融资体系的基本思路为：以国际援助、开发性金融、私人资本三大主要融资渠道为中心，结合银行融资与证券融资两类模式，根据各类融资来源的筹资特点、融资重点和风险分担、利益分配情况，按照各类融资来源的融资优势，同时考虑不同融资来源在不同基础设施项目生命周期和"一带一路"国家经济发展阶段的匹配情况，构建一个相互配合、动态调整、运转有序、长期稳定的基础设施融资体系。

因此，本书研究的"一带一路"基础设施融资体系是以国际援助融资、开发性金融融资和私人资本融资三大类融资渠道为主体，兼顾考虑银行融资模式和证券融资模式，并围绕三大融资渠道的互动关系进行构建的，共有五个层次。

第一个层次是融资动力，其一方面表现了主要融资渠道的可行性，另一方面也表明了不同渠道融资的原因，其背后是不同融资渠道对风险的偏好以及对风险回报的需求；第二个层次是资金来源，即每一个融资渠道资金从何而来，主要分为公共部门和私人部门两类，但不同融资渠道可能是这两类的组合；第三个层次是融资方式，即每一个融资渠道通过什么样的具体方式获得资金；第四个层次是融资重点，即不同融资渠道在进行基础设施融资时的重点领域、重点方式或重点环节等；第五个层次是融资支持，即针对主要融资渠道的融资支持体系。同时融资体系的总体框架还包括三个主要融资渠道各自间的互动关系。当然，除了这三个主要融资渠道以外，还存在一些其他的融资渠道，如政府的直接融资等，但不属于本书的讨论范畴，在该体系中未单独列出。

第二节　主要融资渠道发展现状

根据上一节的分析，本节主要从区域性公共产品融资供给的角度来分析"一带一路"基础设施建设的融资现状，即从三大融资渠道出发，分为国际援助融资、开发性金融融资和私人资本融资三个方面来进行现状分析。

一、官方发展援助融资

官方发展援助融资体系建立于 20 世纪 60 年代。1961 年，OECD 和发展援助委员会（DAC）成立，官方发展援助体系不断完善。DAC 在 1969 年开始正式使用"官方发展援助（ODA）"这一概念，并在 1972 年明确了 ODA 的若干特征，包括 ODA 由官方提供，将官方定义为国家、州、地方政府及其执行机构；ODA 的目的是促进发展中国家经济发展和增加社会福利；ODA 的内容为赠款和贷款，且赠款比例不低于 25%；ODA 的受援国由 DAC 确定名单[①]。

关于官方发展援助，ODA 最新的定义为：旨在促进发展中国家经济发展和增加社会福利的政府援助，不包括用于军事目的的贷款和信贷。援助可以由捐助者和受援者双边提供，也可以通过联合国或世界银行等多边发展机构提供。援助包括赠款、软贷款和提供技术援助。软贷款是指赠款要素至少占总额的 25% 的贷款[②]。经合组织制定一份定期更新的发展中国家和地区的清单，只有对这些国家的援助才算作官方发展援助。目前该清单包含 2010 年人均收入低于 12 276 美元的 150 多个国家或地区。

从 OECD 的统计可以看出，从 2010 年至 2022 年，全球为发展中国家提供的官方发展援助年均为 1 130 亿美元，其中主要分布在非洲和亚洲，

---

① 余漫，等. 国际发展融资理念演变分析 [J]. 学习与探索，2016（12）：104-109.
② 姜芸. 澳大利亚对太平洋岛屿国家的援助研究 [D]. 上海：华东师范大学，2018：26.

非洲国家年均获得官方发展援助 328 亿美元，占比最高；亚洲为 279 亿美元。实际上，从 DAC 国家的发展援助理念来看，非洲地区获得的官方发展援助一般占到总官方发展援助的一半左右（见图 3-1）。2022 年对欧洲援助的激增，是源于应对难民的支出和对乌克兰的援助，这也成为近年来国际援助中的新特点。

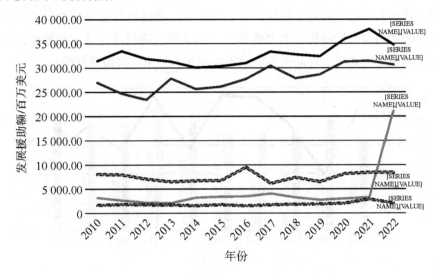

图 3-1　DAC 国家提供的官方发展援助分
区域统计（2010—2022 年）

数据来源：OECD（2023），Total official development flows by country and region（ODF）
OECD International Development Statistics（database）

　　在"一带一路"沿线国家中，共有 44 个发展中国家处于 OECD 的官方发展援助名单内①。OECD 数据库提供了 2005 年以来的按部门分类的双边官方发展援助统计数据（数据库没有提供按部门分的总官方发展援助统计，只提供了双边官方发展援助的数据，因此这一数据不能完全代表官方发展援助的总额。但根据已有研究，总官方发展援助包括双边官方发展援

---

　　① 包括阿尔巴尼亚、白俄罗斯、波黑、克罗地亚、北马其顿、黑山、塞尔维亚、土耳其、乌克兰、埃及、柬埔寨、中国、印度尼西亚、老挝人民民主共和国、马来西亚、蒙古国、菲律宾、泰国、东帝汶、越南、阿富汗、阿塞拜疆、孟加拉国、不丹、格鲁吉亚、印度、哈萨克斯坦、吉尔吉斯斯坦、马尔代夫、缅甸、尼泊尔、巴基斯坦、斯里兰卡、塔吉克斯坦、土库曼斯坦、乌兹别克斯坦、伊朗、伊拉克、约旦、黎巴嫩、阿曼、沙特阿拉伯、叙利亚、也门共 44 个国家

助和多边官方发展援助，且双边官方发展援助占总援助资金的70%[①]，因此可以用双边官方发展援助来研究官方发展援助的情况）。

从图3-2的统计数据来看，近十年来，"一带一路"沿线国家获得的官方发展援助融资总额相对稳定，年均369.258亿美元（以不变价格计算），基础设施建设融资额年均254.421亿美元。可以看出，基础设施建设是官方发展援助的重要组成部分，占官方发展援助总额的69%以上，多数时间达到官方发展援助的70%以上（除基础设施以外，官方发展援助还可以用于生产部门、食品援助、债务问题和人道主义救援等方面）。

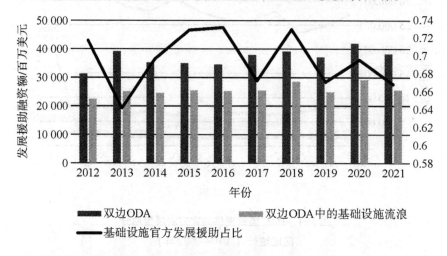

**图3-2　"一带一路"沿线国家基础设施双边官方
发展援助融资情况**

数据来源：OECD（2023），"Geographical distribution of financial flows：Bilateral ODA commitments by sector"，OECD International Development Statistics（database），https://stats. oecd.org/？lang＝en#（accessed on 15 Dec. 2023）.

官方发展援助的基础设施融资又分为社会基础设施融资和经济基础设施融资。从统计可以看出，OECD的官方发展融资更侧重于社会基础设施建设融资（社会与经济比重大多数时候都大于1，见图3-3），尤其是在2017年以后，OECD对社会基础设施的援助更加明显。

---

① 黄梅波，郎建燕. 主要发达国家对外援助管理体系的总体框架［J］. 国际经济合作，2011（1）：50-56.

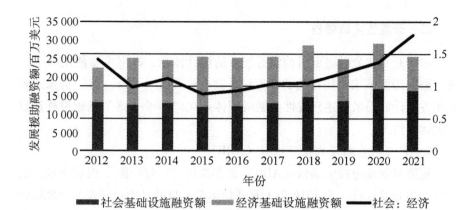

**图3-3 "一带一路"沿线国家基础设施双边
官方发展援助融资分类统计**

数据来源：同图3-2。

从国家来看，从图3-4可以看出，2012—2021年统计期间，获得双边官方发展融资最多的十个"一带一路"国家获得的融资流量均在100亿美元以上，共2 587亿美元，占有资格获得ODA的44个"一带一路"国家所获融资总额的36.15%。

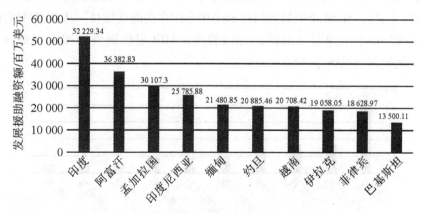

**图3-4 "一带一路"沿线获得基础设施官方发展援助
排名前十的国家**

数据来源：同图3-2。

二、开发性金融融资

由于开发性金融融资目前没有统一的统计体系，本书主要使用与"一带一路"沿线国家密切相关的开发性金融机构参与"一带一路"国家融资的相关统计数据来描述开发性金融融资体系在"一带一路"基础设施建设中的融资情况。

（一）亚洲基础设施投资银行（AIIB）

亚洲基础设施投资银行（AIIB）是在共建"一带一路"倡议下成立的一家多边开发银行，于2016年1月开始运营，目的是为亚洲及其他地区提供可持续的基础设施建设融资，至今已在全球范围内拥有109个批准会员。截止到2022年年底，得到AIIB正式批准的"一带一路"沿线国家和相关地区基础设施建设贷款项目202个，涉及34个国家和地区，批准的融资金额高达306.15亿美元，其中62.8%是主权融资。

从AIIB提供融资的项目中，可以看出有如下三个方面的特点：

1. 提供融资的国家广泛但数量集中度高

从2016年到2022年，AIIB共为"一带一路"34个国家提供了基础设施建设融资，其中获得融资项目最多的国家是印度，共获得了39个项目的融资。同时，有20个项目为通过金融中介的多国融资项目。从获得融资项目最多的前十个国家（地区）可以看出，AIIB提供融资的国家（地区）集中度较高（见图3-5）。

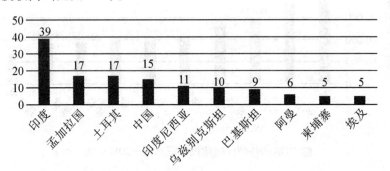

图3-5 "一带一路"沿线获得AIIB基础设施建设融资
项目排名前十的国家（地区）（2016—2022年）

数据来源：AIIB年度报告2022。

2. 涉及领域丰富，能源领域基础设施建设特色突出

AIIB 参与融资的项目涉及能源电力、交通运输、金融、环境卫生、市政建设、通信信息和旅游等基础设施建设领域，覆盖范围广泛。其中，涉及能源的基础设施建设项目最多，达到 44 个；其次是交通基础设施，为 33 个；横跨多部门的融资项目有 30 个；此外，为了应对新冠疫情，还提供了 56 个融资项目。

3. 项目融资结构更加多元化

AIIB 参与的 202 个项目中，大部分项目均是注重寻求多边机构共同参与融资，形成多样化的融资结构，而不是由 AIIB 独自融资。以全部项目的融资需求额计算，AIIB 提供的资金占全部融资需求额的 26.59%①。这些项目基本形成了 AIIB 与世界银行、欧洲复兴开发银行、伊斯兰发展银行等多边开发性金融机构共同出资的融资结构；此外，融资来源还包括当地政府、企业和一些商业贷款。AIIB 的年度报告专门披露了其私人资本动员（PCM）情况和非主权担保融资（NSBF）情况，在非主权担保融资中，亚投行通过直接或间接参与的方式，动员私人资本的比重多年度达到 100%。

（二）世界银行（WB）

世界银行是最传统的，也是当前最主要的开发性金融机构之一，开始于 1944 年的布雷顿森林会议，以消除贫困和促进共享性繁荣为使命和目标。世界银行主要由五个组织组成：国际复兴开发银行（IBRD），向中等收入和信誉良好的低收入国家提供贷款；国际开发协会（IDA），向最贫穷国家的政府提供无息贷款和赠款。IBRD 和 IDA 是世界银行的组成部分。此外，世界银行还成立了国际金融公司（IFC），通过融资投资动员国际金融市场的资金为发展中国家融资；多边担保机构（MIGA）和国际投资争端解决中心（ICSID）为投资提供担保和争端解决机制。

当前，世界银行的资金来源主要包括四个方面：各成员国缴纳的股本、国际金融市场借款、成员国的拨款、商业收入。其提供的融资工具包括投资项目融资、发展政策融资、信托基金和赠款等，主要通过国际复兴开发银行、国际开发协会和国际金融公司进行融资。截至 2022 年 12 月底，世界银行共在 206 个国家和地区提供了 19 051 个项目的贷款②，具体情况见图 3-6。

---

① 根据 AIIB 官网各项目总结数据计算。
② 世界银行"项目与运营"数据库. http://projects.worldbank.org/.

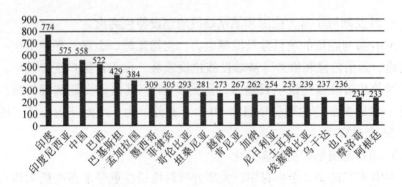

图 3-6　获得 WB 融资项目最多的前 20 个国家（按项目数）（1949—2022 年）

数据来源：世界银行"项目与运营"数据库。

世界银行"项目与运营"数据库统计了 1949 年以来世界银行支持的所有项目。从数据统计来看，"一带一路"沿线国家中，有 50 个国家均得到世界银行贷款融资，也可以看出世界银行是当前"一带一路"基础设施融资体系中最重要的多边开发性金融机构之一。从 1949 年至今，世界银行一共为"一带一路"沿线国家提供发展贷款项目 4 848 个，涉及项目金额 8 378.82 亿美元，其中国际复兴开发银行提供 2 257.75 亿美元，国际开发协会提供 1 477.11 亿美元，此外还提供赠款 223.43 亿美元[①]，详见图 3-7。

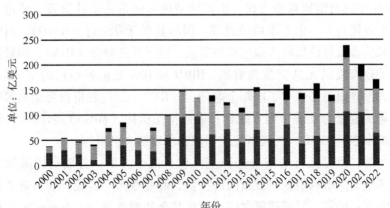

图 3-7　"一带一路"沿线国家获得 WB 基础设施建设
项目融资情况（2000—2022 年）

数据来源：根据世界银行"项目与运营"数据库计算。

---

①　根据世界银行"项目与运营"数据库整理。

根据研究目的和数据情况，我们分析了 2000—2022 年世界银行在"一带一路"沿线国家提供融资的情况。由于世界银行的使命与目标是减贫，因此其所提供的融资项目并不局限在基础设施领域。从领域上来看，除了传统的交通运输、供水、教育、生态环境等外，世界银行还为发展中国家第一产业的发展、中央政府和地方政府建设，以及部分第二、第三产业的发展等提供资金支持。从图 3-8 可以看出，基础设施建设在世界银行的资金提供中占据重要份额，同时世界银行对公共服务类非基础设施和产业类扶持的资金支持也占据一定地位。

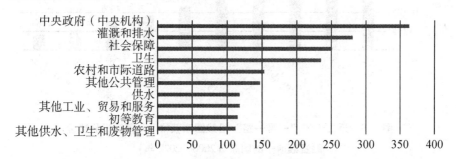

图 3-8　"一带一路"沿线国家获得 WB 基础
设施建设项目分领域统计（以项目数计）

数据来源：根据世界银行"项目与运营"数据库计算。

根据本书的定义，去除非基础设施类融资后，世界银行支持的项目包括能源电力、交通运输、健康卫生、教育、供水、水利、信息通信、生态环境八个方面内容，累计提供融资项目 2 088 个，共提供 2 065.902 5 亿美元贷款和 55.588 1 亿美元赠款，其中国际复兴开发银行提供 1 301.704 8 亿美元，国际开发协会提供 764.197 7 亿美元。从年度分布可以看出，世界银行提供的基础设施建设融资总体趋势是逐年增加的，2008 年以后出现较快增长，总的来说国际复兴开发银行的贷款项目多于国际开发协会，但比例并不稳定。

从区域来看，南亚和东亚地区是世界银行基础设施建设融资的重点支持地区，也是"一带一路"基础设施建设的核心区域；相比之下，中东和北非地区的基础设施建设融资额较少。

从具体的国家来看，近二十年获得世界银行融资最多的国家是印度，排名前十的国家总共获得融资额 1 534.218 美元，占"一带一路"沿线国家获得融资总额的 74.26%，融资支持的集中度较高，比官方发展援助融资的集中度还略高。近二十年获得融资排名前十的国家见图3-9。

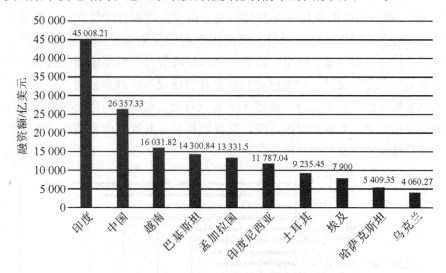

图 3-9 近二十年"一带一路"沿线国家获得 WB 基础设施建设
融资额前十的国家（2000—2022 年）

数据来源：根据世界银行"项目与运营"数据库计算。

从世界银行为"一带一路"沿线国家提供的基础设施建设的融资现状可以看出，世界银行作为多边开发性金融机构在融资中有如下三个方面的特征：

1. 基础设施总融资额存在波动，但占比基本稳定

与官方发展援助相比，世界银行为"一带一路"沿线国家提供的基础设施融资额波动性更大，近年来尽管总的趋势是增加，但在不同年度融资额有较大的差异。不过从基础设施融资占总融资额的比例来看，基础设施融资所占比例是大致稳定的，基本稳定在55%左右（见图3-10）。这进一步说明基础设施建设是世界银行支持的重点内容，但并不占据绝对主导地位，同时也说明基础设施融资额的年度差异与世界银行年度的总贷款支付额有关。

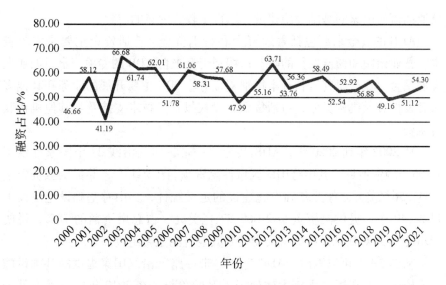

**图 3-10　"一带一路"沿线国家获得 WB 融资额中
基础设施融资占比（2000—2021 年）**

数据来源：根据世界银行"项目与运营"数据库计算。

2. 在"一带一路"沿线国家中融资支持区域集中度高

根据数据可以看出，世界银行在"一带一路"沿线国家中重点支持的国家较为集中，排名前十的国家中，有七个国家与官方发展援助重点支持的国家高度一致。这说明在当前的融资体系中，这些国家获取了绝大部分资金，而"一带一路"沿线其他国家从这些渠道获取融资的可能性就较低。

3. 发挥了融资引领和带动作用

在世界银行支持的基础设施融资项目中，世界银行给予的融资贷款金额占所有项目需求总金额的 29.15%，与 AIIB 在其支持的项目中所提供的资金占比基本处于同一水平，这也再一次说明了多边开发性金融机构较少为项目提供全部融资额，其只提供一定比例的资金，更多地是通过"组织增信"的方式来为基础设施建设项目提供融资。

（三）亚洲开发银行（ADB）

亚洲开发银行由 1963 年在联合国亚洲及远东经济委员会举行的第一届亚洲经济合作部长级会议上提议成立，并在 1966 年开业，从最初的 31 个成员国发展到当前 67 个成员国。最初 ADB 的业务集中在粮食和农业发展领域，并逐步扩大到基础设施建设领域，并于 20 世纪 80 年代开始大力支持亚洲落后国家的基础设施建设，取得了较为明显的成效。

ADB 的资金来源包括普通资金和特别资金。普通资金主要是实收资本、营业余额和债券发行的收益；特别资金来自 ADB 的专项资金，如亚洲发展基金、亚行研究所和日本特别基金等。ADB 主要开展的业务和其他多边开发性金融机构类似，包括贷款、股权投资、技术支持及与其他机构联合融资。

从 2002 年到 2020 年，ADB 共为"一带一路"沿线 27 个国家提供了4 795个融资项目，其中跨国的区域性融资项目 1 041 个，共提供融资资金2 641.56亿美元。按照基础设施建设的定义统计，其中有基础设施建设项目 2 849 个，提供融资资金 2 062.77 亿美元，占总融资额的 78%，说明ADB 近年来对基础设施的融资支持是其业务的主要组成部分。

从图 3-11 可以看出，ADB 为"一带一路"沿线国家提供的基础设施建设资金支持在近二十年大体处于上升的趋势，在 2010 年以后基本处于120 亿美元/年的水平，比世界银行提供的金额略高。

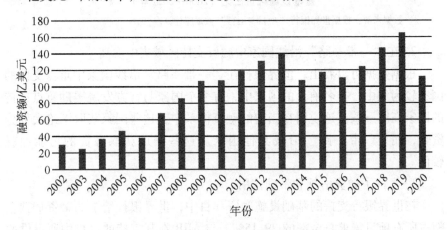

图 3-11   "一带一路"沿线国家基础设施建设获得
ADB 融资额统计（2002—2020 年）

数据来源：根据世界银行 ADB 官网项目数据计算。

从基础设施类别来看，ADB 重点支持的基础设施为交通运输和能源电力，与其他开发性金融机构一致。但其在信息通信方面给予的支持较少，与世界银行的融资类别统计形成了较为明显的区别（见图 3-12）。

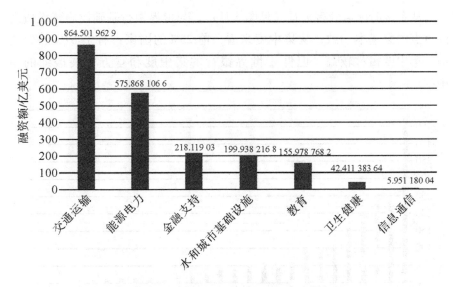

图 3-12　"一带一路"沿线国家基础设施建设

获得 ADB 融资额分类统计

数据来源：根据世界银行 ADB 官网项目数据计算。

从图 3-13 可以看出，在 ADB 支持"一带一路"沿线国家基础设施建设的方式中，贷款依然是最主要的方式，占 84.2%，赠款占 15.3%，技术援助占 0.5%。

图 3-13　"一带一路"沿线国家基础设施建设

获得 ADB 支持的类型统计（单位：亿美元）

数据来源：根据世界银行 ADB 官网项目数据计算。

从金额的国家分布来看（见图3-14），与世界银行基础设施建设资助的重点国家基本一致；从集中度来看，前25%的国家占有了67%的融资额，集中度相对较高，但低于世界银行的集中度和官方发展援助的集中度。

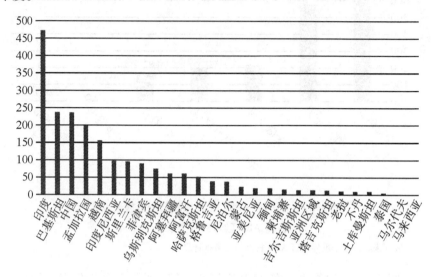

图 3-14　"一带一路"沿线国家基础设施建设

获得 ADB 融资额（分国家统计）

数据来源：根据世界银行 ADB 官网项目数据计算。

（四）新开发银行（NDB）

金砖国家新开发银行，或称为新开发银行（New Development Bank）是于 2012 年在第四届金砖国家峰会上提出建立的一个新的开发性金融机构，为金砖国家和其他新兴经济体的基础设施和可持续发展项目筹集资金，并于 2014 年由金砖五国签订了建设协议。NDB 初始授权资本为 1 000 亿美元。初始认购资本为 500 亿美元，在创始成员之间平均分配。尽管 NDB 规定联合国所有成员国都可以通过出资方式成为 NDB 的成员，但 NDB 的资本还是由金砖国家——中国、俄罗斯、印度、巴西和南非共和国共同平均出资。

与世界银行、亚洲开发银行等主要聚焦于"减贫"的使命不同，NDB 提出的使命是"弥合需求和资金之间的差距，并成为实现真正整体发展的合作伙伴"，并"通过为基础设施和可持续性驱动的项目提供资金援助，与发展中国家合作推动结构转型"。

截至 2023 年 11 月底，NDB 批准贷款金额超过 350 亿美元，其中中国占比约 26%，发行 415 亿元人民币债券。在应对新冠疫情中，NDB 建立了 100 亿美元的抗疫紧急援助基金。截止到 2022 年年末，NDB 共为金砖五国提供了 85 个项目的 320.3 亿美元的融资（见图 3-15）。

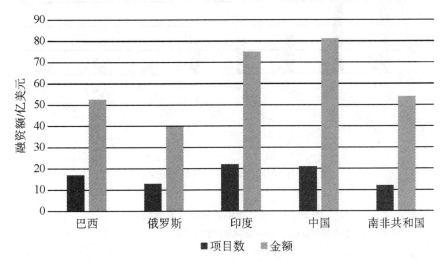

图 3-15　NBD 提供的基础设施建设融资情况（2016—2022 年）

数据来源：新开发银行年度报告 2022。

从 NDB 支持的基础设施类别来看（见图 3-16），尽管交通运输和能源电力依然是最主要的基础设施，但可以看出 NDB 比较鲜明的特点是其支持的基础设施大多具有可持续和绿色的理念，尤其是在能源领域重点支持清洁能源和可再生能源，还专门划分出了"可持续发展"这一类别进行融资支持。这也将新开发银行与传统多边开发性金融机构区分开来，其重点目标是支持发展中国家的可持续发展和转型发展。

除了上述的开发性金融机构，欧洲复兴开发银行、欧洲开发银行、伊斯兰开发银行、丝路基金等多边开发性金融机构均有参与到"一带一路"基础设施建设的融资体系中来，但其总体体量较小或数据不可得，在此处不再详述。

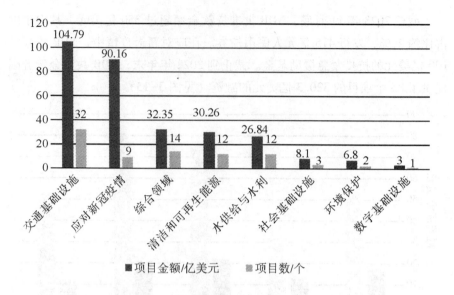

图 3-16　NBD 提供的融资分领域统计

数据来源：根据新开发银行 ADB 官网项目数据计算。

三、私人资本融资

私人资本融资一直被看作基础设施建设资金的重要来源，是官方发展融资和多边开发性金融融资不足时的重要补充。但实际情况并不乐观，世界银行在《基础设施私人投资》(*Private Investment in Infrastructure*) 的报告中这样描述这一情况："虽然私营部门经常被视为基础设施'白衣骑士'，但 PPI 数据库报告显示，在 1990 到 2016 年的 27 年间，发展中国家在运输、能源和水利等部门的基础设施私人投资总额仅为 1.6 万亿美元。这和每年超过 0.8 万亿美元（此期间总需求达到 21 万亿美元）的基础设施投资需求相比，不过杯水车薪。"

私人资本融资面向的主要是机构投资者，如养老基金、主权财富基金、共同公积金等。2016 年，IMF 的报告显示，这些基金持有的资金超过 100 万亿美元，它们正成为基础设施建设私人资本融资的重要目标。由于这些基金持有这些资产的时间往往都会长达数十年，正好与基础设施建设所需融资的长期性质相匹配；同时与传统的固定收益证券和上市股权融资相比，投资基础设施可能产生更高的回报，当然也存在更高的风险，但这为吸纳私人资本参与基础设施建设融资提供了可能性。

（一）私人资本参与概况

世界银行私人参与基础设施（PPI）项目数据库统计了 139 个低收入和中低收入国家和地区超过 7 800 个基础设施项目的情况，本书从中筛选出了 1999 年以来私人资本参与"一带一路"沿线国家基础设施建设的情况，以分析"一带一路"基础设施建设融资的私人资本参与现状（见图 3-17）。

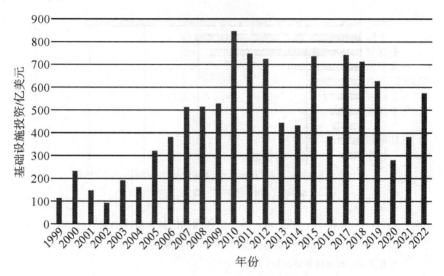

图 3-17 "一带一路"沿线国家的私人参与
基础设施投资（PPI）分年度统计

数据来源：根据世界银行 PPI 数据库计算。

1999—2022 年，私人资本在全球范围内参与了 123 个国家和地区的 7 740 项基础设施建设融资，提供融资额 1 732.45 亿美元；其中涉及"一带一路"沿线的 41 国家①，参与基础设施建设融资项目 3 985 个，提供融资额 11 075.5 亿美元，占总融资额的 63.94%②。

从年度数据来看，私人部门向"一带一路"沿线国家提供的基础设施建设资金逐年增加，2008 年金融危机后出现大幅增长，2020 年新冠疫情后

出现下降，但到 2022 年已恢复到疫情前水平，近年来平均在 600 亿美元左右，高于世界银行和亚洲开发银行提供的基础设施融资额。

从国家分布来看，"一带一路"沿线共有 41 个中低收入国家纳入了私人资本基础设施建设融资的统计，排名前三的国家是印度、中国和土耳其，排名前 25% 的十个国家吸收私人资本 9 800.48 亿美元，占总额的 88.48%，私人资本投资的集中度非常高。前十个国家的具体情况见图 3-18。

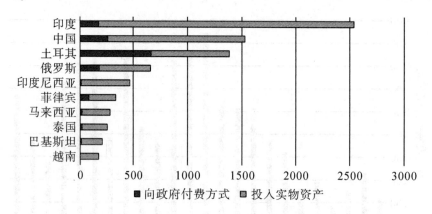

图 3-18　"一带一路"沿线国家的私人资本参与
基础设施投资（PPI）按国家统计

数据来源：根据世界银行 PPI 数据库计算。

从图 3-18 中也可以看出，从总量上看，印度的 PPI 处于领先地位，1999 年以来比第二名的中国吸纳私人资本参与基础设施建设多了 300 亿美元。菲律宾等国家低于 500 亿美元，差异较大。同时从私人资本的投入方式来看，绝大多数国家都是以实物资本投入为主，有少量"向政府付费"的投入方式，但土耳其是一个特例，在土耳其进行的私人资本基础设施建设，有接近一半是采用"向政府付费"方式进行的，与其他国家形成了较为鲜明的区别。

（二）私人资本的来源

私人资本参与基础设施融资的资金基本上由私营企业提供，从 1999 年到 2022 年纳入统计的"一带一路"沿线 4 232 个项目中（包括取消和出现危机的项目），由一个国家的单一私人资本进行融资的项目有 3 251 个，占76.82%；由两个国家私人资本联合融资的项目有 694 个，三个私人资本联合融资的项目有 186 个，四个以上私人资本联合融资的项目有 63 个，参与方最多的一个项目有十个私人融资方（2019 年中国的南浔高速大理段）。

　　具体是哪些国家的私人资本在为"一带一路"基础设施提供融资呢？
从参与投资的私人资本所在国家和地区的情况来看，绝大部分项目（3 841
个项目）公布了私人资本融资方所在的国家和地区（占 90.75%）。据此本
书进一步分析了具体哪些国家和地区为基础设施建设提供了私人资本。结
果见图 3-19。

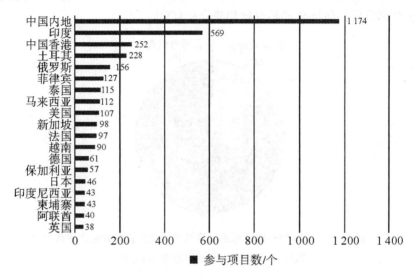

**图 3-19　参与"一带一路"基础设施建设的私人
资本主要来源的国家与地区（1999—2022 年）**

数据来源：根据世界银行 PPI 数据库计算

　　图 3-19 列出了世界银行统计的 1999—2022 年参与"一带一路"基础
设施建设的私人资本来源情况。中国内地提供的私人资本投资占比最大，
占到总项目数的近三成；西方发达国家对"一带一路"沿线国家基础设施
建设项目的私人投资相对较少。

（三）私人资本参与方式及私有比例

　　私人资本参与基础设施建设的方式大体分为四种，分别是绿地投资
（Greenfield）、棕地投资（Brownfield）、管理和租赁合同（Management and
lease contract）和资产私有化（Divestiture），详见图 3-20。其中，绿地投
资是指私人实体或公私合营企业在项目合同规定的期限内建造和运营新设
施，私营实体承担大部分财务和运营风险，并在项目的整个生命周期内收
回其投资，包括建设、租赁和转让模式，建设、运营和转移（BOT）模

式，建设、拥有和运营（BOO）模式，私人赞助商自担风险建立新设施，然后拥有并运营该设施（BO）模式等。棕地投资是指接管现有资产，并对其进行改进（修复）或扩展。管理和租赁合同是指私有实体在固定期限内接管公共资产的管理，而所有权和投资决策仍由国家承担，包括管理合同和租赁合同两类。资产私有化是指私营实体通过资产出售、公开发行或大规模私有化计划购买国有企业的股权，使私营运营商对运营，维护和投资负全部责任，包括全部私有化和部分私有化。

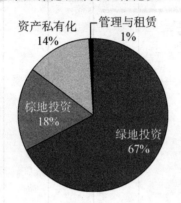

图 3-20　"一带一路"沿线国家的 PPI 按投资方式分类统计

数据来源：根据世界银行 PPI 数据库计算。

在"一带一路"基础设施建设的私人资本融资中，绿地投资是最主要的方式，占总融资额的 67%；其次是棕地投资，占 18%；最少的是管理和租赁合同，只占 1%。从私人资本的进入方式来看，绿地投资和棕地投资的风险通常都较高，但其收入也往往高于管理与租赁合同。可以看出，私人资本对基础设施建设是具有一定的风险承受能力的。

从私人资本的进入方式来看，主要有竞标、竞争性谈判、直接谈判和许可证计划四种方式（见图 3-21）。在披露了进入方式的 2 763 个私人资本参与"一带一路"基础设施建设的项目中，竞标是最主要的方式，涉及金额 4 462.74 亿美元，占 63.07%；其次是直接谈判，占 22.39%；许可证计划和竞争性谈判分别占 10.37% 和 4.18%。而从具体的领域来看，交通运输和信息通信采用竞标的方式更多，能源电力领域在采用竞标的同时，许可证计划和直接谈判所占比例也较其他领域更高，说明能源电力领域的进入方式与其他领域有着较为明显的区别。

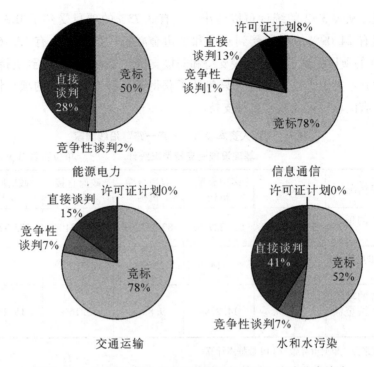

图 3-21　"一带一路"沿线国家的 PPI 按进入方式分类统计

数据来源：根据世界银行 PPI 数据库计算。

从私有比例来看，接近 84% 的项目私人资本占比在 60% 以上，私人资本占比在 80% 以上的项目金额占总额的 73.96%，其中私人资本占比 100% 的项目 3 001 个，投资总额 6 160.55 亿美元，占 70%。从表 3-1 可以看出，在私人资本参与的"一带一路"基础设施融资项目中，私人资本占比普遍较高。

表 3-1　"一带一路"沿线国家的 PPI 项目私有比例分段统计

单位：百万美元

项目私有比例	1%~20%	20%~40%	40%~60%	60%~80%	80%~100%
对应项目总额	15 282.06	46 525.16	79 055.99	87 847.8	649 477.5
占比	1.74%	5.30%	9.00%	10.00%	73.96%

数据来源：根据世界银行 PPI 数据库计算。

（四）私人资本参与得到的支持情况

PPI 数据库中统计了私人资本参与基础设施建设时是否受到相关支持

的情况。从表 3-2 的统计可以看出，只有 3.73% 的项目受到了 IDA 的支持；但有 24.09% 的项目受到双边和多边金融机构的支持，有 13.16% 和 15.25% 的项目受到了政府直接支持和间接支持。总的来看，受到支持的项目占比并不突出。这里的统计只包括了获得某一种支持方式的项目情况，实际上有的项目可能获得多种支持。

表 3-2　私人资本参与"一带一路"沿线国家
基础设施受支持情况统计　　　单位：百万美元

支持情况	IDA	多边金融机构	双边金融机构	政府直接支持	政府间接支持
受支持的项目总额	33 234.457	127 227.98	87 527.69	117 310	135 923.8
提供的支持总额	—	714	23 696	715	—
受支持的项目占比（按金额计算）	3.73%	14.27%	9.82%	13.16%	15.25%

数据来源：根据世界银行 PPI 数据库计算。

在双边金融机构支持中，为"一带一路"沿线国家基础设施建设私人融资提供支持的双边金融机构达到 36 家，其中最主要的双边金融机构是日本国际合作银行（Japan Bank for International Cooperation）和中国国家开发银行（China Development Bank），以及中国进出口银行（EX-IM Bank of China）和美国海外私人投资公司（The Overseas Private Investment Corporation）。排名前十的双边金融机构见图 3-22。双边金融机构支持的主要方式有四种，分别是贷款、保险、担保和辛迪加贷款，其中贷款是最主要的方式，占总提供金额的 98.53%。

在多边金融机构支持中，共有 4 家多边金融机构提供了 7.14 亿美元的资金支持，其中世界银行的国际金融公司（IFC）提供了 3.17 亿美元，亚洲开发银行（ADB）提供了 2.71 亿美元，世界银行多边担保投资机构（MIGA）提供了 1.25 亿美元，国际复兴开发银行（IBRD）提供了 0.01 亿美元。其支持的方式也主要是国际金融公司和亚洲开发银行的贷款，占 82.35%。

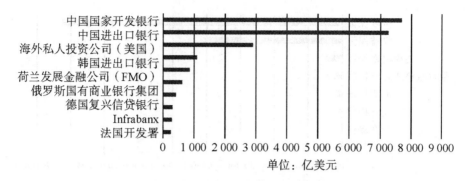

**图 3-22 为"一带一路"沿线基础设施建设私人投资
提供支持的双边金融机构前十**

数据来源：根据世界银行 PPI 数据库计算。

政府直接支持的方式主要包括资本补贴、收入补贴和实物支持三个方面。在统计的"一带一路"基础设施建设的私人融资项目中，政府提供了资本补贴 3.34 亿美元，收入补贴 3.79 亿美元，实物支持两百万美元。

从支持的情况来看，在"一带一路"基础建设的私人融资项目中，双边金融机构的支持力度是最大的，达到 236.96 亿美元；多边金融机构和政府直接支持的金额相当，普遍都较少，只占到双边金融机构的 3%。

此外，还普遍存在政府间接支持的方式（见图 3-23）。政府间接支持的方式多样，主要体现在付款保证（Payment Guarantee）和收益保证（Revenue Guarantee）两个方面。此外，还有关税税率保证、税收减免或政府信贷、汇率保证、债务担保、利率保证和融资差额担保等间接支持方式。

（五）私人资本参与的基础设施领域及收入来源

私人资本参与"一带一路"基础设施建设的领域主要是能源电力、交通运输、水和污水处理以及信息通信四个方面（见图 3-24），其中对能源电力类的投资最多，达到 4 933.723 24 亿美元，占总量的 55%，其次是交通运输类，占总量的 38%。从每一类具体的内容来看，能源电力类主要是电力相关工程，占 93.45%；交通运输类主要是公路交通，占 54.03%，其次是机场（19.34%）和铁路（14.96%）；水和污水处理中主要包括供水企业（54.49%）和污水处理厂（45.43%）。

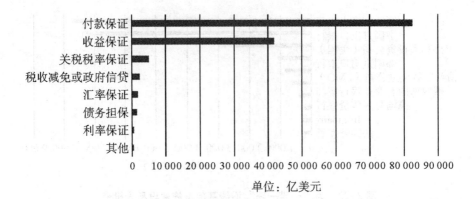

单位：亿美元

图 3-23 "一带一路"基础设施建设私人投资的
政府间接支持（按项目金额统计）

数据来源：根据世界银行 PPI 数据库计算

■能源电力　■交通运输　□水和污水处理　■信息通信

图 3-24 "一带一路"基础设施建设私人投资的
领域分类（按项目金额统计）

数据来源：根据世界银行 PPI 数据库计算

从收入来源看，在披露了收入来源的 2 946 个项目中，私人资本投入的前两大收入来源分别是"与公共实体签订购买协议或传输费"，占 37.39%，这是能源电力领域投入主要的收费来源，能源电力收入占该收入方式的 96.29%；"用户付费"占 35.82%，这是交通运输领域投入主要的收费来源，交通运输收入占该收入方式的 73.23%，能源电力收入占该收入方式的 18.4%。其他的收入方式均占比 10% 以下。

第三节　融资体系建设现状

在共建"一带一路"倡议的框架下，"资金融通"本身就是共建"一带一路"倡议的重要内容。在围绕"一带一路"基础设施建设的融资体系建设中，中国和"一带一路"沿线国家一起进行了有效的探索，从政策、机制、机构和工具等方面对"一带一路"基础设施建设融资体系进行了建设和完善。

一、融资政策体系初步形成

当前"一带一路"基础设施融资的政策领域除了国际通行的跨境基础设施建设的相关政策、规章和国际惯例外，还包括四个层面的融资政策，初步形成了各有侧重的融资政策体系。

一是以《"一带一路"融资指导原则》为基础的"一带一路"基础设施建设融资体系的基本原则和框架。该指导原则于2017年5月由26国财政部门共同核准签署，共有15条，提出了各国公共资金、政策性金融、开发性金融、市场金融在"一带一路"建设中的作用发挥及金融工具创新等问题。

二是以中华人民共和国国家发展和改革委员会与联合国欧洲经济委员会就"一带一路"PPP合作签署的《谅解备忘录》等为代表的双边或多边政策框架，如2017年6月签订的该备忘录就从建立健全PPP法律制度和框架体系、筛选PPP项目典型案例、建立"一带一路"PPP国际专家库、建立"一带一路"PPP对话机制四个方面做了具体约定。

三是以《"一带一路"绿色投资原则》等为代表的机构层面政策框架。2019年6月由全球30家金融机构签订的该原则，就将"绿色金融"纳入了"一带一路"融资，丰富了"一带一路"基础设施建设融资体系的政策内容。

四是以国内《关于开展"一带一路"债券试点的通知》等为代表的"一带一路"融资工具政策。2018年3月，中国上海证券交易所、深圳证券交易所发布该通知，规定相关主体可以通过三种方式在沪深交易所发行"一带一路"债券融资，为"一带一路"基础设施建设融资的具体工具提供了政策支持。

二、新融资机制不断建立

当前"一带一路"基础设施建设的融资机制主要有四类，分别是直接债权融资、间接债权融资、股权融资和创新融资机制。

（一）直接债务融资机制

直接债权融资机制主要包括各类债券。一是人民币或美元债券，这也是最常见的融资方式。从渠道来看，政府、开发性金融机构、企业都可以通过发行债券的方式来进行融资。2015年12月，中国证监会正式启动境外机构在交易所市场发行人民币债券（"熊猫债"）试点，截至2023年6月底，交易所债券市场已累计发行"熊猫债"99只，累计发行规模1 525.4亿元；累计发行"一带一路"债券46只，累计发行规模527.2亿元。二是绿色债券，是指为符合国家政策条件的绿色项目提供债券融资的资金或为这些绿色项目再融资的债券工具。截至2021年年底，世界银行已发行200多笔绿色债券，筹资金额近130亿美元。2019年5月，中国工商银行发行同时符合国际绿色债券准则和中国绿色债券准则的首只"一带一路"银行间常态化合作机制（BRBR）绿色债券，"一带一路"的可持续基础设施建设可以通过绿色债券融资。三是可转股债券，债券持有人可以按照发行时商定的价格行使转换权，按照发行时约定的价格将债权转换成公司普通股票，是具有债券和期权双重特征的债券工具。可转股债券可以更好地为公共物品性质较弱的基础设施建设筹集资金。

（二）间接债权融资机制

间接债权融资机制是当前可运用范围最广的融资机制，包括种类多样。结合"一带一路"基础设施建设融资的需求来看，其主要包括如下九种。

一是主权借款，即主权国家（中央政府或中央银行）的债务融资。它可能涉及其他政府附属实体，这些实体在借款时获得政府担保。从贷方的角度来看，信贷风险相对较低，但相关的偿债义务对未来预算构成直接或间接的负担。

二是通过企业融资，即现有企业筹集资金，完成项目投资建设。在项目完成之前和之后，不会出现新的独立法人实体。

三是出口信贷，即支持国内出口商或外国进口商解决进口项目在国内销售前的延迟付款问题（短期出口信贷），支付大额进口商品（中期出口信贷）资金，解决承包国外工程项目（长期出口信贷）资金周转困难。出口国的出口信贷机构几乎总是要求进口国提供主权担保，对其未来预算征收可视为或有负债。许多国别开发性金融机构提供出口信贷。

四是银团贷款。银团贷款是满足基础设施建设的大额资金需求的一种重要的机制，即一家或多家银行联合向借款人提供融资，银行可以包括商业银行、政策性银行和多边或国别开发银行。巴基斯坦卡洛特水电项目是共建"一带一路"倡议沿线的第一个大型水电投资建设项目，得到了中国的国家开发银行、中国进出口银行和丝路基金、国际金融公司组成的银团贷款的支持。

五是项目融资，即以特定项目建设为目的筹措资金，以项目营运收入承担还款责任的债务融资方式。项目融资的来源可以是债券、贷款、企业投资、银团贷款等。

六是并购贷款，用于支付合并或收购交易的费用。并购贷款具有成本相对较低，期限长、保护企业并购信息等优点。

七是公私合作伙伴关系（PPP），PPP 融资是指政府与私人组织之间形成的合作模式，为专门的项目融资，运营由此产生的资产，根据相关风险约定份额，并根据 PPP 协议分配净收益或损失。它通常以政府特许协议为基础，能够释放社会资本的活力，提升投资效率和质量。

八是跨境人民币贷款，是指合格境外机构发行的人民币贷款。中资或其他机构可以为外国银行提供海外人民币或其他货币贷款的综合信贷计划，可以支持与共建"一带一路"倡议相关的中小企业、中外企业合作等。

九是融资租赁，出租人代表其承租人购买资产（保留其所有权）以供承租人使用，以换取一系列付款和约定的利息。

（三）股权融资

股权融资是通过股权参与的方式为基础设施建设筹集资金，主要包括首次公开募股融资和私募股权融资两种方式。首次公开募股是首次向公众发行股票。这种融资方式扩大了融资渠道，可以增加公司的净资产价值，提高其声誉和优化治理结构。上市需要披露有关公司的重要信息，并使其面临更大的短期经营压力和诉讼风险。而私募股权融资往往在经营成本、公司治理、管理分工、价值创造和金融风险防范等方面更有优势。在中国，国有股权基金已经在"一带一路"沿线积累了多年的经验。

（四）创新的融资方式

在"一带一路"基础设施建设中，可以使用的创新融资方式主要包括四类。一是技术援助贷款，典型的技术援助贷款可用于项目的前期开发成本，包括综合开发规划、项目规划、项目演示、技术和市场研究及与项目开发相关的可行性研究报告的编制。二是结构融资，即信贷资产证券化，指以基础资产未来产生的现金流作为偿付支持，通过结构化设计增信，在此基础上发行资产支持证券的过程。结构性融资可以增强资产的流动性，为发起人提供低成本融资，降低风险资产的风险，便于进行资产负债管理。三是复合融资，即将两种或多种融资相结合，以更好地满足企业的一项或多项融资需求，它可以降低整体融资成本，提高资金使用效率。四是夹层融资，夹层融资是一种无担保的长期债务，创造了具有特定风险回报特征的债务类别，是一种融资的技术手段。作为项目整体融资的一部分，它是在风险和收益方面优先债务和处于股权融资之间的融资形式，很多情况下起到"过桥"融资的作用。

近年来，在"一带一路"基础设施建设中，融资体系的相关机制建设不断有新的进展，主要表现在如下两个方面：

一是新的融资机制不断建立。近年来，通过建立中国—中东欧银联体、中国—阿拉伯国家银联体、中国—东盟银联体、中日韩—东盟银联体、中非金融合作银联体、中拉开发性金融合作机制等多边金融合作机制，不断丰富"一带一路"基础设施建设融资的相关机制和方法，尤其是政府、金融监管机构、金融机构等多个层面主体的参与，让这一机制不断丰富。在这些机制的作用下，阿联酋阿布扎比投资局、中国投资有限责任公司等主权财富基金对沿线国家主要新兴经济体的投资规模显著增加，表3-3展示了近年来新增的基础设施融资机制。

表3-3　近年来新增"一带一路"基础设施建设融资相关机制

时间	机制名称	参与方	机制主要内容
2019年4月	中拉开发行金融合作机制	中国国开行和拉美对外贸易银行等8家开发性金融机构	签署中拉开发性金融合作机制合作协议，建立在基础设施建设方面的融资合作机制
2019年4月	"一带一路"税收征管合作机制	34个国家税务主管当局	正式建立"一带一路"税收征管合作机制

表3-3(续)

时间	机制名称	参与方	机制主要内容
2018 年 7 月	双边金融监管合作谅解备忘录（MOU）	32 个国家的金融监管当局	与境外金融监管机构建立正式的监管合作机制
2017 年 5 月	银行间常态化合作机制	53 家大型银行	通过平台互荐了超过 25 亿美元的项目
2017 年 7 月	亚洲金融合作协会	107 家机构	为维护地区乃至全球金融市场稳定、促进地区共同发展繁荣发挥积极作用

资料来源：根据公开资料整理。

二是原有多边开发性金融合作机制更加完善。在《"一带一路"融资指导原则》的框架下，全球多边开发性金融机构的合作更加紧密，截至2022 年年底，世界银行集团下属的国际金融公司、泛美开发银行、非洲开发银行和欧洲复兴开发银行等多边开发机构开展联合融资，为"一带一路"累计投资 100 多个项目，覆盖 60 多个国家和地区。同时，新的开发性金融机构也不断建立，2017 成立了包括 14 个国家的中国—中东欧银联体，2018 年成立了中国—阿拉伯国家银行联合体、中非金融合作银行联合体①，2019 年中国财政部与亚洲基础设施投资银行、亚洲开发银行、拉美开发银行、欧洲复兴开发银行、欧洲投资银行、泛美开发银行、国际农业发展基金、世界银行集团负责人或授权代表签署《关于共同设立多边开发融资合作中心的谅解备忘录》等，都进一步丰富了"一带一路"基础设施建设的融资机制。

三、多元化融资机构广泛参与

从现有融资体系来看，"一带一路"基础设施建设的融资机构的门类相对齐全，主要包括相关政府、政策性金融机构、多边金融机构、商业金融机构、社会资本和辅助金融机构，但从实际参与情况来看，各类融资机构的实际参与还比较有限，尤其是承担担保、保险等职能的辅助机构的参与还较为有限。

---

① 推进"一带一路"建设工作领导小组办公室. 共建"一带一路"倡议：进展、贡献与展望 2019 [M]. 北京：外文出版社，2019：22.

（一）多边金融机构

目前服务于"一带一路"基础设施建设的多边金融机构包括传统多边金融机构和新兴开发性金融机构。传统多边金融机构主要是世界银行、亚洲开发银行为"一带一路"基础设施建设提供了每年约 220 亿美元的融资；截至 2023 年 6 月底，丝路基金累计签约投资项目 75 个，承诺投资金额约 220.4 亿美元；亚洲基础设施投资银行已有 106 个成员，批准 227 个投资项目，共投资 436 亿美元。此外，近年来还新建设了中欧共同投资基金、中国—阿拉伯国家银行联合体、中非金融合作银行联合体等多边机构。

（二）国内开发性金融机构

支持"一带一路"基础设施建设的国内开发性金融机构主要是中国国家开发银行和中国进出口银行。截至 2022 年年底，中国国家开发银行已直接为 1 300 多个"一带一路"项目提供了优质金融服务，有效发挥了开发性金融引领、汇聚境内外各类资金共同参与共建"一带一路"的融资先导作用；中国进出口银行"一带一路"贷款余额达 2.2 万亿元人民币，覆盖超过 130 个共建国家，贷款项目累计拉动投资 4 000 多亿美元，带动贸易超过 2 万亿美元。若从 2014 年共建"一带一路"倡议实施来算，五年内中国国内开发性金融机构提供的"一带一路"建设资金约为年均 620 亿美元，成为当前"一带一路"基础设施建设外部供给的最大来源。

（三）商业金融机构

截至 2023 年 6 月底，共有 13 家中资银行在 50 个共建国家设立 145 家一级机构，131 个共建国家的 1 770 万家商户开通银联卡业务，74 个共建国家开通银联移动支付服务。

截至 2018 年年底，中国银行累计参与超过 600 个"一带一路"沿线项目，提供各类授信支持超过 1 300 亿美元，协助匈牙利、波兰等国政府累计发行 60 亿元熊猫债；首创发行"一带一路"主题债券，累计募集资金超过 140 亿美元。截至 2016 年 6 月底，中国工商银行支持"一带一路"项目 393 个，累计承贷金额约 1 028 亿美元。

国外商业银行也有参与到"一带一路"基础设施建设融资体系中来。2018 年，花旗银行参与了印度尼西亚 PT Banten 项目债券、Naspers 公司 25 亿美元银团贷款及中国银行 38 亿美元等价的多币种债券发行等项目；渣打银行参与近 100 个"一带一路"相关项目，项目金额总值超过 200 亿美元，其中 50% 以上的项目涉及交通基础设施建设，并表示将在 2020 年年底之前联合银团为"一带一路"相关项目提供总值不少于 200 亿美元的融资支持；汇丰银行的服务覆盖一半以上"一带一路"相关国家和地区，参与项目约一百个①。

（四）辅助金融机构

参与到"一带一路"基础设施建设融资的辅助性金融机构主要是信用保险机构。中国出口信用保险公司作为信用保险机构参与到"一带一路"基础设施建设融资中来，提供融资担保、融资保险和信用增进服务。截至 2018 年年底，中国信保与"一带一路"沿线相关机构签署了 50 多份各类合作协议，在全球的合作伙伴达到 270 多家，出具了 2 300 多张涉及沿线建设项目的保单，其中赔款支付超过了 27 亿美元。通过信用保险等方式为出口企业融资超过 2 700 亿美元。

四、新的融资工具不断出现

根据区域性公共产品的融资理论，区域性公共产品的融资主要包括国家融资、市场融资和多中心融资等。在"一带一路"基础设施建设中，传统的融资工具体现在国家融资、市场融资和国际融资三个方面。国家融资主要通过税收方式筹集公共资金，体现为国家在基础设施建设方面的公共财政支出。这里我们主要讨论国际融资和市场融资两个方面。

传统的国际融资主要是贷款，如中国进出口银行提供的"两优贷款"，世界银行国际开发协会提供的优惠贷款、DAC 提供的援助等。这一部分融资工具在"一带一路"基础设施建设融资中被充分使用，本章已经进行了较为详细的描述。市场融资主要是通过债券等方式。基础设施的债券融资在当前并不是主要方式，但在"一带一路"基础设施建设融资中得到了一定的发展。

从表 3-4 可以看出，"一带一路"基础设施建设的市场融资工具有一定的创新，推出了包括银行主题债券、公司债券、增强信用管理投资组合等在内的一系列融资工具，进一步丰富了"一带一路"基础设施建设融资体系。但其他领域的融资工具还比较少见，需要进一步丰富。

---

① 本部分相关数据均来自于"中国一带一路网"公开数据

表 3-4 "一带一路"基础设施建设市场融资工具

发行时间	名称	发行方	发行对象	发行规模
2019 年 8 月	"一带一路"公司债	中国武夷实业股份有限公司	中国	4 亿元人民币
2019 年 5 月	全球债券	亚投行	美国	25 亿美元，5 年期，AAA 评级
2019 年 5 月	绿色"一带一路"银行债券	工商银行新加坡分行	新加坡	未披露
2019 年 4 月	"一带一路"主题债券	中国银行卢森堡分行	卢森堡	150 亿美元，5 年
2019 年 4 月	"一带一路"主题债券	中国银行	香港	38 亿美元
2019 年 1 月	亚洲 ESG 增强信用管理投资组合	亚投行	全球	5 亿美元
2018 年 9 月	"一带一路"基础建设债券	中国建设银行新加坡分行	全球	3 亿美元，新元

资料来源：根据公开资料整理。

第四节　融资体系存在的问题分析

尽管当前"一带一路"基础设施融资体系已经初步形成，政策体系、融资机制都初步建立，有多元化的融资机构参与，同时也出现了一些新的融资工具。但从实践现状分析中也可以看出，当前融资体系在满足融资需求、提升融资效率等方面还存在诸多问题需要解决，主要体现在如下五个方面。

一、融资体系的融资能力存在不足

"一带一路"基础设施融资体系的主要目的是要满足"一带一路"基础设施建设的融资需求。从融资需求的角度来看，世界银行给出的发展中国家基础设施融资需求总额为年均 8 360 亿美元、亚洲开发银行测算的亚太地区基础设施融资需求为 7 300 亿美元、中国学者测算的"一带一路"国家基础设施融资需求为 6 200 亿美元至 9 600 亿美元、世界经济论坛测算的全球基础设施融资需求缺口为年均 1 万亿美元（详见本书第一章第一节相关内容）。根据这些测算数据大致估计，当前"一带一路"基础设施融资的年均需求至少在 6 000 亿美元左右。

本章第一节从供给角度测算了当前主要供给渠道对"一带一路"基础设施的融资支持，包括官方发展融资中的基础设施融资部分，年均 250 亿美元；主要多边开发性金融机构的基础设施融资部分，年均约 270 亿美元（亚投行年均 30 亿美元，世界银行年均约 100 亿美元，亚洲开发银行年均约 120 亿美元，新开发银行年均约 20 亿美元）；私人部门参与的基础设施融资约为年均 600 亿美元；总计年均 1 210 亿美元左右（这与项目视角统计的结果基本一致）。

从"一带一路"基础设施融资需求和当前融资体系的融资能力来看，每年依然至少存在着 4 800 亿美元左右的融资缺口，是当前年均融资额的四倍。由此可以看出，当前融资体系的融资能力不够，无法满足"一带一路"基础设施融资的需要。

二、融资体系的建设理念比较陈旧

尽管当前一直强调建立"多元化的融资体系"，也切实将国际援助、开发性金融机构和私人资本等渠道纳入了融资体系的建设中，但从当前融资体系建设的理念来说，还是比较陈旧，不适应融资体系建设的需求。主要体现在如下三个方面：

第一，基础设施的国际援助融资是援助理念的附属，不符合为基础设施融资的需求。当前的融资体系中，使用国际援助资金为基础设施融资只是国际援助的一部分，其融资理念受到国际援助理念的制约，这些理念并不适应基础设施建设融资，从而造成了融资能力受限，国际援助动机和目标与基础设施建设的目标不一致，基础设施援助分配标准与需求不一致，国际援助与开发合作关系界限不清，援助资金使用方式局限等问题，制约了国际援助资金在基础设施建设中的使用效率。

第二，基础设施的开发性金融融资理念存在偏差。当前开发性金融在"一带一路"基础设施融资中基本上还是以提供资金为主，尤其是国别开发性金融机构更是承担了大量的资金提供职能。而根据开发性金融理论，开发性金融的主要职责并不应该是提供大量的资金，而应该发挥融资组织作用，利用开发性金融机构自身的资源优势、信用优势、信息和技术优势等为其他融资机构提供融资组织，动员包括私人资本在内的其他资金。

第三，缺乏体系化的建设理念。当前的"一带一路"基础设施融资体系建设缺乏一个系统性的成体系的建设理念，各融资渠道大多在自身本来的框架内运行，没有与其他融资渠道形成配合与互动，制约了融资效率的提升。

三、融资体系的覆盖面不够广

从前一节的分析中也可以看出，当前"一带一路"基础设施融资体系的覆盖面还相对比较窄，资金流向的集中度较高。从区域上看，主要集中在东盟和南亚地区。从融资供给的角度来看，国际援助融资中，获得官方发展融资最多的十个国家的融资量占全部"一带一路"国家总量的36.15%；而在世界银行的融资支持中，排名前十的国家获得的融资占总量的74.26%，集中度更高，且获得融资的国家与官方发展援助集中支持的国家高度重合；亚洲开发银行的融资中，前25%的国家占有了67%的融资额；而私人资本融资中，排名前25%的国家占有了88.18%的融资额。因此总的来看，"一带一路"基础设施融资的资金流向集中度较高，其中以私人资本的流向集中度最高。这也反映出了现有的多元化融资体系只覆盖到了一些重点国家，主要包括东盟、南亚等经济发展水平相对较高的新兴发展中国家，而在整个"一带一路"沿线的覆盖面还不够。这一差异有可能会进一步导致沿线国家的基础设施发展水平差距加大，影响区域整体基础设施水平，也不符合共建"一带一路"倡议的发展目标。这需要通过调整基础设施的融资体系，来实现对整个区域更为全面的覆盖。

四、融资体系内部的结构失调

当前多元化融资体系更多地强调了"多元"而对"体系"有所忽视。"多元"的重点在于拓展融资渠道，为基础设施寻找更多的融资来源和融资方法，但其内部的融资结构也非常重要，需要通过合理调整多元化融资渠道之间的关系和结构，才能够构建一个可持续、有效率的融资体系。

对融资体系内部结构的忽视，造成了当前融资中的一些具体问题。如中国作为共建"一带一路"倡议的发起国，在其基础设施融资中承担了过重的角色，有大量的"一带一路"基础设施融资都由中国提供。同时，在中国参与的"一带一路"基础设施融资中，有超过64%的项目由开发性金融机构融资，但多边开发性金融机构参与很少，绝大部分由中国国家开发银行和中国进出口银行承担，这实际上是中国的政策性资金承担了"一带一路"基础设施的绝大部分融资职责，不利于长期融资能力的建设，也会引起其他国家对中国大量政策性资金进入的质疑。从"多元化"融资体系的角度来看，中国在"一带一路"基础设施融资中采用了七种不同的融资模式，实现了融资模式的多元化。但从各种模式的比例来看，比例严重失调，在政策性和开发性金融融资"一家独大"的情况下，公私合营、企业联合融资等融资方式使用得较少，尤其是股权投资存在严重不足。

五、融资体系的融资效率有待提升

融资体系的作用在于促进金融资源的有效配置，因此要满足融资需求除了拓展融资渠道外，还应该着眼于融资效率的问题，通过提升融资效率来实现资源的更优配置。但当前的"一带一路"基础设施融资体系对融资效率问题关注得还不够，有多个方面的具体体现。

一是对私人部门融资的支持力度不足。在融资体系中，私人部门融资的效率往往高于公共部门的融资效率，但当前的"一带一路"融资体系对私人部门融资的支持还很不够。以中国为例，无论是开发性金融机构还是大型国有商业银行，都缺乏对私人部门的融资支持，私人企业参与"一带一路"基础设施建设很难从国别开发性金融机构和商业银行融到资，而且存在国内融资成本高于国外的情况。此外，现有融资体系对影响私人资本融资外部制度环境、法治环境、宏观经济环境等的关注较少。

二是融资体系内部缺乏配合，导致效率损失。当前的融资体系只重视通过各类融资渠道来为基础设施建设吸引资金，但对各类融资渠道本身的特点却不加区分，对融资体系内部的重点不加区分，导致不同融资渠道的作用没有得到充分发挥，甚至出现融资职责的错位。如国际援助的引领作用和开发性金融的融资组织作用都没有得到充分发挥，只起到了提供基础设施建设资金的作用；国际援助、开发性金融和私人资本融资之间相互割裂，没有有效互动和相互补充；在基础设施融资的各个阶段不加区分地使用三种融资渠道，原本在基础设施建设后期和运营期可以撤出的公共资金没有撤出，应该加入的社会资金没有有效加入等，都损害了融资体系的融资效率。

第四章 "一带一路"基础设施融资的
引领力量：国际援助融资

　　融资安排一直是国际援助的关键问题，国际援助融资不足已经成为制约国际援助目标达成的一个关键因素。根据联合国 2018 年 9 月举行的"为实现 2030 年可持续发展议程项目融资高级别会议"测算，要实现 2030 年可持续发展目标，国际社会每年需要的投资在 5 万亿到 7 万亿美元之间，而国际援助的主力，发展援助委员会（DAC）统计当前每年的官方发展援助只有 1 440 亿美元，缺口还十分巨大。传统的官方发展援助（ODA）已经不能适应新的可持续发展目标，原有筹资安排需要进一步改革。本章主要在当前国际援助的背景下，探讨如何改革现有针对"一带一路"基础设施建设的发展援助筹资安排。

　　官方发展援助（ODA）是一个专用范围的概念，根据前文的定义，ODA 是 OECD 国家对欠发达国家和地区的资源流动，其统计口径也仅仅包含发展援助委员会（DAC）的 29 个成员。在这 29 个成员之外的发展援助不称为官方发展援助，也未计入到统计数据中。在 ODA 之外，广义的发展援助还有两类：一类是遵循 ODA 规则、且向 OECD 报告援助情况的非 DAC 成员国家，共 20 个，这部分国家正在逐渐谋求加入 DAC；另一类是以中国、印度、巴西、南非共和国等国家为代表的新兴经济体提供的对外援助，这部分对外援助没有纳入 ODA 的统计，且也没有向 OECD 报告，OECD 将这部分对外援助称为发展合作融资（Development Co‑operation Flows），目前通过估算的方式测算其水平和规模。因此这里的研究对象既包括原有的官方发展融资中的筹资安排，也包括新兴国家发展合作融资的筹资安排。

第一节 发达国家的基础设施国际援助融资体系

一、发达国家国际援助融资体系概况

发达国家的国际援助资金主要是官方发展援助（ODA），其资金形式主要有三个方面：一是传统的双边援助，即发达国家直接通过各种形式援助受援国，这是发达国家国际援助资金的主要来源，约占到70%；二是多边援助，即发达国家通过对多边援助机构的捐赠、注资等方式援助受援国，约占不到30%；三是近年来不断兴起的通过专项基金的方式对受援国某一领域的发展进行援助，如针对艾滋病、结核病和疟疾的全球基金等①。在当前发达国家的援助体系中，这些资金大多是由 DAC 国家财政支付的。

由于双边援助是发达国家国际援助的重点，其筹资安排也尤为重要。当前 DAC 国家双边援助的筹资渠道主要有四种，分别是直接拨款、次国家机构提供资金、公民社会组织提供资金和通过债务减免提供资金。

直接拨款主要由政府年度预算来进行筹资，由国会通过政府的国际援助预案后，由政府部门、大使馆等国际援助支出授权机构来进行拨付。从实践中来看，大部分直接拨款的预算均会对援助资金的地理分配、项目分配、用途分配进行规定和限制。也存在部分国家的国际援助由多个部门负责，没有综合预算的情况，其资金来源于与该国国际援助相关的政府部门自身的预算。

次国家机构包括一些国家的区域组织、地方政府等，其在国际援助中发挥的作用正在不断提升②。次国家机构提供的资金多来自该机构自身的预算资金。其尽管提升了国际援助的整体水平，但存在缺乏战略性框架、援助较为分散、存在重复性等问题。

公民社会组织通过自身筹措的资金为国际援助提供融资，经测算这一融资水平占政府官方资金的20%左右，近年来还有不断上升的趋势。在OECD 的主要援助国美英德日法等国，很早就开始注重社会组织参与国际

---

① 黄梅波，郎建燕. 主要发达国家对外援助管理体系的总体框架 [J]. 国际经济合作，2011（1）：50-56.

② 黄梅波，郎建燕. 主要发达国家对外援助管理体系的总体框架 [J]. 国际经济合作，2011（1）：50-56.

援助，其中美国还进行了立法保障，这对社会组织配合官方机构共同开展国际援助的模式起到了较好的支持效果①。

债务减免同样是 ODA 的重要组成部分，在 2007 年以前债务减免提供的资金占当年官方发展援助的 20% 左右，从 2007 年开始逐渐有所下降。

多边援助是 DAC 国家向开展国际援助的多边机构捐助并通过多边机构开展国际援助，其实质上的资金来源依然是 DAC 国家的官方预算资金，与双边援助的资金来源一致，区别仅在于融资管理机制。但全球基金则提供了资金来源的另一种可能。

对抗艾滋病、结核病和疟疾的全球基金（The Global Fund to Fight AIDS, TB and Malaria）成立于 2002 年，由联合国和世界卫生组织倡导成立，采取公私合营（PPP）模式，由数十个国家政府、国际组织共同设立，资金来源主要为各国政府捐助，每年向发展中国家提供的援助规模约 40 亿美元。其中专项发展基金成为国际援助的新生力量，尤其是其可以通过 PPP 等新的模式进行融资，是对传统融资体系的有力补充。

二、发达国家国际援助融资的新模式

传统 DAC 国家国际援助资金不足已经成为共识，传统的国际援助筹资模式即 DAC 国家采取的通过国家预算资金、国际或区域开发银行债券等方式进行筹资已经不能满足国际援助和发展融资的需求。要提高国际援助的融资水平，在传统融资模式的框架下，只有两种方法，即提高 ODA 的财政预算或增加相关债券的发行。

通过提高 ODA 的财政预算，即 ODA/GNI 的比值提高（DAC 制定了 ODA/GNI 要达到 0.7% 的目标，但大多数国家均未达到这一水平），则需要或者压缩国内其他部门的财政支出，或者提高税收以增加国内的财政收入。无论哪一种做法，都会承受国内的巨大压力。压缩国内其他部门的财政支出会影响到国内其他利益集团的相关利益，增加税收以提高国际援助，则需要提高公众对国际援助的认可和支持程度，两者都存在较大的困难。

增加相关债券的发行以提升国际援助的水平，债券并不等于新增额外融资额，并没有从根本上提高国际援助的总体水平，同时还存在债务持续

---

① 蔡礼强，刘力达. 发达国家社会组织参与对外援助的制度吸纳与政策支持 [J]. 国外社会科学，2019 (5)：31-47.

性的问题，因此不能真正解决国际援助资金不足的问题。因此在传统融资模式遇到阻碍的情况下，许多国家和学者开始探讨国际援助的新融资模式。

2002 年联合国在蒙特雷召开了国际发展融资会议，专门讨论国际援助的融资问题，提出要寻找创新融资渠道，并形成《蒙特雷共识》。2008 年和 2015 年联合国又分别召开了两次发展筹资会议，第三次国际发展融资会议通过了《亚的斯亚贝巴行动计划》，提出了国际金融体系改革等问题，也要求发达国家实现其将国民收入总值的 0.7% 用于国际援助的承诺。发展筹资成为国际援助的一个重要议题。

对国际援助融资创新影响较大的是 2009 年世界银行的一份研究报告，其总结了 100 多项发展融资措施，来源涵盖私人部门和公共部门，其利用方式也包括私人部门和公共部门，从而形成四类融资创新，见表 4-1。

表 4-1　世界银行融资创新的分类（2009 年）

部门		资金去向	
		公共部门	私人部门
资金来源	私人部门（杠杆作用）	私人部门为公共部门融资（公私合作）	市场和社会中的私人（纯私人）
	公共部门（组织动员）	公共部门的资金转移（团结税）	改善投资环境（促进和催化）

资料来源：NAVIN G. Innovating development finance：from financing sources to financial solutions [J]. World bank policy research working paper，2009（5111）：321-339.

筹资方式的变化进一步带来了筹资机制的变化，刘宁总结了国际援助筹资三个方面的机制变化，分别是强调结果导向型融资、强调官方发展融资和强调全球政策融资[①]。结果导向型是指援助资金的提供更多考虑对受援国的经济、社会发展产生的效果；官方发展融资（OOF）是指国际援助的范畴已经从严格的官方发展援助（ODA）有所扩展，将政府对发展基金等机构的注资也计入发展援助；全球政策融资是指前文提到的全球基金类融资不断提升，包括为应对气候变化的全球环境基金、绿色气候基金等。

从具体的筹资工具创新上来看，当前的筹资工具创新主要有两类。

第一类新融资工具的来源依然是政府公共支出，但筹资方式有所创新

---

① 刘宁. 国际发展援助的转变：目标、资源与机制 [J]. 国际展望，2019（2）：110-128.

的筹资工具。第一种工具 AMCs（先行市场承诺，Advance Market Commitments）是一种用于疫苗研究的基金，由意大利等六个援助方建立，其资金来源依然是财政资金，但其利用与医药公司签订合同、提供资金、保障购买等方式，促进了融资的有效性。第二种工具，IFFInn 也是用于疫苗生产的一种融资工具，其来源是援助国的政府长期债券，且具有较好的信用评级，从 2000 年开始运行以来，IFFInn 取得了较好的成效。第三种工具 Debt2Hearth 则是一种债务交换协议，援助国免除受援国的一定债务，受援国需要提供相当于 50% 债务额的资金给全球基金。其本质上是援助国对受援国的债务减免，但因此撬动了另外 50% 的债务国资金。总的来说，以上三种融资工具的资金来源依然是援助国的政府财政，是援助国财政支出、援助国政府债券融资、受援国债务免除三种传统融资方式的拓展。

第二类新融资工具则是资金来自私人市场。如机票统一税、（RED）产品和碳交易税。机票统一税是指在出售机票时，出于自愿原则在机票上加收一个很小比例的额外"税收"，将这部分收入用于国际援助，机票统一税依靠的是公众对国际援助的认可，采取大量、零星小额的捐助来为国际援助筹资。（REDC）产品则是对一些产品提供（RED）标识，具有（RED）标识的产品与没有标识的同类产品价格一致，但若购买有标识的产品，将会有一部分利润提供给与攻克艾滋病相关的国际机构或他国机构。这种方式增强了消费者对于有标识产品的购买意愿（不需要付出成本即可以满足自身的公益需求），同时有助于生产商的品牌塑造和社会责任承担。碳交易税是指政府通过拍卖碳排放许可证获得相应税收的行为，并将这部分税收用于与气候相关的援助。总的看来，这部分融资工具将私人市场的资金筹集起来用于国际援助，拓宽了原有的筹资渠道。

三、OECD 对"一带一路"沿线国家基础设施的援助融资

在前文中探讨了 OECD 对"一带一路"沿线国家的官方发展援助情况，有如下三个基本特点：一是"一带一路"沿线国家获得 OECD 援助的规模不大，从 2005 年至 2020 年的统计来看，年均水平为 387.337 5 亿美元，只占 OECD 全球援助规模的 35.21%，并且"一带一路"沿线国家中有 21 个未获得过 OECD 的官方发展援助；二是基础设施援助占比较高，更侧重于社会基础设施援助，"一带一路"沿线国家获得的 OECD 官方发展援助中，有 62% 是针对基础设施的援助，并且主要是针对社会基础设施的

援助，近年来经济基础设施援助额有所上升；三是受援国较为集中，获得OECD援助金额前十名的国家占据了全部44个国家获取总额的70.14%，其援助分配的集中度较高。

在此，我们进一步分析OECD国家，尤其是援助额较高的美、英、日等国家在基础设施建设援助，以及针对"一带一路"沿线国家基础设施建设援助方面的新动向。

（一）美国对"一带一路"基础设施援助的新进展

当前美国对"一带一路"基础设施援助的基本判断为中国扩张经济和政治势力的手段，因此近年来美国正从多个方面来优化自身在基础设施建设和援助方面的布局，以遏制中国的相关战略。

2018年10月，美国新批准了"善用投资促进发展法案"（BUILD），并在两天后将原有的海外私人投资公司、美国国际开发署的部分职能和一些其他政府相关发展援助机构一起重组为美国国际发展金融公司，这一新的机构将获得600亿美元的贷款权限，负责向发展中国家的能源交通等基础设施建设项目提供援助贷款。美国的这一举动被认为是增强其在"印太地区的发展援助"的举措[1]，同时，美国在对外基础设施援助中提出了新的框架：强调透明度、可持续性、私营部门参与及避免债务负担等，被认为是与共建"一带一路"倡议模式的一种竞争[2]。从美国国际发展金融公司的构成和职能来看，它也与中国国家开发银行相似。从新的法案和新成立的机构来看，美国的国际援助融资规则有了一定的突破，美国国际发展金融公司比原有的海外私人投资公司具有更大的权限和更强的融资能力。美国战略与国际问题研究中心（CSIS）的报告指出了新融资机构几方面的改进，分别是可以进行股权投资、可以提供技术援助、增强了使用当地货币贷款和小额赠款承担风险的能力、投资上限比现行的增加了一倍以上约600亿美元等[3]。美国的这一新动向将对"一带一路"基础设施融资带来两个方面的影响：从正面效应来看，美国开始积极参与发展中国家的基础设施建设融资，对扩大"一带一路"基础设施建设融资规模有所帮助；从

---

① PIMKDUMENVKIT K. Indo-pancific: us rolf in infrastructure [J]. Rsis commentaries, 2018 (3): 132.

② WILSON J. Diversifying Australia's indo-pacific infrastructure diplomacy [J]. Australian journal of international affairs, 2019 (73): 3.

③ The BUILD Act Has Passed: What's next? [EB/OL]. (2018-10-12) [2020-3-16] https://www.csis.org/analysis/build-act-has-passed-whats-next.

负面效应看来，美国对"一带一路"倡议和相关融资规则不够认同，试图采取其他模式来冲击或者取代共建"一带一路"倡议，将对中国和"一带一路"沿线国家原有融资模式造成一定的冲击。

2018 年 12 月，美国宣布加入"太平洋地区基础设施项目集团"，该集团成立于 2009 年，总部设在澳大利亚悉尼，主要为 12 个太平洋岛国提供基础设施建设融资和技术支持。从美国的这一举措也可以看出，美国正在谋求自身在基础设施建设援助、融资方面的独立地位。

2019 年 4 月，美国智库战略与国际研究中心（CSIS）发布了一份名为《更高质量的路——构建美国战略应对全球基建挑战》的关于基础设施建设的报告，其中指出，美国应采取进一步的措施，使自己成为全球基础设施建设的领导力量。报告中将中国参与的海外基础设施建设上升到影响美国国家安全和经济利益的高度，提出要和中国争夺在基础设施建设领域的主导权。这些举措都可以看出，美国对"一带一路"基础设施建设的援助和投资既存在因倡议由中国提出而带来的抵触，又希望通过参与这些基础设施建设达成美国经济、政治目标。

（二）英国对"一带一路"基础设施建设的积极参与

英国是西方国家中最积极参与"一带一路"基础设施建设的国家，是第一个申请加入亚投行、第一个签署《"一带一路"融资指导原则》和第一个向亚投行特别基金注资的西方发达国家。

从英国国际援助的地区分布来看，英国重点援助的国家同样是非洲和亚洲国家，但与美国不同，其更注重对最不发达国家的援助，重点援助的排名前十的国家分别是印度、阿富汗、埃塞俄比亚、尼日利亚、孟加拉国、巴基斯坦、坦桑尼亚、刚果、南苏丹和肯尼亚，基本上都是"一带一路"沿线国家。与美国相比，英国的国际援助更加注重"慈善和人道主义性质"，注重通过国际公共产品来提升发展援助的有效性，强调增强不发达国家的经济、社会发展能力，这与强调自身外交和经济目标的美国国际援助模式形成区别①。

（三）日本国际援助政策的变化与"一带一路"基础设施建设

近年来日本国际援助政策呈现出较为明显的变化，主要是从传统的考虑日本经济外交目标的 ODA 拓展到开发合作领域，强调除了原有官方发展

①　周大东. 英国的对外援助及中英两国对外援助合作关系探讨 [J]. 国际经济合作，2015（8）：39-45.

援助以外的开发合作和发展融资。在日本 2015 年发布的《开发合作大纲》中首次提出了"与包含发展中国家在内的国际社会合作,对世界面临课题的解决,确保我国国家利益不可或缺",这一新的描述显示了日本国际援助理念的变化。

日本对"一带一路"基础设施建设融资采取了审慎的欢迎态度,希望"一带一路"的融资规则能够更加接近其所认为的"世界通行方式",即资金筹措机制的透明公正、项目的经济效益回馈、国家债务的可持续性等。同时,日本也在一定程度上与共建"一带一路"倡议存在制约关系,在宏观上提出了"印太战略构想",在微观上强调"高质量基础设施出口战略"和"提供高质量公共产品"等,与共建"一带一路"倡议存在着较为明显的框架竞争①。

第二节 中国的基础设施国际援助融资体系

一、中国国际援助理念的发展

以中华人民共和国成立、改革开放和党的十八大以来为三个关键节点,中国的国际援助可以划分为较为鲜明的三个阶段,每个阶段的援助理念、援助对象、融资渠道和管理机制都有所侧重。

中华人民共和国成立到改革开放前夕,中国的国际援助主要为政治服务,援助对象以社会主义阵营国家和正在进行民族解放运动的国家为主;其融资渠道几乎全部是政府财政资金,主要通过无偿援助和低息贷款为受援国提供资金,资金可以用于军事安全、经济等各个领域。这一阶段的融资渠道为政府财政支出,给中国政府的财政带来了巨大压力。1973 年,中国国际援助支出占中国财政支出的 6.9%,占当年中国国内生产总值的 2.06%②。

改革开放后到党的十八大前夕,中国的国际援助理念不断进步,提出了"平等互利、讲究实效、形式多样、共同发展"的原则,政治色彩不断

① 王星宇. 日本对外经济援助政策新动向与中日"一带一路"合作 [J]. 当代世界,2018 (7):59-63.

② 刘方平. 中国对外援助 70 年:历史进程与未来展望 [J]. 西南民族大学学报(人文社会科学版),2019(12):31-37.

弱化，以发展效益作为国际援助的主要目标，重在促进援助双方的合作发展。资金提供方式在原有的无偿援助和低息贷款的基础上，增加了优惠贷款方式，主要用于经济社会发展领域，这三种模式成为中国国际援助的主要方式，优惠贷款所占的比例不断提升。

党的十八大以来，习近平总书记对中国的国际援助提出了"要切实落实好正确义利观、做好对外援助工作，真正做到弘义融利"，将"弘义融利"作为新时代中国国际援助的发展方针。在这一个阶段，中国国际援助出现了三个新的特点：一是加大了对最不发达国家的援助力度；二是通过共建"一带一路"倡议具体落实"弘义融利"的国际援助新方向；三是中国的国际援助金额出现了较大幅度的增长，2013—2018 年，中国对外援助金额为 2 702 亿元人民币①。

二、中国国际援助资金的筹资与管理

党的十八大以来，中国的国际援助工作取得了快速的发展，尤其是在共建"一带一路"倡议的框架下，国际援助工作呈现出新的特点。这里将从官方披露的数据来分析。

中国的国际援助原由商务部对外援助司管理，2018 年 4 月 18 日，国家国际发展合作署正式揭牌，作为国务院直属机构负责中国国际援助战略方针、规划和政策的拟定，如对外援助重大问题的统筹协调、外援改革的推进、外援项目的评估实施等工作。这一改革将原来由商务部、外交部等相关部委承担的、零散的外援职责统一了起来，但部分具体事务还是由各相关部委配合完成。

2018 年年底，中国国家国际发展合作署公布了《对外援助管理办法（征求意见稿）》，其中对外援资金进行了较为详细的规定，中国的外援资金包括无偿援助、无息贷款和优惠贷款三种类型，不同资金对援助的领域各有侧重。无偿援助主要用于满足受援方在减贫、民生、社会福利、公共服务及人道主义等方面的援助需求；无息贷款主要用于满足受援方在公共基础设施和工农业生产等方面的援助需求；优惠贷款主要用于支持受援方有经济效益的生产型项目、资源能源开发项目、较大规模的基础设施建设、提供大宗机电产品和成套设备。其资金来源主要是国家国际发展合作

---

① 中华人民共和国国务院新闻办公室. 新时代的中国国际发展合作 [N]. 人民日报，2021-01-11 (014).

署编制的年度预算，并会同财政部制定预算。从这里可以看出，中国的国际援助资金基本上来自财政拨付。

从具体的资金来源看，无偿援助和无息贷款的本金完全由财政资金支付；优惠贷款的本金由中国进出口银行通过市场机制进行筹措，优惠利率与银行基准利率的差额由财政资金进行补充。

三、中国国际援助融资体系的现状

（一）中国披露的官方数据

当前了解中国国际援助的官方资料较少，最权威的材料有三份：2021年国务院新闻办公室发布的《新时代的中国国际发展合作》白皮书，简要介绍了新时代中国的国际发展合作，其中对对外援助工作进行了阐述；2011年和2014年分两次发布的《中国的对外援助》白皮书。

1. 来自《新时代的中国国际发展合作》白皮书的数据分析

该资料显示，2013—2018年，中国对外援助金额为 2 702 亿元人民币，包括无偿援助、无息贷款和优惠贷款，分别占比 47.30%、4.18% 和 48.52%。其中涉及基础设施的援助主要是以无息贷款援助社会基础设施，以优惠贷款援助经济基础设施。在此期间，援助的对象包括 122 个国家和 20 个国际和区域性多边组织，占比最大的为非洲，其次是亚洲和拉美加勒比地区。援助实施方式包括援建成套项目、提供物资、开展技术合作等，并新增南南合作援助基金项目。

共建"一带一路"是中国对外援助的重要领域，在 2017 年首届"一带一路"国际合作高峰论坛上，习近平主席宣布未来 3 年内提供 600 亿元人民币援助，建设更多民生项目；提供 20 亿元人民币进行粮食援助，向南南合作援助基金增资 10 亿美元，实施 100 个"幸福家园"、100 个"爱心助困"、100 个"康复助医"等项目；向有关国际组织提供 10 亿美元等。从 2013 年到 2018 年，中国通过举办官员研修、派遣专家顾问等方式，促进与共建国的双向交流和了解；支持共建"一带一路"国家公路、铁路、港口、桥梁、通信管网等骨干通道建设，助力打造"六廊六路多国多港"互联互通大格局；帮助相关国家改善贸易条件、提升贸易发展能力；帮助有关国家完善金融体系、搭建融资合作平台；实施民生援助，加大人文交流、文化合作，与 17 个共建"一带一路"倡议的沿线国家开展 33 个文物援助项目等，都取得了积极的成效。

2. 来自《中国的对外援助》白皮书的数据分析

从不同的资金类别来看，截止到 2012 年年底，中国共提供对外援助 3 456.3 亿元，其中无偿援助最高，为 1 385.2 亿元，约占 40.08%；其次是优惠贷款 1 233.1 亿元，约占 35.68%；最后是无息贷款 838 亿元，约占 24.24%。从变化的趋势来看，无偿援助的比例在逐渐下降，优惠贷款的比例有所提升。

从资金流向的区位来看，中国对最不发达国家的援助尤为重视，援助资金的 40% 流向的是最不发达国家；截止到 2012 年年底，中国的对外援助资金流向了 161 个国家，其中经常性接受中国援助的发展中国家有 123 个，其中非洲最多，为 51 个，其次是亚洲，为 30 个，亚洲和非洲占中国对外援助资金流向的 80%。

从资金流向的具体领域来看，中国对外援助的重点领域是农业、工业、经济基础设施、公共设施、教育、医疗卫生等领域，并且近年来对基础设施、教育、医疗等领域的重视程度不断加强。

截止到 2012 年年底，中国对外援助共建成农业援助项目 270 个，工业 688 个，建设各类社会基础设施 773 个，经济基础设施 598 个，教育设施 210 个，医疗场馆 180 个等。从项目分布可以看出，中国对外援助以经济和社会基础设施建设项目为重点①。

（二）Aid Data 披露的数据

研究中国国际援助的另一类重要数据来自美国威廉玛丽大学发布的 Aid Data 数据库。该数据库采取"未被充分报道的资金流追踪方法"（TUFF），通过搜集媒体数据，以及大量文件、报道、研究报告等前期资料，对研究目标的援助项目数据进行甄别、整理和规范化的梳理，从而建立一个基于各类公开数据的项目库。Aid Data 数据库将中国的国际援助分为官方发展援助（ODA），即满足 OECD 官方发展援助定义的援助；非官方发展援助（OOF），即属于官方援助但不严格满足 OECD 定义的援助；无法准确归类的援助（Vague Flows）。

2023 年 11 月，Aid Data 发布了 *Global Chinese Official Finance Dataset* (*Version 3.0*)，该数据库涵盖了 Aid Data 整理的从 2000 年到 2021 年共 22 年的中国的国际援助数据。从这些数据中，我们可以对比分析中国国际援

---

① 以上数据均来自《中国的对外援助》和《中国的对外援助（2014）》白皮书。

助的资金流向。

根据 Aid data 数据库，2000—2021 年中国向全球提供的发展援助资金（包括官方发展援助和其他官方援助）共 13 422.77 亿美元（按 2021 年美元价值计算，以下均同），提供发展援助项目 17 957 个，这显然大于中国官方公布的 6 100 亿元人民币（约 900 亿美元）的水平。Aid data 数据库对这一数据进一步说明，在现有统计数据中，可能存在数据重复统计、未履行和撤销的项目。相对更为准确的是只考虑其中的基础设施援助，共有4 800 个项目，提供资金 8 252.17 亿美元，其中 ODA 类别的资金为 906.34亿美元，与中国官方公布的数据接近；OOF 类资金为 6 901.83 亿美元，占总资金流量的 83.63%，详见图 4-1。

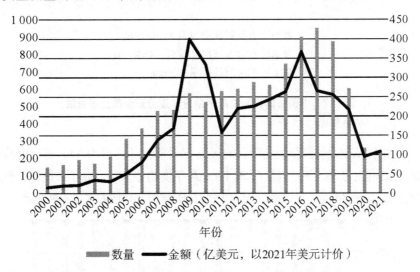

图 4-1　中国基础设施国际援助分年度项目数和金额

资料来源：根据 Global Chinese Official Finance Dataset（Version 3.0）计算。

从年度数据来看，中国基础设施国际援助的规模无论是从项目数还是援助金额上来看，都是在不断增加的，尤其是 2008 年以后增加得比较明显，2015 年左右达到峰值，此后逐年减少，尤其是受新冠疫情影响，基础设施援助项目大量减少。援助资金类别包括官方发展援助（ODA）和其他官方流量（OOF）。从总体规模来看，中国在统计期间以 ODA 方式提供国际援助的项目为 2 387 个，占 49.7%；以 OOF 方式提供的援助项目为2 027个，此外还有无法归类的项目 386 个。从时间上来看，2008 年以前主要以ODA 为主，2008 年以后 OOF 的占比逐渐超过 ODA。从资金流量来看，

OOF 方式的流量远大于 ODA 方式的流量，可以看出 OOF 项目的平均融资
规模本身较大（详见图 4-2）。

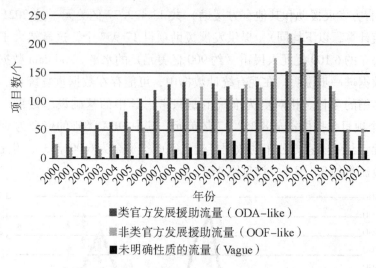

图 4-2　中国基础设施国际援助分年度分资金类别项目数

资料来源：同图 4-1

从中国基础设施国际援助项目的援助方式来看（见图 4-3），通过财政拨
款的援助占比为 38.9%，贷款占 59.1%。从年度趋势来看，近年来拨款、赠款
方式的援助在逐渐减少，贷款方式的援助有所增加，其他方式也不断出现。

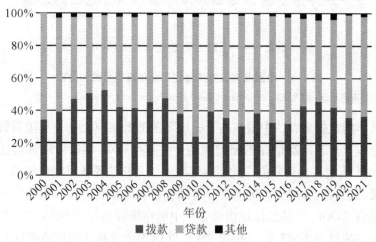

图 4-3　中国基础设施国际援助分年度分方式项目数占比

资料来源：同图 4-1

从中国基础设施国际援助项目的地区流向来看（见图4-4），中国国际援助的项目主要集中在非洲和亚洲，其中非洲占到了50%左右，但近年来有所下降，亚洲占比不断提高。非洲和亚洲一共占比达到80%左右，近年来略有下降，欧洲占比不断提升。

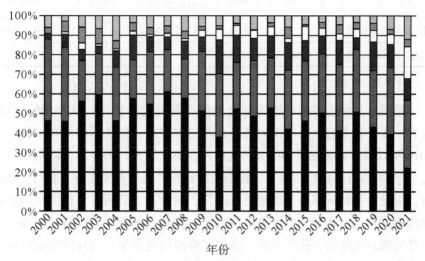

图4-4　中国基础设施国际援助项目分年度分地区占比

资料来源：同图4-1

　　从中国基础设施国际援助项目的领域来看，中国国际援助的主要分布在包括交通、能源、教育等在内的经济基础设施和社会基础设施领域，在环境、灾害、人口等方面涉及较少（见表4-2）。

表4-2　2000—2021年中国国际援助项目领域分布

领域	项目数	占比	领域	项目数	占比
运输与储存	921	19.19%	其他多领域	74	1.54%
能源	843	17.56%	紧急响应	52	1.08%
教育	524	10.92%	贸易政策与法规	35	0.73%
工业、采矿、建筑	521	10.85%	商业与其他服务	33	0.69%
其他社会基础设施和服务	465	9.69%	重建、救济与恢复	15	0.31%
通信	298	6.21%	一般环境保护	12	0.25%

表4-2(续)

领域	项目数	占比	领域	项目数	占比
政府和民间社会	287	5.98%	灾害防治与应对	4	0.08%
卫生	286	5.96%	人口政策/计划与生殖健康	1	0.02%
供水与卫生设施	232	4.83%	银行与金融服务	1	0.02%
农业、林业、渔业	196	4.08%			

资料来源：同图4-1

最后，从中国基础设施国际援助的融资机构来看，4 800个融资项目只有186个有多边金融机构的参与，参与率很低；但从时间分布来看，从2014年以后多边金融机构的参与规模正在迅速扩大，2017年的融资项目中有28个项目有多边机构参与，包括世界银行、亚洲开发银行、非洲发展银行，以及一些私营部门，如德意志银行、锡兰石油公司等。在国内的融资机构中，参与最多的是中国进出口银行，其次是国家开发银行；此外，中国外交部、大使馆、孔子学院、商务部等部门也是参与国际援助融资的主要机构。同时，国内各大商业银行也均有参与。

四、中国对"一带一路"沿线国家基础设施的援助融资

根据Aid data的数据，我们可以进一步分析中国对"一带一路"沿线国家基础设施援助的情况。2000—2021年，中国对38个[①]"一带一路"沿线国家援助了1 436个项目，占总援助项目的29.91%。从金额计算，中国为"一带一路"沿线国家提供的援助资金为3 971.09亿美元，占总金额的48.12%，即中国国际援助的资金有近一半流向了"一带一路"沿线国家，比OECD的外援流量高。

从图4-5可以看出，中国对"一带一路"沿线国家基础设施的援助的项目和金额都在逐渐提升，尤其是2009年以后，金额提升尤为明显，2015—2019年的五年中，援助项目和援助金额都处于高位，显示出"一带一路"沿线国家在中国国际援助体系中所占的地位愈发重要。其中2009年数据出现异常，是因为当年中国国家开发银行向俄罗斯提供了250亿美

---

① 不丹、阿曼、卡塔尔、沙特阿拉伯、爱沙尼亚、波兰、捷克、克罗地亚、拉脱维亚、立陶宛、斯洛伐克、斯洛文尼亚、希腊、匈牙利无中国对外援助项目，部分国家不属于欠发达国家。

元的贷款以修建能源基础设施。

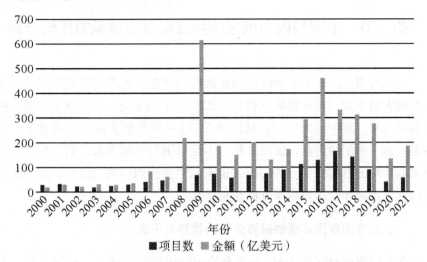

图 4-5　中国对"一带一路"沿线国家外援助项目数与金额统计
资料来源：同图 4-1

　　从外援资金的提供方式来看，有 411 个项目采取拨款方式，占 28.62%；1 008 个项目是贷款方式，占 70.19%，另有 17 个项目尚未归类。贷款方式的援助比例有所上升，可能与对"一带一路"沿线国家援助多为经济基础设施相关，而对非洲等最不发达国家的援助多为人道主义援助和社会基础设施援助。从资金流量类型来看，有 36.5% 的项目是 ODA，有 56.88% 的项目是 OOF，对"一带一路"沿线国家的 OOF 水平明显高于中国国际援助的平均水平。

　　从中国外援资金流向部门来看，支援最多的项目类型是能源和交通基础设施，其次是教育和其他社会基础设施。其中涉及社会基础设施的项目有 457 个，经济基础设施项目 357 个，针对经济基础设施建设的项目援助多于社会基础设施的项目援助，这与"一带一路"沿线国家近年来的发展水平不断提升有关。

第三节　中国与西方国家国际援助融资体系的比较分析

中国与西方国家关于国际援助在融资的理念、策略和管理体系等方面都有较大的差别，仅仅依靠原有的 OECE-DAC 体系已经不能满足当前国际援助的需要，其中国内生产总值的 0.7% 这一援助要求越来越难达到，成为最大的一个制约因素，援助总额远不足以满足实际需求；但仅仅依靠中国采取传统的财政资金支持的模式也不能完全达到目的。因此，双方需要在理念、策略和管理体系等方面相互借鉴。

一、西方国家国际援助融资体系的优势与不足

西方国家以 OECD-DAC 为代表的国际援助融资体系，经历了漫长的发展，在国际援助融资管理中有许多成熟的做法，对推动"一带一路"基础设施建设融资具有较好的促进作用，主要有如下五个方面：

第一，国际援助融资的体系规范。西方国家国际援助融资建立了较为规范和固定的体系，包括基本上都制定了法律，明确了国际援助资金的优先领域；提升国际援助的政治地位，营造良好的援助融资政治环境；国内涉及援助各部门的政策一致性高，强调了国际援助内部和外部的一致性等。同时，西方国家的国际援助在机构设立、跨部门系统管理和效果评估等方面也都建立了一套相对完整和成熟的体系。

第二，国际援助及融资的透明度较高。西方国家国际援助坚持透明的原则，既包括政府政策透明，通过援助承诺、政策声明、白皮书、专门会议声明等方式，对政府政策进行公开，有助于对援助及融资进行监督、对效果进行评估，以及各部门间的协同配合；同时还包括援助数据和项目的透明，OECD 建立了一套完整的国际援助资金统计系统，包括资金类别、区域流向、部门流向等多个方面的指标，完整发布根据援助标准开展国际援助的国家的相关数据。

第三，国际援助的公共参与程度高。西方国家在国际援助方面高度重视国际援助的公众参与，通过宣传展示援助效果、宣传援助理论等方式，提高公众对国际援助的支持和理解，减少国际援助政府融资的阻力。英国、法国、日本等国家都会定期举行国际援助的民意调查，DAC 还建立了

网络交流平台等。

第四，与国际组织和多边开发性金融机构联系紧密。西方国家在国际援助中与多边开发性金融机构联系紧密，通过世界银行、联合国开发计划署、联合国儿童基金会等联合国机构、国际开发协会（IDA）、区域开发银行等国际组织和多边开发性金融机构开展国际援助合作，或者通过这些机构开展国际援助，使西方国家国际援助的渠道更加多样化。

第五，国际援助的筹资机制的创新实践更加丰富。从前文的分析可以看出，当前西方国家在国际援助的筹资机制方面做了许多探索，包括扩大公民社会组织的参与、探索机票统一税、主权财富基金等多种国际援助筹资方式，拓展了国际援助的筹资渠道和机制。

随着世界经济外部环境的不断变化，原以 OECD 为主导的西方国家国际援助体系不断受到挑战，西方国家自身也意识到存在的一些问题，并开始寻求改变。总的来看，在当前世界经济大环境背景下，西方国家国际援助的融资体系存在如下六个方面的不足：

第一，融资能力受到限制，无法满足援助需求。随着发展中国家对基础设施等领域建设需求的不断扩大和西方国家自身经济增长的疲软，越来越多 DAC 援助国无法满足既定的 0.7% 国内生产总值援助目标。2018 年的数据显示，在 29 个 DAC 成员国中，有 12 个国家的援助资金储蓄下滑，只有五个国家兑现了 0.7% 的援助承诺。

第二，援助动机与目标不适应外部经济环境。传统西方发展援助的援助动机是政治性的，需要满足的是其政治需求；其援助理念强调"援助有效性"，即强调的是对援助本身及其执行过程的管理，将援助效果归结于受援国的经济、政策、环境和政治制度等，强调的是使国际援助符合西方的价值观需求和政治需求，要求受援国接受以"良治、民主、市场化改革"为特征的西方路线。这一援助动机与目标在实践中并没有起到预期的效果，并受到了各方面的质疑。尤其是以中国为代表的新兴援助国以经济目标为导向的援助新理念对其产生了冲击。

第三，援助额分配标准不一致，受援国影响较大。西方援助国对受援国的选择具有较大的自主性，且标准往往不一致。总的来看，受援国的选择受到援助国与受援国历史和文化联系、援助国与受援国的政治外交关系、援助国公众支持程度等影响。卢森堡选择受援国是从联合国人类发展指数排名较低的国家中选取，荷兰是根据受援国人均 GDP、民主化水平、政府治理水平、已经受到援助的情况等指标进行选择等。

第四，对经济基础设施建设的支持不足。受西方援助理念的限制，西方国家国际援助的资金主要流向部门是社会基础设施，对经济基础设施的支持不足。而经济基础设施更能有效地发挥国际援助与受援国经济增长之间的中介效应，因而原有的援助资金部门分配还需要进一步改进。

第五，发展筹资改革的进展不理想。从 2002 年在联合国达成《蒙特雷共识》后，发展筹资就成为西方国家国际援助的重要内容，但 20 年来的实践效果并不明显。由于发展筹资具有较强的路径依赖，其依然在原有的官方发展援助框架内进行；各类新的筹资渠道和筹资工具效果的发挥还不足，在机制设置和推进上缺乏一个强有力的动力和领导者。总的来说，传统发展援助框架下的发展筹资尽管建立了一些框架，有一些实践，但效果依然不够理想①。

第六，西方发展援助对新兴国家发展援助的吸纳融合存在阻力。在中国和部分发展中国家等新兴援助国影响力不断提升的情况下，西方传统援助国依然存在着"主导权"之争，通过其援助评估和监测机制对新兴援助国施加影响，对新兴援助国和受援国利益形成约束。传统援助国较少吸纳新兴援助国的经验，它们更想将其纳入传统主导的援助体系②。

二、中国国际援助融资体系的优势与不足

中国在自身发展的基础上，经过 70 年来的国际援助实践，探索了一条与传统援助国不同的国际援助道路。中国对非洲发展中国家的援助从实践角度证明了中国国际援助的效果。从中国的国际援助体系尤其是融资体系方面来看，主要有如下四个方面的优势。

第一，对外援助理念更适应"一带一路"建设。中国的对外援助的重点在于"发展"，而不是传统援助国的"施舍"。从中国的对外援助实践来看，中国的对外援助与开发合作紧密相连，其援助目标不附带政治性和其他要求，不进行价值观的输出，与传统援助国强调对外援助的政治功能不同，中国的对外援助更强调其经济功能，通过对受援国基础设施建设的投资和帮助，促进受援国经济增长。在当前的经济发展阶段，中国的对外援

① 刘宁. 国际发展援助的转变：目标、资源与机制 [J]. 国际展望，2019 (2)：110-128
② 姚帅. 2019 年国际发展合作与中国对外援助回顾与展望 [J]. 国际经济合作，2020 (1)：30-32.

助理念更加适应世界经济新的变化和"一带一路"建设的需求。

第二，国际援助的资金和效果平衡性强。中国国际援助在援助领域、援助对象和援助效果方面都更加平衡。尤其是在资金的区域和部门流向上，中国更加照顾最不发达国家的援助问题，提出要加大对最不发达国家的援助，而不是采取政治立场方面的因素进行区分；在部门流向上，中国重视对经济基础设施的援助，但同时也在逐步扩大对社会基础设施和人道主义方面的援助；在援助效果上，中国从注重经济效果，开始逐步向同时注重政治、安全、民生、生态等各方面效应转变，提出《"一带一路"绿色投资原则》等。

第三，援助手段具有特殊的多样性。与传统援助国主要提供赠款不同，中国除了赠款外，还提供较大数额的优惠贷款；同时支持多边主义的发展，如通过南南合作援助基金等方式扩大与多边组织的合作。

第四，中国国际援助资金较为充足，融资能力强。从近年来中国国际援助的数据来看，中国国际援助的总量不断上升，显示了较强的外援资金提供能力。同时中国经济正处于良好的发展环境中，经济增速高于传统援助国，无论从国内经济增长还是对世界经济的贡献来看，中国都具有较强的国际援助融资能力。

作为新兴援助国，中国在国际援助上有许多创新，也形成了较好的援助效果，但由于发展阶段和实际情况的限制，依然存在一些不足和挑战，主要体现在如下五个方面。

第一，国际援助与开发合作的关系与界限不清楚。在传统的国际援助（提供赠款和具有优惠性质的贷款）的基础上，中国还在发展中国家有大量具有开发合作性质的资金投入，国际援助与开发合作同样对受援国的基础设施建设和经济增长起到促进作用，但两者的融资渠道、适用领域、管理机制等方面都存在不同，在当前对这两部分资金未进行非常明确的区分，影响了各自的效果发挥。

第二，国际援助资金的使用方式存在局限。中国国际援助资金的使用方式大多为成套项目的援助，在国际社会引起了一些非议。成套项目援助在重视经济推动作用的同时忽视了民生效用，对援助效果起到了负面作用。同时，在当前各援助国都不断降低本国成本要求的情况下，中国提供优惠贷款中过高的本国成分要求（如贷款项下设备采购中来自中国的部分原则上不低于50%）阻碍了外援资金的使用①。

第三，国际援助资金的透明度不够高。受发展阶段的制约，中国国际援助的制度体系、统计规则和信息发布的透明度都还存在不足，尤其是在透明度方面，中国的国际援助受到了传统援助国的许多质疑，还需要建立被国际社会普遍接受的国际援助规则和相关信息的发布机制。

第四，公众对国际援助的支持力度不够。中国本身作为一个发展中国家，自身还存在如何保持经济高质量发展等相关问题；同时中国关于国际援助相关理论、机制和必要性的宣传还比较少，普通公众对国际援助的知识接触更少，对援助工作的支持普遍不高。

第五，缺乏与"一带一路"相配套的国际援助战略。尽管中国对国际援助重视程度不断提升，成立了专门机构进行管理，但在国际援助如何适应、配合和支持共建"一带一路"倡议这一问题上还缺乏相应的战略思考和探索。在"一带一路"建设尤其是基础设施建设中，国际援助的资金处于什么样的地位，承担什么样的职能等问题还不清晰。

第四节　国际援助中基础设施融资效果的实证分析

当前已经有大量文献探讨了国际援助对东道国的经济增长、对母国的贸易等各个方面都有比较显著的促进作用。在进一步的研究中不仅讨论援助有效性，还要讨论援助有效性的作用途径，比如如何通过制度、投资等对援助有效性产生影响。此外，传统上由于中国国际援助数据的缺乏，国际援助基本上在西方国家的层面进行讨论，近年来随着 Aid Data 数据库的公布，对中国援助问题的讨论更多。

艾克赛·德拉赫（Axel Dreher）等利用 Aid Data 的数据检验了2000—2014 年中国在 138 个国家的 ODA 和 OOF 的情况，通过构造中国钢铁产量为工具变量，证明中国 ODA 项目每增加 1 个，项目承诺两年后东道国 GDP 增加 0.7%；同时美国、OECD-DAC 的发展援助均有这一效果，但世界银行的效果不显著。同时这一研究还证明了中国的财政支持并没有削弱西方援助的有效性。理查德·希鲁姆（Richard Bluhm）的研究证明了中国

① 肖钢. 制度型开放：构建"一带一路"投融资新体系 [M]. 北京：中国金融出版社，2019：55.

的国际援助，尤其是交通基础设施国际援助降低了东道国不同地区间的经济不平等程度，其机制是中国在互联互通基础设施方面的援助和投资产生了经济溢出效应，使经济活动在实施区域的分配更加平等。国内学者方面，王孝松等通过面板数据证明了中国国际援助能够有效促进受援国经济增长，受援国制度质量能够显著影响中国国际援助的经济增长效应，同时指出中国与OECD的援助可以协同发展。张原的研究指出中国援助与投资有助于降低"一带一路"沿线国家的贫困率，同时投资与贫困率之间存在门槛效应，OOF类援助达到减贫效应更加明显。隋广军等通过中介效应模型发现，中国对"一带一路"沿线国家投资促进沿线国家经济增长有30%是通过提高基础设施建设水平来实现的。

基于当前的研究和"一带一路"基础设施建设融资中官方发展援助这一部分融资，我们利用中国国际援助的数据，结合基础设施质量、援助流量方式等问题进一步探讨了基础设施对援助有效性是否有影响，以及有什么样的影响。

一、模型设定

根据本书的研究目的，结合艾克赛·德拉赫、王孝松等人的研究，建立如下的回归方程：

$$\ln \text{GDP}_{it} = \beta_0 + \beta_1 \text{aid}_{it} + \beta_2 \text{infra}_{it} + \sum \beta_m X_{mt} + \mu_i + v_t + \varepsilon_{it}$$

其中，下标 i 表示受援国，t 表示第 t 年；被解释变量为 $\ln \text{GDP}_{it}$，表示 i 国第 t 年人均 GDP 的对数，用来衡量经济增长；核心解释变量为 aid_{it}，是中国第 t 年向 i 国提供的国际援助项目数（由于中国对外援助项目金额存在大量缺失值，因此选择项目数作为被解释变量）；infra_{it} 为 t 年 i 国的基础设施质量；X_{mt} 为一系列的控制变量，根据经济增长的基本理论，其包括受援国的贸易开放度（open）、最终居民人均消费（consp）、外商直接投资（FDI）、人口数量（Pop）和 DAC 对该国的援助额（oecd）。由于所研究的时间范围内有 2008 年的金融危机，因此加入了一个是否受到金融危机影响年份的虚拟变量（crs）。μ_i 为国家的个体固定效应，v_t 为时间固定效应，ε_{it} 为随机扰动项。

考虑到对外援助、基础设施对经济增长的效应可能存在一定的时滞效应，同时为了避免对外援助、基础设施与经济增长的双向因果关系，对上述模型进行了一定的修正，采用滞后两期的对外援助项目数和滞后一期的

基础设施质量来进行回归。即

$$\ln \text{GDP}_{it} = \beta_0 + \beta_1 \text{aid}_{it-2} + \beta_2 \text{infra}_{it-1} + \sum \beta_m X_{mt} + \mu_i + v_t + \varepsilon_{it}$$

二、数据说明及来源

模型的被解释变量为受援国经济增长，采用实际人均 GDP 的对数来衡量，数据来自世界银行 WDI 数据库；核心解释变量为中国对该国援助的项目数，数据来源为 Aid Data 数据库，本书在第四章第二节对这一数据库进行了详细描述；基础设施质量指标当前并没有形成共识，如弗朗索瓦（Francois）和曼基（Manchin）、孙瑾和章秀琴等先后使用了互联网使用比率、人均耗电量、移动通信使用比率作为衡量基础设施的代理变量；Demurgar、蔡东方等对信息基础设施采用每百人中移动电话使用数量比例来作为基础设施的代理变量；巴拉扎（Balazas）、托马什（Tomasz）和 Douglsa 等使用石油、天然气、煤炭资源发电量占总发电量的比重作为能源基础设施的代理变量；王小鲁、樊纲等使用人均铁路里程数或公路里程数来作为交通基础设施的代理变量。根据数据的可得性，本书使用每百人中移动电话的拥有量作为基础设施的代理变量，数据来源为世界银行 WDI 数据库。控制变量分别用进出口总额占 GDP 的比重来衡量贸易开放度（open），最终居民人均消费额的对数来衡量国内消费（consp），外商直接投资净流入额的对数来衡量外商直接投资（lnFDI），总人口的对数来衡量人口数量（lnpop），援助国收到的 DAC 官方发展援助总额对数来衡量其他援助（lnDAC）。控制变量的数据均来自于世界银行 WDI 数据库。尽管 Aid Data 公布的中国对外援助数据为 2000—2023 年的数据，考虑到新冠疫情对经济活动的影响，以及模型的滞后期限，本书进行回归分析的时间段为 2002—2018 年。由于部分国家的数据严重缺失，本书在进行回归时对存在大量缺失值的国家样本进行了舍弃。表 4-3 为变量的描述性统计。

表 4-3　变量统计性描述

变量名	变量含义	观测值	均值	标准差	最小是	最大值
lngdp	受援国经济增长	2 083	7.916 703	1.256 711	5.272 348	11.054 87
aid	中国对外援助项目数	1 890	2.232 275	3.122 608	0	35
aid_oda	中国 ODA 类对外援助	1 890	1.635 979	2.404 728	0	24
aid_oof	中国 OOF 类对外援助	1 890	0.596 296	1.413 647	0	31

表4-3(续)

变量名	变量含义	观测值	均值	标准差	最小是	最大值
aid_infra	中国的基础设施类援助	1 890	1. 297 354	2. 044 099	0	25
lndac	DAC 的对外援助额	1 994	18. 382 52	5. 072 158	20. 677 3	23. 815 57
lnfdi	外商直接投资	2 122	18. 079 23	8. 449 42	23. 201 5	25. 352 42
open	贸易开放度	1 970	85. 277 21	50. 029 34	0. 167 418	437. 326 7
invest	国内投资	1 930	22. 495 61	7. 512 905	1. 096 81	61. 469 02
d	金融危机虚拟变量	2 142	0. 235 294	0. 424 282	0	1
consp	人均消费总额	1 583	7. 482 235	1. 145 912	5. 196 104	10. 591 47
infra	基础设施质量	2 124	57. 580 89	47. 795 92	0	212. 639
lnpop	受援国人口数量	2 137	15. 771 58	1. 855 072	11. 238 7	21. 004 31

在进行回归前,由于面板数据存在时间序列,为了检验时间序列的平稳性,本书采用 fisher-ADF 检验,其中代表基础设施的变量 infras 存在单位根,对其进行差分处理后,所有变量均平稳。此外,为了避免多重共线性,还需要考察变量的相关系数。从相关系数矩阵可以看出,变量之间的相关系数普遍较低(均小于0.4),不存在严重的多重共线性,可以进行回归分析。通过 VIF 方式检验也得到了同样的结果。

表 4-4　变量相关系数矩阵

变量	l2_aid	l_dinfra	lndac	lnfdi	open	d	consup	lnpop
l2_aid	1							
l_dinfra	0. 045	1						
lndac	0. 114	−0. 02	1					
lnfdi	−0. 01	0. 071	−0. 04	1				
open	−0. 04	0. 118	−0. 16	0. 012	1			
d	0. 104	0. 276	0. 024	0. 031	0. 003	1		
consup	−0. 29	0. 131	−0. 2	0. 204	0. 147	−0. 02	1	
lnpop	0. 116	−0. 02	0. 042	0. 176	−0. 39	−0. 02	−0. 13	1

三、回归分析

(一)全样本回归

本书根据模型及其经济意义对模型的采用进行了考察。在实际回归过程中发现，采用固定效应回归时进行的 F 检验拒绝了 μ_i 联合为 0 的原假设，因此应该选择固定效应模型；同时，Hausman 检验 chi2（7）= 170.04，Prob>chi2 = 0.000 0，应该使用固定效应模型。

首先采用固定效应模型进行全样本回归，结果见表 4-5。

表 4-5　全样本回归

项目	（1）	（2）	（3）	（4）
aid	0.016 *** （0.003 0）		0.015 4 *** （0.002 9）	0.001 4 * （0.000 8）
dinfra		0.018 *** （0.000 4）	0.001 8 *** （0.000 5）	0.000 5 ** （0.000 3）
lndac				−0.000 2 （0.000 5）
consp				0.496 7 *** （0.019 2）
open				0.000 2 （0.001 3）
lnpop				−0.293 3 *** （0.042 7）
lnfid				−0.000 3 （0.000 3）
crs				0.144 3 *** （0.013 3）
cons	7.90 *** （0.006）	7.731 7 *** （0.015 8）	7.900 1 *** （0.007 2）	8.736 2 *** （0.751 0）
样本量	1 840	1 818	1 818	1 275
组内 R^2	0.060 2	0.525 5	0.067 9	0.817 0
个体效应 标准差	1.265 8	1.245 2	1.263 1	0.782 2
随机扰动 项标准差	0.161 6	0.113 0	0.157 8	0.064 6

注：括号中为相应估计系数聚类稳健的标准误，***、**、* 分别表示估计系数在 1%、5% 和 10% 的水平上显著。

通过全样本回归我们可以看出，中国的对外援助、援助国的基础设施质量都与受援国经济增长存在正相关关系；无论是否加入控制变量，中国的对外援助都显著地促进受援国的经济增长。但同时也可以看到，随着控制变量的加入，中国对外援助对受援国经济增长的促进作用减弱了，加入全部控制变量后中国的援助对援助国的促进效应仅在10%的水平上显著，显著水平较低。但总的来说可以认为，中国的对外援助对受援国的经济增长有促进作用。

从控制变量来看，基础设施质量对受援国的经济增长均存在明显的正面促进效用，这也进一步证明了优先发展基础设施的重要性。国内消费对受援国经济增长存在显著的促进作用，消费是推动经济增长最重要的动力，这与经济理论一致。但外商直接投资和贸易开放度对经济的促进作用并不显著。进出口的符号为正、外商直接投资的符号为负，可能的原因是受到中国援助的国家普遍为发展水平较低的发展中国家，来自国外的投资不一定会完全带来经济增长，也可能会带来竞争、掠夺资源或垄断市场，并不一定会使本国受益。同样，在发展水平相对较低的国家，人口数量对人均GDP的影响显著为负，是由于劳动力的水平不高，人口增加但没有技术进步和生产力提高的情况下，会对人均GDP来带负面影响。此外，金融危机虚拟变量的系数显著为正，是因为金融危机影响的主要是发达国家，受中国援助的发展中国家可能会因此加强合作、获得一些发展的机会。而且从模型来看，金融危机并不会对所研究的对象和结论产生影响。

（二）基础设施质量对援助效果的影响

全样本回归只能说明中国的对外援助能够促进受援国经济的增长，但并不能很好地说明基础设施在其中所起的作用。接下来，我们使用分组回归的方式来讨论基础设施质量对援助效果的影响。

根据基础设施代理变量的取值，样本国家可以分为两组，一组为基础设施质量在平均水平以上（infra值大于57）的较高基础设施水平质量组和inftra值低于57的基础设施水平较低质量组。此处进行双向固定效应模型的回归，结果见表4-6.

表4-6　根据基础设施质量分组回归

项目	（1）infra>57	（2）Infra<57
aid	0.000 126 （0.000 8）	0.020 5 [**] （0.000 8）
dinfra	0.000 2 （0.000 2）	0.000 7 （0.000 6）

表4-6(续)

项目	(1) infra>57	(2) Infra<57
lndac	0.000 8 (0.000 5)	−0.000 8* (0.000 5)
consp	0.502 0*** (0.063 5)	0.509 0*** (0.081 2)
open	0.000 01 (0.000 3)	0.000 6** (0.000 2)
lnpop	−0.244 0* (0.142 0)	−0.718** (0.347)
lnfid	−0.000 4 (0.000 3)	−0.000 9** (0.000 4)
crs	0.112 0** (0.041 4)	0.209 0*** (0.051 9)
_cons	8.125*** (2.345)	15.30** (5.912)
样本量	672	603
组内 R^2	0.778 4	0.756 8
个体效应标准差	0.705 8	1.296 0
随机扰动项标准差	0.040 8	0.057 7

注：括号中为相应估计系数聚类稳健的标准误，***、**、*分别表示估计系数在1%、5%和10%的水平上显著。

从按照基础设施质量分组回归的结果来看，基础设施质量较高组别中，中国援助对经济增长的促进效果并不显著，其经济增长的主要推动力来自国内消费；在基础设施质量较低的组别中，中国援助对其经济增长的促进效果在5%的水平上显著，同时系数大于全样本回归时的系数。同时基础设施对经济增长的作用变得不显著了，在基础设施质量较差的情况下，基础设施无法对经济增长起到促进作用。

从控制变量来看，无论在哪个组别中，国内消费和人口的效应都是显著的，这也符合发展中国家所处经济发展阶段的实际情况。在基础设施质量较差的组别中，进出口的正面促进作用和外商直接投资的负面作用都变得更加显著了。

从基础设施质量进行的分组回归结果来看，中国援助对基础设施质量相对较差的国家更为有效。这可能是由于中国的援助多为基础设施类援助，针对基础设施较差国家的援助正好弥补这些国家的基础设施的不足，从而对这些国家的经济增长起到了较为显著的促进作用。

（三）不同类别援助资金对援助效果的影响

中国的对外援助分为官方发展援助（ODA）和官方发展融资（OOF）两个类别。我们分别以两个不同类别的援助项目作为解释变量来进行回归分析，结果见表4-7。

表4-7 根据流量类型不同的分组回归

项目	（1）ODA	（2）OOF
aid	0.000 6 (0.001 4)	0.003 3* (0.001 7)
dinfra	0.000 5* (0.000 3)	0.000 5* (0.000 3)
lndac	−0.000 3 (0.000 5)	−0.000 3 (0.000 5)
consp	0.497 6*** (0.063)	0.497 5*** (0.063)
open	0.000 2 (0.000 2)	0.000 2 (0.000 2)
lnpop	−0.292 3** (0 . 1 375)	−0.282 7** (0.136 5)
lnfid	−0.000 3 (0 . 0 003)	−0.000 3 (0 . 0 003)
crs	0.145 9*** (0.024 9)	0.142 9*** (0.024 7)
_cons	8.712 3*** (2.404 3)	8.558 4*** (2.382 8)
样本量	1 275	1 275
组内 R^2	0.816 4	0.817 3
个体效应标准差	0.780 5	0.773 1
随机扰动项标准差	0.064 7	0.064 6

注：括号中为相应估计系数聚类稳健的标准误，***、**、*分别表示估计系数在1%、5%和10%的水平上显著。

从按照不同流量类型分组回归的结果可以看出，除了核心解释变量ODA和OOF以外，其他控制变量在两组中的显著性和拟合值都基本一致。

两组的区别在于 OOF 组中，中国援助的促进作用是显著的，而在 ODA 组中这一作用不显著，而且其系数的拟合值大于全样本回归。说明在中国对外援助的流量中，官方发展融资比官方发展援助对受援国经济的促进作用更加明显。其原因是 OOF 作为官方发展融资所涉及的领域更多倾向于经济基础设施和大型项目，使用的方式也比 ODA 更加灵活，因此对受援国经济增长的促进效应更加明显。

（四）基础设施类援助对援助效果的影响

在中国对外援助项目中，可以通过项目识别的方式将涉及交通、能源、水利等领域的援助项目归入基础设施类援助项目中。我们采用基础设施类援助项目作为解释变量进行回归，与全样本回归的结果进行对比，见表 4-8。

表 4-8　基础设施类援助对受援国的影响

项目	（1）全样本	（2）基础设施类
aid	0.001 4 * （0.000 8）	0.002 5 ** （0.001 1）
dinfra	0.000 5 ** （0.000 3）	0.000 5 ** （0.000 3）
lndac	−0.000 2 （0.000 5）	−0.000 2 （0.000 5）
consp	0.496 7 *** （0.019 2）	0.495 8 ** （0.019 3）
open	0.000 2 （0.001 3）	0.000 2 （0.000 1）
lnpop	−0.293 3 *** （0.042 7）	−0.293 8 ** （0.042 7）
lnfid	−0.000 3 （0.000 3）	−0.000 3 （0.000 3）
crs	0.144 3 *** （0.013 3）	0.143 8 ** （0.013 2）
_cons	8.736 2 *** （0.751 0）	8.750 2 *** （0.750 2）
样本量	1 275	1 275
组内 R^2	0.817 0	0.817 2
个体效应标准差	0.782 2	0.789 0

表4-8(续)

项目	（1）全样本	（2）基础设施类
随机扰动项标准差	0.064 6	0.064 5

注：括号中为相应估计系数聚类稳健的标准误，***、**、*分别表示估计系数在1%、5%和10%的水平上显著。

从回归结果来看，基础设施类援助项目对受援国经济增长的促进效用更加显著（提升到了5%的水平下显著），同时回归系数也大于全样本回归，说明促进作用更强。这一分析也说明针对基础设施的对外援助更能促进受援国经济增长，证明了通过对外援助为基础设施建设进行融资是一个可行的选择。

四、稳健性检验

为了检验模型的稳健性，本模型在指标选取中可能存在的问题是对基础设施质量指标选择代表性存在不足，因此通过更换基础设施质量指标这一控制变量来进行稳健性检验。除了每百人中使用移动电话的数量外，研究中通常还会使用人均电力消耗来衡量基础设施水平。从表4-9中可以看出，将模型中的infra指标用人均电力消耗来替换后，结论依然显著。

表4-9 更换控制变量后的回归结果

项目	（1）全样本	（2）高基础设施质量国家	（3）低基础设施质量国家	（4）ODA	（5）OOF	（6）基础设施类
aid	0.001 515 * (0.000 7)	0.000 63 (0.008)	0.002 968 ** (0.001 1)	0.000 8 (0.002 1)	0.003 15 * (0.002)	0.001 9 * (0.002)
elec	0.100 592 *** (0.014 5)	0.120 326 *** (0.030 6)	0.066 006 (0.048 8)	0.102 31 ** (0.046 3)	0.102 93 ** (0.046)	0.101 16 ** (0.046)
lndac	−0.000 23 (0.000 4)	0.000 318 (0.000 2)	−0.000 9 (0.000 4)	−0.000 22 (0.000 6)	−0.000 22 (0.000 6)	−0.000 22 (0.000 6)
consp	0.461 904 *** (0.002 1)	0.393 699 *** (0.061 8)	0.495 115 *** (0.120 5)	0.460 96 *** (0.092 3)	0.462 08 *** (0.092 2)	0.461 75 *** (0.009 2)
open	−0.000 42 (0.000 2)	−0.000 1 (0.000 3)	0.000 2 (0.000 5)	−0.000 41 (0.000 4)	−0.000 43 (0.000 4)	−0.000 42 (0.000 4)
lnpop	−0.224 61 *** (0.047 9)	−0.341 89 *** (0.125 6)	−0.654 91 ** (0.298 4)	−0.227 1 ** (0.148 9)	−0.218 2 ** (0.149 2)	−0.225 6 ** (0.149 9)
lnfid	−0.000 29 (0.000 3)	−0.000 45 (0.000 7)	−0.001 11 (0.000 4)	−0.000 26 (0.000 4)	−0.000 25 (0.000 4)	−0.000 28 (0.000 4)

表4-9(续)

项目	(1) 全样本	(2) 高基础 设施质量 国家	(3) 低基础 设施质量 国家	(4) ODA	(5) OOF	(6) 基础 设施类
crs	0.156 782 *** (0.015 5)	0.177 915 *** (0.042 3)	0.291 184 *** (0.062 0)	0.159 16 *** (0.028 9)	0.155 709 *** (0.028 3)	0.157 252 *** (0.028 6)
_cons	7.468 286 *** (0.859 4)	9.843 2 *** (2.115 6)	14.455 21 *** (5.236 5)	7.504 6 *** (2.665 1)	7.346 7 *** (2.670 7)	7.483 5 *** (2.685 9)
样本量	928	524	404	928	928	928
组内 R^2	0.865 4	0.824 4	0.860 8	0.864 8	0.865 8	0.865 2
个体效应 标准差	0.604 3	0.686 3	1.028 2	0.604 1	0.598 8	0.603 9
随机扰动项 标准差	0.056 1	0.036 0	0.043 0	0.056 2	0.056 0	0.056 1

注：括号中为相应估计系数聚类稳健的标准误，***、**、*分别表示估计系数在1%、5%和10%的水平上显著。

五、结论

本模型通过利用中国2000—2018年的对外援助的数据和受援国基础设施数据来研究援助有效性的影响因素，尽管还存在一些不足，如中国对外援助数据由于项目金额存在大量缺失值无法使用，只能研究援助项目数而不能最佳地代表援助力度，以及该数据库的统计方法可能存在统计上的偏差等。但这一数据库是当前能够最真实模拟中国对外援助情况的资料，通过对这一资料的研究，我们可以得到如下三点基本结论：

第一，中国的对外援助、受援国的基础设施都对受援国经济增长存在促进作用。在利用固定效应对样本数据进行分析后发现，从整体样本来看，中国的对外援助对受援国的经济增长是存在促进作用的；同时，受援国的基础设施也对受援国经济增长有促进效用。这一结论与当前的大部分类似研究结论一致。

第二，中国的对外援助在基础设施质量较差的国家更有效。本模型通过选择不同基础设施质量的样本进行回归发现，在基础设施质量较差（通过寻找临界值的回归发现，"较低"的水平略高于基础设施质量的平均值，为64）的国家，中国的对外援助对经济增长的促进作用更加显著。可能的原因是中国的对外援助多为基础设施类援助，正好能够打破基础设施水平较低国家的基础设施发展瓶颈问题，从而能够更加有效地促进受援国的经济发展。而在基础设施水平较高的国家，中国的援助对基础设施的边际效应有所降低，从而对经济增长的促进作用就不那么显著了。

第三，中国的对外援助中，OOF 类流量比 ODA 类流量对受援国的经济增长作用更为显著。由于 OOF 作为国际发展融资，其使用条件、范围和作用领域比 ODA 类流量更加广泛，同时能更多地投入到经济基础设施中去，因此比传统的 ODA 类流量对经济增长的促进作用更加显著。但应该注意的是，这一结论并不能说明 OOF 比 ODA 更好，因为在国际援助中，OOF 和 ODA 的作用本就不同。

第四，中国对外援助中的基础设施类援助对受援国经济增长的作用更加显著。本模型使用基础设施类援助项目作为解释变量进行的分析结果显示，基础设施类援助项目对受援国经济增长的促进作用更加显著。这也可能是由于基础设施援助更加精准地定位了受援国经济增长的瓶颈问题，从而也说明对发展中国家的援助，基础设施类援助应该是优先发展的方式。

第五节　适应共建"一带一路"倡议的国际援助融资改进

前面几个部分分析了西方国家和中国的国际援助融资以及它们在"一带一路"沿线国家基础设施建设中的实践，并对比了两者在国际援助理念、融资策略上的优劣，同时使用实证模型检验了 2000—2018 年中国国际援助通过加强基础设施建设对受援国的经济有着显著的促进作用，其中对基础设施建设的援助和 OOF 类流量的作用更加显著。在前文分析的基础上，我们落脚到"一带一路"建设中来，提出适应共建"一带一路"倡议的国际援助融资体系改进方向，并结合中国实际讨论中国国际援助的战略如何与促进共建"一带一路"倡议的基础设施建设融资相对接。

一、融资理念改进：对经济发展阶段的适应

从传统援助国和中国国际援助的对比分析来看，双方的援助理念差异较大。传统援助国国际援助的理念是"利他"，从而援助资金主要是"施舍"，从而导致其国际援助的资金主要是赠款。但如果是纯粹的"利他"动机显然无法满足国际援助筹资的需要，因此传统援助国的观点往往是"利他"表象下的"利己"，即为了援助国本身的利益，帮助援助国政治目

标、外交目标或意识形态目标的实现。正是传统援助国的这一援助理念，导致了在援助过程中资金流向部门和区域的不平衡。

中国的国际援助理念是"合作共赢"，强调通过国际援助与受援国展开合作，发挥受援国自身的作用。因此中国将国际援助定位在基础设施建设领域，通过基础设施建设对经济增长的促进作用发挥国际援助的"中介效应"，从而达到促进受援国经济增长的目的。

从基础设施融资来看，中国国际援助理念瞄准基础设施建设，对基础设施建设融资有着积极的促进作用。而传统援助国的国际援助理念则对受援国基础设施瓶颈的突破缺乏效果。根据 Neilson et al. 的数据，1973—1990 年，DAC 的双边发展援助中对撒哈拉以南非洲的基础设施援助占 29.5%，到 2002 年这一数据下降到 9.8%；根据林毅夫的计算，到 2006 年这一水平下降到了 3%。而中国 2011—2020 年成长为非洲最大的基础设施建设融资者，占融资总额的 34%①。

通过分析可以看出，传统的国际援助及其融资理念并不适应新形势下的世界经济发展。其原因可以从如下三个角度去理解。第一，国际援助及其融资理念要适应世界经济形势发展大环境的需要。当前世界经济最主要的两个趋势：一是整体经济形势的不景气，二是"北降南升"的趋势明显。在这一大背景下，国际援助及其融资要适应大环境，尤其是需要增强新兴国家作为援助国在援助体系中的话语权，要适应新兴国家作为援助国的实际情况。在传统援助国本身经济下滑的情况下，要扩大全球的国际援助融资规模，必然就需要突破原有发展援助的陈旧框架，转而寻求新兴发展中国家的加入。第二，国际援助及其融资理念要适应援助国本身的经济发展需要。新兴发展中国家作为援助国，国际援助及其融资体系还需要适应其本身经济发展的需要，纯粹的"利他"动机无法满足国际援助融资的需求，就需要契合新兴援助国的动机，当前主要是发展动机。中国的经验是要匹配援助国的比较优势，解决受援国基础设施方面的瓶颈问题。第三，国际援助及其融资理念要适应受援国的经济发展需要。随着发展中国家经济的不断发展，"施舍"已经不再满足发展中国家经济发展的需求，而是需要包括基础设施建设在内的经济援助、合作开发、技术援助等，依靠"赠款"为主的援助模式也不能适应广大受援国的发展阶段特征和实际需要。

---

① 林毅夫，王燕. 超越发展援助：在一个多极世界中重构发展合作新理念 [M]. 北京：北京大学出版社，2016：68.

因此，无论是从国际援助及融资理念要适应经济发展的阶段性特征来看，还是从传统援助融资理念对基础设施建设融资的无效性来看，国际援助及融资的理念都需要改进，应该改进国际援助原来的以"施舍"为中心的理念，建立以"合作共赢"为目标的新援助理念，在这一理念下通过匹配援助国比较优势和经济发展阶段的具体特征，利用政府和市场的多种方式进行发展融资。

二、融资动因改进：从"利他"到"共赢"

传统援助观念的"利他"动因带来的以"施舍"为中心的援助理念已经不能适应新形势下的国际援助，因此必须探讨援助国援助动因的改进。新兴援助国提出了经济方面合作共赢的援助理念，从中可以看出国际援助动因从"利他"向"共赢"改进。

李原等的研究从博弈论的角度探讨了"一带一路"基础设施投融资合作的基础和机制，其通过一个三国博弈模型的研究给出了如下三个初步结论[①]：一是"一带一路"沿线国家经济实力对其在基础设施建设投融资合作中所扮演的角色具有决策作用，即国民收入高，对跨境基础设施建设改善偏好比较强的国家，适宜担任"一带一路"基础设施建设投融资合作领导者的角色。这一结论与跨境基础设施投融资理论中"最优提供"理论是一致的。二是各国经济基础与对基础设施的需求程度会影响基础设施建设的总融资量，参与国家越多，越能够满足总融资需求。其中大国的作用尤其重要。这一结论说明中国作为共建"一带一路"倡议的发起国，对"一带一路"基础设施建设融资应该起到引领者的作用，在适应沿线国家经济发展需求的情况下，通过采用包括国际援助在内的多种手段提高沿线的总融资水平。三是研究给出了一个均衡条件，当只有符合一定的激励机制约束条件的情况下，"跟随国"才愿意与"领导国"一起参与融资建设。因此在融资机制中要设置合理的激励机制，即合理的成本和利益分摊模式，来吸引更多的资金投入。

根据这一分析，适应"一带一路"基础设施建设融资的国际援助应该注重"引领+跟随"的"合作共赢"动因。援助国融资的动因应该是在经济动机下发挥"引领"作用，不仅仅是提供资金和贷款，同时还要利用援助国的资金撬

---

① 李原，汪红驹．"一带一路"基础设施投融资合作基础与机制构想 [J]．上海经济研究，2018（9）：61-67

动受援国国内的政策性资金和市场化资金，达到援助国和受援国共同推进基础设施建设，受援国因基础设施完善带来经济增长，援助国因跨国基础设施的完善和具有比较优势的相关产业发展而带来经济增长的"双赢"目标。

三、融资目标改进：发挥引领作用

国际援助融资的目标决定着国际援助融资的方向和效果。在新的融资理念下，要通过明确国际援助资金的地位和作用，来确立符合新形势的国际援助融资目标。总的来说，要将国际援助融资视为开发合作资金的"引领"，要将国际援助资金定位到符合发展需要的公共产品领域，其作用不仅仅是对受援国的资金帮助，同时还应该起到对其他类别资金的带动、引领作用。

在"一带一路"基础设施建设的融资体系中，资金来源主要有三个大的类别，分别是以国际援助为主的政策性金融、以国内和国际多边开发性金融机构为主的开发性金融、以私人资本为主的社会融资。在三大融资来源中，国际援助等政策性金融使用的灵活性较大，具有政府信用背书，带动作用较强，应该起到引领作用。具体来看，国际援助融资的地位和作用应该聚焦到如下四个方面。

第一，国际援助资金中的无偿援助应优先向中小型社会基础设施和经济基础设施聚集，关键解决受援国一些瓶颈性问题，如集中在教育、医疗、水利、电力等领域，发挥解决关键问题、疏通关键节点的作用。

第二，国际援助资金中的无偿援助应该与优惠贷款项目相结合，支持优惠贷款项目的前期开发、可行性研究、技术援助和后期评估等环节，为这些项目提供保障，提升优惠贷款项目的还款能力和可持续性。

第三，国际援助资金应该发挥对开发性金融资金、社会私人资本的引领作用，通过更大范围的合作，吸引其他类别的资金参与基础设施融资项目，为这些项目提供信用增进。

第四，国际援助资金中的优惠贷款应向大中型经济基础设施聚集。经济基础设施不是完全的跨国公共产品，其产品性质决定其不需要完全由财政资金或者赠款来提供，可以通过优惠贷款资金来匹配其较长期限和较低利率的融资需求，同时通过经济基础设施的运营增强项目的偿债能力，形成良性循环。

四、融资方法改进：创新融资手段

国际援助的传统融资方法十分局限，绝大部分依靠援助国政府的财政拨款。中国的国际援助在传统援助融资的基础上，优惠贷款的比重有较大增加，财政资金只用来补贴优惠贷款利率的差额，无疑扩大了融资规模。同时，传统国际援助融资也通过机票统一税、全球基金和一些涉及某些专项目标的基金进行筹资，这些融资方法都可以相互借鉴，以扩大"一带一路"基础设施建设融资的总体规模。

第一，突破传统国际援助的融资局限，进一步扩大优惠贷款的比重。优惠贷款方式中，援助国实际支出的只是优惠利息的差额，相比完全的赠款，同样的财政资金可以提供更多的融资额。传统国际援助融资对优惠贷款和赠款的比重做了严格的区别，实际上已经不适应国际援助新的发展趋势。在发展筹资的大框架下，需要丰富传统国际援助以"赠款"为主的融资方式。

第二，研究针对"一带一路"基础设施建设的专项融资工具。"一带一路"沿线国家是当前世界经济发展最为活跃的区域，对这一区域跨境基础设施的建设，尤其是对其中一些瓶颈问题的解决，对区域和世界经济的增长都有着十分重要的意义。因此应该探索针对"一带一路"基础设施建设的专项融资基金等融资工具，拓展融资渠道。

第三，全面梳理创新融资工具对"一带一路"基础设施建设融资的适应性。从2009年开始世界银行就提出了上百种创新融资工具，但当前在运用的不足十种。应该在这一基础上，逐一分析这些创新融资工具与"一带一路"基础设施建设融资之间的适应性，寻找合适的具体的创新融资工具。

五、中国外援战略与"一带一路"基础设施融资的对接

结合前文的分析，国际援助是为"一带一路"基础设施建设提供融资的重要渠道，中国作为共建"一带一路"倡议的发起国，与"一带一路"沿线国家均有着良好的合作基础，同时自身在基础设施建设领域有着较为显著的比较优势。同时，中国的国际援助工作正处于迅速发展的时期。在内外的双重背景下，中国应该有效地调整自身的国际援助战略，使其与"一带一路"基础设施建设的融资更加紧密地结合。

第一，将国际援助与"一带一路"在战略层面相结合。共建"一带一路"倡议既有促进国内经济更高质量发展的作用，又在推动沿线国家合作共赢方面具有重要意义。中国的国际援助开展70年来，已经取得了许多成就，走出了一条具有中国特色的社会主义国家国际援助的道路，在新时代中国的国际援助也承担着新的使命。"一带一路"和国际援助在许多地方都有契合点。首先，国际援助可以为"一带一路"建设提供动力，将国际援助资金向"一带一路"基础设施建设领域倾斜，是中国作为共建"一带一路"倡议发起国的担当，有助于共建"一带一路"倡议的不断推进。其次，国际援助可以提升"一带一路"建设的成效，如前文分析，国际援助投入到基础设施建设中的资金能够发挥良好的中介效应，推动受援国经济增长，通过"设施联通"拉动"一带一路"贸易畅通、资金融通等各方面的建设内容。再次，国际援助为"一带一路"建设服务，符合中国经济发展阶段的特征。共建"一带一路"倡议是中国新时代国家发展的重大战略，是在统筹国内国际大局的背景下，为适应中国经济形势和产业特征而提出来的，国际援助作为政府行为的一部分，应该为这一国家战略服务。最后，共建"一带一路"倡议能够更好地发挥中国国际援助的有效性，"一带一路"沿线的经济活动更加活跃，在"一带一路"领域开展的国际援助能够通过作用于基础设施建设，更好地实现国际援助资金的援助目标。因此，总的来说，中国应该在战略层面将共建"一带一路"倡议与国际援助战略结合起来，在具体措施上可以适当扩大面向"一带一路"沿线的国际援助规模，将国际援助资金优先向"一带一路"沿线的基础设施建设倾斜。

第二，调整国际援助资金流向的部门结构。尽管当前中国国际援助的资金大部分流向了基础设施建设，但没有更加细化地区分社会基础设施建设和经济基础设施建设，也没有区分中短期融资和中长期融资。国际援助中的"赠款"部分更适合投入到中短期的社会基础设施建设中，主要解决受援国社会基础设施的瓶颈问题；国际援助中的优惠贷款部分更适合投入到中长期的经济基础设施建设中，因为其往往所需规模更大，融资期限更长，主要解决受援国经济增长的瓶颈问题。

第三，协调援助资金和开发合作资金的关系。国际援助融资属于政策性金融领域，其来源主要是财政资金；同时，"一带一路"基础设施建设中还有大量开发合作资金参与，即由开发性金融机构所提供的资金参与。

当前国内这两部分资金在使用上往往未加区分，边界不清。国际援助资金具有减让性质，如前所述，其目标应该是解决社会和经济发展中的瓶颈问题，而不应该是简单的扶贫；开发合作资金具有一定的市场性，解决的是东道国经济发展资金不足的问题，更强调成本和利益的分摊。两类资金若在使用领域上出现交叉，必然会影响资金的使用成效，也会影响后续的融资效果。

第四，整合国际援助融资与管理机构。当前国际援助主要由国家国际发展合作署管理，但相关具体业务依然由外交部、商务部等业务部门承担；同时国际援助和开发合作的项目由国家发展改革委负责管理，在资金和业务管理方面存在着一些交叉，在管理机构和管理体制上还存在着不清晰的地方。另外，不同部门的领导和管理，导致国际援助的政策性融资与开发合作资金、开发性金融资金，以及商业银行、社会资金等之间缺乏沟通协调和配合的平台，容易出现资金错配的问题。

第五，发挥国际援助资金在"一带一路"基础设施建设融资中的先导作用。国际援助资金在"一带一路"基础设施建设融资体系中不仅要起到资金提供的作用，也要起到融资的先导作用。这一先导作用可以体现在如下三个方面：一是融资的信用增进作用，有政策性资金参与的项目更容易获得社会资本的关注和信任，在一定程度上能够对融资项目起到信用增进作用，扩大融资的规模；二是外援资金的领域导向作用，国际援助资金优先和重点向某些基础设施建设领域的流入，可以引领带动开发性金融资金、社会资本向该领域聚集，提升融资效果；三是外援资金的融资环境优化作用，通过国际援助资金提升受援国的社会基础设施和部分经济基础设施质量，能够优化受援国的融资环境，提升受援国的融资能力，从而引领其他资金向受援国的某一领域聚集。

第六，推进融资工具的创新。当前中国对"一带一路"基础设施建设的国际援助资金主要是财政资金，融资工具较为缺乏。要扩大融资规模，在增加财政资金供给的同时，还需要考虑创新国际援助的融资工具，如建立类似财政投融资计划的国际援助基金，鼓励社会参与和公众捐赠，建立利息回报补偿的政府贴息机制等，扩大国际援助的融资规模。

第五章 "一带一路"基础设施融资的动员力量:开发性金融融资

开发性金融机构的定义在国内外的研究中并不统一。在国外的研究中,常常用多边开发银行来描述以世界银行和各大洲的区域性开发银行为代表的,支持欠发达地区经济发展、基础设施建设的金融机构,将其定义为:为提高社会的整体福利水平,由政府出资建立的特定的金融机构,并且向制度落后的或商业银行不能服务的行业提供贷款的金融机构。除了国际的多边开发银行以外,还存在国别开发性金融机构,主要是各国家的开发银行。当前全球共有开发性金融机构约 550 家,其中绝大部分为国别开发性金融机构,约为 520 家[1]。

对开发性金融机构比较早的规范定义是 2006 年国家开发银行给出的:"单一国家或国家联合体通过建立具有国家信用的金融机构,为特定需求者提供中长期信用,同时以建设市场和健全制度的方式,加快经济发展,实现长期经济增长以及其他政府目标的一种金融形式。"在这两者定义的基础上,陈元等在《全球开发性金融发展报告 2015》中进一步将开发性金融定义整合成为"以主权信用为依托,利用市场机制开展活动,以实现某国、某地区或某几个国家公共政策或战略性目标为宗旨的金融机构。"这一定义能够体现对开发性金融的最新理解。本书采纳该定义,并以此为本章的研究对象。开发性金融包括多边开发性金融机构和国别开发性金融机构。

近年来,对开发性金融机构在基础设施建设融资中的作用的讨论逐渐增多,形成了两个方面的看法。正面的看法认为,开发性金融机构有利于基础设施建设的融资,包括两个方面的促进作用。一是开发性金融机构能

---

[1] 周小川. 共商共建"一带一路"投融资合作体系 [J]. 中国金融. 2017 (5):24-25.

够通过直接提供融资资金为基础设施建设进行融资。多边开发银行可以作为对私人融资的补充，而且这些行为往往是逆周期性的，其资金可能会缓解私人资本流入的顺周期性问题。但多边开发银行直接提供的大部分资金其实是来源于各国政府的财政资金，与国际援助资金存在重叠，而且与国家需求相比，多边开发银行的贷款能力较弱，当前融资需求远远超出了多边开发银行的直接融资能力。二是开发性金融机构对私人部门的投资有促进作用，通过带动和吸引私人投资为基础设施建设融资。

第二个层面的作用是当前研究和关注的重点。开发性金融机构对私人资本的带动机制主要体现在三个方面：一是开发性金融机构对某个领域的进入往往预示着未来较多的投资机会，从而吸引私人资本的进入；二是开发性金融机构的进入往往可以促进宏观经济稳定、增长和投资环境友好，从而吸引私人投资；三是开发性金融机构的存在本身可以向私人市场发出信号，表明该机构对东道国机构能力及其改革承诺的信任，从而增强了信誉度，进而导致私人资本流入。除此之外，开发性金融机构往往具有更好的监控能力、对国家和行业更加了解等，能够帮助私人资本克服或缓解信息不对称问题，也对私人资本有带动作用。

同时，对开发性金融机构也有负面的看法，认为开发性金融机构对私人贷款可能存在挤出效应，有可能开发性金融机构并不能带来贷款总额的增加，只是取代了原本就会投资的私人投资者。同时开发性金融机构的不完全市场化属性可能会有更高的道德风险，同时政府用资金来投入低回报项目、推迟改革或者用贷款偿还以前的债务等，也可能导致私人资本的流入受到抑制。此外，开发性金融机构提出了更高的标准和要求，可能干扰企业战略，使目标国家的私人投资发展受到阻碍，此时开发性金融机构的贷款可能预示着严重的经济困境。

本书在这一部分将在前人研究的基础上进一步研究如下几个方面的内容：与"一带一路"基础设施建设融资密切相关的开发性金融机构概况；开发性金融机构对"一带一路"基础设施建设融资的渠道和方式创新；开发性金融机构对私人资本投资"一带一路"基础设施建设的促进作用；中国的开发性金融机构参与"一带一路"基础设施建设融资的策略。

第一节　开发性金融融资体系的形成与演变

对于"一带一路"基础设施建设融资，以世界银行为代表的多边开发银行占据着十分重要的地位。在第三章中本书整理了多边开发银行对"一带一路"基础设施建设的融资数据，也可以看出多边开发银行对"一带一路"基础设施建设的融资力度较大，是一个非常重要的资金来源。同时从规模和权益来看，国别开发银行是全球开发性金融机构的主体。在此，我们进一步分析全球开发性金融机构融资的一些基本情况①。

一、开发性金融机构发展概况

从全球开发性金融机构的规模来看，国别开发性金融机构是主体，规模远大于多边开发性金融机构。由此可以看出，开发性金融机构主要还是支持本国经济发展。以总资产和总权益来衡量，最大的开发性金融机构是中国国家开发银行，占全球开发性金融机构的 39%；其次是世界银行集团，占 9%；排名靠前的分别还有韩国产业银行（7%）、美洲开发银行（6%）、德国复兴信贷银行（6%）和伊斯兰开发银行（6%）等。

从股权结构来看，多边开发银行多由高收入国家主导，美国在其中占股比例较高。美国是世界银行、美洲开发银行、欧洲复兴开发银行的第一大股东，是亚洲开发银行的第二大股东，具有较高的话语权。此外，日本、德国等发达国家也占据着较为重要的地位。在中低收入国家中，区域的多边开发银行主要由地区大国来主导，如中国、沙特阿拉伯、俄罗斯等。

从资金来源来看，开发性金融机构的主要资金来源包括政府拨款、借

---

① 根据样本的可得性，本部分研究的全球开发性金融机构包括 11 家多边开发银行和 18 家国别开发性金融机构，基本涵盖了当前全球规模最大的、主要的开发金融机构，同时也涵盖了高收入和中低收入的国家范围，具有较好的代表性。多边开发银行包括：世界银行集团、亚洲开发银行、美洲开发银行、欧亚开发银行、非洲开发银行、欧洲复兴开发银行、欧洲投资银行、加勒比开发银行、伊斯兰开发银行、阿拉伯非洲经济开发银行、拉美开发银行；国别开发性金融机构包括：德国复兴信贷银行、法国储蓄托管银行、日本政策投资银行、韩国产业银行、蒙古国开发银行、马来西亚开发银行、中国国家开发银行等。基本数据来源于各开发性金融机构的年度报告，并参考《全球开发性金融发展报告 2016》，除特殊说明的外，均为 2016 年数据。

款和发行债券，只有很少量的机构吸收公众存款。具体来看，统计样本中所有的开发性金融机构均采用了从其他金融机构借款融资、在国际和国内资本市场发行债券融资；有67%的机构能够获得政府拨款。

从开发性金融机构的产品来看，主要包括贷款、信托服务、存款账户、储蓄账户、现金转账等。贷款是开发性金融机构的主要产品，但多边开发银行均不开设存款账户、储蓄账户和小额保险业务。总的来看，高收入国家的开发性金融机构产品更加多元化，信托服务等非传统业务更多；中低收入国家的开发性金融机构产品则更加传统。

从开发性金融机构的产品流向的部门来看，几乎所有的开发性金融机构均向建筑、基础设施和能源行业提供贷款。此外，农业综合经营、采掘、教育、医疗卫生等领域也都有涉及。不同开发性金融机构在选择领域时有所差异，多边开发银行更倾向于农业、采掘、基础设施和能源行业，这些行业的投资期限长，私人资本进入相对更加困难；国别开发性金融机构更倾向于工业制造业、服务业、教育和医疗卫生等与国家经济发展相关的、周期较短的行业。从国别情况来看，中低收入国家的开发性金融机构倾向于适应该国当前的经济发展阶段；高收入国家的开发性金融机构则更侧重增值性产业。总的来看，开发性金融机构贷款资金流向的部门多为具有较大外部性的公共产品和准公共产品，以及国家和地区经济发展的一些关键和瓶颈产业部门。

从贷款产品来看，样本统计中的所有高收入国家开发性金融机构均提供创业贷款、运营资本贷款、产期贷款和银团贷款等；有接近一半的高收入国家开发性金融机构提供风险较大的无担保贷款。中低收入国家的开发性金融机构只有一半能够提供创业贷款，三分之一能够提供无担保贷款。高收入国家开发性金融机构的贷款期限相对更长，最短为6—10年，有67%的贷款为20年以上；而中低收入国家开发性金融机构的贷款年限集中在11—20年，占50%，低于20年贷款期限的产品占到75%。多边开发银行的贷款期限大多较长，20年以上的贷款占三分之二，国别开发性金融机构的贷款期限略短，最长的也是提供10—20年的贷款。

二、开发性金融机构投融资情况

对开发性金融机构的投融资情况当前缺乏一个完善的统计体系，在第三章中本书对主要的开发性金融机构投融资情况进行了分析，但其只涉及了主要多边开发银行，尽管每个银行的数据较为完善，但总体情况缺乏，尤其是缺乏国别开发性金融机构的信息。根据中国开发性金融促进会发布的《国际开发性金融通讯》，我们可以更好地从总量和整体的层面来描述全球开发性金融机构的投融资情况。

从投资领域来看，全球开发性金融机构的投资领域较为集中，投资数额最大的四个领域分别为电力通信、扶贫、能源资源和交通运输，占到了总投资额的55%，并且这四个领域占比差距不大。其中电力通信（14.77%）、能源资源（13.36%）、交通运输（12.38%），再加上社会发展（7.38%）和教育、医疗卫生（6.5%）都属于基础设施建设的领域，占到总投资份额的54.39%。可以看出，基础设施是全球开发性金融机构投资的重点领域。当然，不同的开发性金融机构也略有差异，国别开发性金融机构投资领域的集中度较高，一般主要集中在几个和本国经济发展密切相关的领域，多边开发银行的投资领域则更多元化一些。

从资金流向的国家来看，开发性金融机构活动的领域涵盖了128个国家和地区；其中在亚洲的大部分地区、拉丁美洲和西欧的部分地区投入较为集中；非洲、北欧和加勒比海地区投入相对分散。除了非洲以外，开发性金融机构投资的热点国家包括：中国、俄罗斯、埃及、印度尼西亚、菲律宾、印度、哈萨克斯坦、巴西等，均为"一带一路"沿线国家。不同国家和地区，开发性金融机构关注的投资领域也各不相同，这与相关区域的经济发展阶段、自然资源禀赋密切相关，如在中亚关注能源领域，在东南亚和非洲聚焦电力基础设施等。

三、开发性金融机构投融资合作情况

全球开发性金融机构在投融资业务中并不仅仅是单独提供贷款产品，同时也不断拓展和其他市场主体的合作，以发挥"引领"和"整合"的作用。从当前的情况来看，开发性金融机构的合作对象主要有五类，分别是：政府机构、其他开发性金融机构、其他商业金融机构、非金融企业、社会组织。这里我们依然以上一节的数据资料进行分析。

开发性金融机构的主要合作对象是其他商业金融机构（占39%）和政府机构（占26%），这与本书之前的分析结果是一致的。在前文的分析中，亚投行提供资金占融资总额的26.59%，世界银行提供的资金占融资总额的29.15%，可以看出开发性金融机构与其他机构有着广泛的合作，共同

承担了融资任务。

开发性金融机构与商业金融机构合作的主要方式有银团贷款、出资设立基金和设立公司等。开发性金融机构通过自有资金和信用吸引，引导商业金融资金参与到项目融资中，共同为目标领域提供资金。

开发性金融机构与政府机构合作的主要方式包括联合投资、贷款等金融业务，也包括一些技术应用、模式推广和经验研究等非金融业务。如欧洲投资银行与欧盟、法国开发署共同提供 1.06 亿欧元贷款开展"卡巴拉工程"项目，为马里首都提供饮用水；美洲开发银行与 OECD 等合作出版《拉丁美洲经济报告》等。

开发性金融机构同时也与其他的开发性金融机构展开合作，尤其是多边开发性金融机构和高收入国家的开发性金融机构与全球其他开发性金融机构展开了更多更广泛的合作，相比之下中低收入开发性金融机构和国别开发性金融机构更多和政府展开合作。开发性金融机构之间的合作形式相对单一，多为联合融资，也通过签订一些框架合作协议开展合作。总的来看，世界银行、亚投行、欧洲投资银行、美洲开发银行等在开发性金融机构间的合作方面做得比较突出。

在少数情况下，开发性金融机构也会与非金融企业开展合作，主要方式是联合投资、综合性商业服务等。如美洲开发银行与马士基、海陆集团建设平台，为中小企业提供商业、融资和培训机会；丝路基金与欧洲能源利用有限公司、北京控股有限公司开展合作，将欧洲固体环保业务的先进技术和管理经验引入中国等。

总的来说，开发性金融机构不仅自身开展投融资业务，同时也通过与其他组织、机构和企业开展合作，共同开展投融资等金融合作和一些非金融合作，从多渠道达成开发性金融的业务目标。

四、开发性金融机构融资业务的新趋势

近年来，开发性金融机构在投融资方面更加重视业务的创新，多渠道筹措发展资金，以适应当前世界经济发展的新特点和新变化，主要体现在如下四个方面：

一是更加重视本币债券融资。债券融资是开发性金融机构的主要融资方式，开发性金融机构大多具有较高的信用评级，如世界银行、亚洲开发银行、美洲开发银行等机构发行的债券均具有世界主要评级机构 AAA 的最

高等级评级，对其发行债券十分有利。近年来，开发性金融机构更加注重本币融资，以降低融资的汇率风险。如 2019 年世界银行在印尼发行的卢比计价的五年期债券，用来支持印尼农村妇女权益；在瑞典发行的瑞典克朗计价的五年期债券，用以对可持续城市和社区发展的支持等。本币债券融资具有许多优势，除了可以较好地规避汇率风险外，还可以较大程度地动员东道国国内的资金，许多新兴国家国内资本市场正处于迅速发展的阶段，积累了大量的资本储备，开发性金融机构更深程度的参与，能够在更大程度上募集资金。

二是创新设计债券融资工具。如 2018 年 12 月，世界银行在中国香港和新加坡面向个人投资者发行了一支新债券，其投资回报率是与 SDG 指数挂钩的（SDG 指数是一个与推进气候、性别和健康等可持续发展目标相关公司的业绩有关的股票指数），这样的创新设计将社会资金吸引到了可持续发展项目上，实际上是拓宽了其融资渠道。此外，世界银行还与澳大利亚联邦银行、微软公司等合作发布区块链债券等，都体现了债券设计方面的创新。

三是更加关注绿色金融领域。许多多边开发银行，包括世界银行、欧洲投资银行等都是绿色债券市场的早期开拓者，早在 2008 年就开始发行"绿色债券"。世界银行截止到 2019 年年底已经发行了 20 种货币的绿色债券，募集了 130 亿美元的资金。同时开发性金融机构还帮助世界各国建立绿色债券市场，世界银行发布了《绿色债券发行所得管理和报告指南》，为公共部门的发行人提供重要指导，并进一步从观念上引领全球在这个领域的发展方向。

四是更加注重对私人部门融资的吸引。由于基础设施融资依然存在的较大缺口，人们对开发性金融机构到底是应该"更多提供基础设施建设资金"还是"更多吸引社会资本①融资"存在着较多的讨论。近年来普遍的观点认为，开发性金融机构应该更多地在吸引社会资本融资方面发挥作用，可以通过增加资金流量为具有吸引力的项目创造更多的融资机会，去除融资障碍，开发风险化解工具，改善基础设施投资资产的风险和收益

---

① 这里的社会资本引用中国财政部《政府和社会资本合作模式操作指南（试行）》里面的定义，指已建立现代企业制度的境内外企业法人，但不包括本级政府所属融资平台公司及其他控股国有企业。

结构①。

总的来说,当前开发性金融机构的发展有三个新的趋势,分别是:提供更多本币融资的机会、引领金融部门的绿色发展和确保私人部门发挥更大的融资作用。这些新的趋势都将对全球基础设施融资产生影响,"一带一路"基础设施建设的融资也必须适应这些新的发展趋势。

第二节　开发性金融参与基础设施融资的主要机制

前文的分析结果指出,开发性金融机构在基础设施建设方面承担着两个职责:一是直接为基础设施建设提供资金,就如同传统的开发性金融机构所做的一样,直接为基础设施建设募集资金,推动基础设施建设的完成,其募集方式一般是传统的政府融资和金融市场债券融资;二是通过各种方式调动私人部门的资金,撬动更多资金参与基础设施建设。当然,这两种职责并不冲突,同时还存在相互交叉的部分,但应该看到,第二个职责在当前显得更加重要,是最新的发展趋势。本节主要从理论逻辑的角度来讨论开发性金融机构在动员社会资本参与"一带一路"基础设施建设方面的作用。下一章的相关章节将从经验实证的角度来证明这一促进作用。

一、开发性金融机构参与基础设施融资的方式

开发性金融机构参与基础设施融资的方式,或者说参与机制主要考虑的是开发性金融机构如何将资本引向基础设施建设部门。总的来看,开发性金融机构推动资本流向基础设施建设部门的方式主要有两种,即开发性金融直接对基础设施建设投资,以及开发性金融机构发挥中介作用,吸引资本流向基础设施建设部门。总的来看,开发性金融机构本身并不产生资本(有极少量开发性金融机构有业务收益,但总的来说占比很少)。开发性金融机构的资金来源包括两个方面:政府注资和债券融资。

从资金来源看,政府注资只是将政府用于基础设施建设的资金在政府直接投资、国际援助和通过开发性金融机构融资三个渠道之间的再分配,一般不会增加政府用于基础设施建设的资金总额。债券融资是增加基础设

---

① 莱斯利马斯多普. 多边开发金融:提升效率并开拓市场 [J]. 中国投资, 2019 (1):28.

施建设资金总额的重要途径，因为纳入了私人部门。私人部门的参与动机分为三个部分，第一个部分是本来就对基础设施投资有意向，愿意承担相关风险并获取收益。这一部分即使没有开发性金融与政府的参与，资金依然会流向基础设施建设部门，当然这一部分与债券融资无关，私人部门采取直接投资或参与开发性金融机构银团贷款的方式。第二部分是由于政府的参与（如政府发行基础设施建设债券），基于政府信用而参与到基础设施建设中，有政府的信用增进，属于对私人部门的额外吸引。第三部分是由于开发性金融机构的参与，基于开发性金融机构信用及其往往所代表的政府信用，吸引私人部门参与到基础设施建设。但第一部分私人部门的参与动机往往是商业性质的，第二、三部分私人部门参与的动机往往是金融性质的。从这一角度来看，第二部分和第三部分的增加是否会对第一部分有"挤出效应"？由于参与的动机不同，"挤出效应"相对较弱。

要增加流向基础设施建设领域的资本，需要从源头出发。从源头来看，资金来源于政府部门和私人部门两个部门，开发性金融机构不过是这两个部门资金的再分配途径。

增加政府部门资金的机制共有两个。一是在政府对基础设施建设投资的偏好不变的情况下，增加政府的财政收入。这可以依赖基础设施的不断完善而带来的经济增长，经济增长进一步带来财政收入的增加，从而政府的可支配收入增加，进一步带来政府投入到基础设施建设领域的资金增加，这样可以形成一个正反馈循环。这一机制是可以自动形成的，但这个循环比较长，很多环节都存在被打破的可能。二是在政府可支配的财政资金大致不变的情况下，加强政府对基础设施建设的偏好，从而改变政府投资决策。这涉及从理论和政策层面来论证财政资金对基础设施建设投资的最优规模。

通过开发性金融机构增加私人部门资金的机制同样有两个：一是发挥债券市场的作用，通过政府和开发性金融机构在债券市场的运作，以政府信用和机构信用为基础开展融资活动，可以增加私人部门资金向这一领域的流动；二是融资组织的作用，通过开发性金融参与银团贷款，可以降低私人部门资金直接参与基础设施投资的风险，改变私人部门的融资结构和融资决策，从而优化私人部门融资结构，增加私人部门融资总量（见图5-1）。

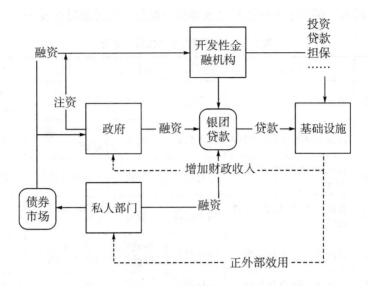

图 5-1　开发性金融机构参与基础设施融资的机制

在这里，我们主要来讨论开发性金融机构通过债券融资机制和融资组织机制来为基础设施建设融资的相关问题。

二、开发性金融的债券融资机制

在前文的分析中看到，可得样本中的所有开发性金融机构均采取了在国际国内市场发行债券的方式融资。我们选取几个主要的开发性金融机构来分析它们在债券发行中的策略与演进。

（一）世界银行的债券发行

世界银行是全球第一个通过发行债券来融资的多边开发性金融机构，1947 年 7 月发行了第一批债券，期限为 10 年和 25 年，总价值为 2.5 亿美元。截至 2019 年年底，世界银行一共以 70 多种货币发行了超过 11 000 笔债券，且始终保持 AAA 评级，共筹集资金超过 9 000 亿美元①。传统上，世界银行集团中，债券发行融资主要由国际复兴开发银行（IRBD）来执行，但从 2018 年开始，国际开发协会（IDA）也开始参与资本市场，并成

① 资料来源：World Bank Leaps Forward to New Era of Innovative Products, Leading Services, and Sustainable Markets：Five Leap Days Later https://www.worldbank.org/en/news/press-release/2020/02/29/world-bank-leaps-forward-to-new-era-of-innovative-products-leading-services-and-sustainable-markets-five-leap-days-later.

功发行债券，拓展了世界银行的债券融资渠道，相关情况见表5-1。

表5-1　世界银行债券发行大事记

时间	债券描述	发行币种	发行地	总价	期限
1947 年	第一批债券	美元	美国	2.5 亿美元	10 年和 25 年
1948 年	首次美国外发行的债券	瑞士法郎	瑞士	1 700 万瑞士法郎	6 年
1951 年	首次在美国境外公开发行	英镑	伦敦	500 万英镑	20 年
1957 年	首次由中央银行直接配售	瑞士法郎	瑞士	4 700 万美元等价法郎	—
1968 年	首次在中东公开发售	科威特	科威特第纳尔	4 200 万美元等价第纳尔	26 年
1971 年	首次在亚洲公开发行	日元	日本	110 亿日元	10 年
1975 年	发行货币达到 15 种	迪拉姆	阿联酋	3 亿迪拉姆	—
1985 年	首次发行外币计价的本币债券	美元	日本	3 亿美元	10 年
1988 年	发行货币达到 25 种	新西兰元	新西兰	7 500 万新西兰元	5 年
1989 年	首次发行全球债券	美元	卢森堡、纽约	15 亿美元	10 年
1998 年	发行欧元债券	欧元		5 亿欧元	7 年
2000 年	发行电子债券	美元	全球网络平台	30 亿美元	5 年
2004 年	首次在拉丁美洲发行	比索	哥伦比亚	2 亿美元等价比索	—
2008 年	首次发行"绿色债券"	克朗	瑞典	23.25 亿瑞典克朗	6 年
2009 年	发行货币达到 50 种	奈拉	尼日利亚	1 900 万美元等价尼日利亚奈拉	—
2014 年	首次发行"巨灾债券"：与 16 个加勒比国家的地震等有关	美元	中国	3 000 万美元	6 年

表5-1(续)

时间	债券描述	发行币种	发行地	总价	期限
2017 年	发行"花木兰"债券：以特别提款权计价的中国内地债券	SDR	中国	5 亿 SDR	3 年
2017 年	首个 SDG（可持续发展目标）挂钩债券	欧元	法国等	1.63 亿欧元	15和20 年
2017 年	发行流行病债券为应对流行病融资	美元	全球	4.25 亿美元	—

资料来源：世界银行网站. http://-www.treasury.worldbank.org.

当前，世界银行的债券主要有如下六类：

一是全球债券（Global Bonds）。这是世界银行发行最典型的债券，在全球发行，一般以美元或欧元计价，期限一般为 2 年、5 年、7 年、10 年和 30 年，面值一般为 1 000 及其倍数。这一类债券具有信用等级较高、流动性好的优势，同时具有多重清算系统，具有较为发达的二级市场。这类债券是世界银行通过债券市场筹集资金的主力。

二是绿色债券（Green Bonds）。世界银行绿色债券是其在"发展与气候变化战略框架"下发行的，以帮助刺激和协调公共和私营部门应对气候变化活动的一类债券。这类债券筹资的资金有固定的项目用途，主要用途是减轻气候变化的影响或帮助受影响的人们适应气候变化。从 2008 年开始，世界银行通过 20 多种货币的 150 多次交易，发行了超过 130 亿美元的绿色债券。

三是非核心货币债券（non-core currency bonds）。非核心货币债券主要是针对新兴国家货币发行的债券，除了基本条款一致外，世界银行还采取酌情回购的方式为这些债券提供了流动性支持。世界银行共在非洲、亚洲、欧洲和拉丁美洲发行了 32 种非核心货币债券，其中包括人民币和港币。

四是结构性票据和可赎回债券（structured notes and callable bonds）。世界银行的结构性票据包括可赎回票据，与股票、债券、对冲基金指数或固定期限互换利率相关的票据，有上限和下限的浮动汇率票据，双重货币债券等。同样，结构性票据由承销商提供二级市场，世界银行提供一定的流动性保证。

五是风险资本票据（capital at risk note）。风险资本票据提供的是一种资本转移风险的方式，该类票据没有获得评级。比如针对流行病发行的债券。如 2014 年推出了 2017 年到期的 3 000 万美元债券，其赎回金额为：由适用的加勒比热带气旋或地震事件而导致的主要损失的名义金额。

六是贴现债券（discount bonds）。世界银行的贴现债券主要是提供短期债券产品，期限在 13 个月以内，以美元和欧元发行，面额为 1 000 的整数倍，实行每日发布，是一种灵活的短期投资产品。图 5-2 展示了世界银行近年来的债券发行情况。

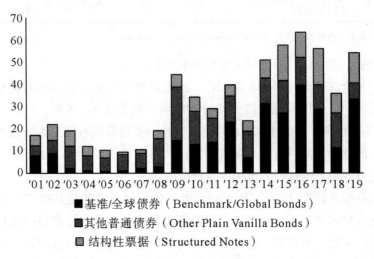

图 5-2 世界银行债券发行年度分类统计（2001—2019 年）单位：十亿美元

数据来源：世界银行官方网站：Borrowing Highlights。https://thedocs. worldbank.org/en/doc/501611534267745469-0340022020/original/investorbrief-borrowinghighlights2020.pdf

从世界银行债券发行的情况梳理可以看出，世界银行通过债券筹集资金主要有如下四个方面的特点：

第一，债券种类多样，匹配资本市场需求。世界银行发行的债券普遍具有较高的信用评级，同时还具有丰富的种类，不但有传统的较大规模、流动性强的全球债券，以及为散户设计的普通债券、本币债券，还有出于专门目的的绿色债券、灾害债券，同时也有收益率更为灵活的结构性债券。世界银行通过多种类的债券布局，提升了其吸引资金的能力。

第二，债券发行的范围广泛。世界银行债券的货币种类已经达到了 70 多种（其中主要的类别见图 5-3），基本上覆盖了当前全球主要经济体的各类货币，其发行地也遍布全球各大洲，能够积极动员全球各地的资本。但对比近年来的债券存量，美元债券占比明显下降。

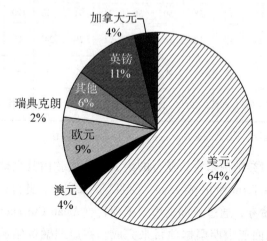

图 5-3　世界银行债券发行分币种统计（截止到 2019 年年底）

第三，债券规模迅速扩大。世界银行债券发行额从 2001 年的不到 200 亿美元到 2019 年的接近 600 亿美元，19 年时间里约增长了两倍，并且传统的全球债券大幅度增长，显示世界银行在债券融资方面取得了较大的进步。

第四，本币债券领域还存在不足。世界银行在发行本币债券方面的工作还存在不足，大量债券都是通过美元和欧元发行，占到总量的 85% 左右，而针对新兴国家的本币债券发行数量很少，未能有效动员新兴国家的资本，也增加了将这些债券筹集的资金运用到新兴国家所带来的汇率风险。

（二）亚洲开发银行的债券发行

世界银行是最大的多边开发银行，其债券发行具有较为鲜明的特点。结合"一带一路"基础设施建设，我们再考察亚洲的重要区域多边开发性金融机构——亚洲开发银行（以下简称亚行）。

亚行债券发行的基本思路是发行两类债券：一类是流动性较强的基准债券，其目的是维持亚行在主要货币债券市场的借款能力，为自身筹集资金；另一类是各种货币市场以公募和私募的形式发行的其他债券，作为第一类债券的补充。截至 2023 年年底，亚行已借入 48 种货币的债券，债券总额为 3 230 亿美元。近年来亚行债券发行情况见表 5-2。

表 5-2 亚行债券发行情况（2010—2022 年）

年度	2010	2011	2012	2013	2014	2015	2016	2017	2018	2019	2020	2021	2022
发行数量	92	68	77	58	50	56	74	91	130	120	146	160	134
价值(等值十亿美元)	15	14	13	12	14	19	21	29	24	25	36	36	36
平均期限/年	5	5	5	4	5	5	4	5	5	5	4	5	5
贷款期限/年	2~30	1~30	1~30	1~30	1~11	1~10	1~30	1~40	1~22	1~31	1~15	1~19	1~20

资料来源：https://www.adb.org/site/investors/adb-debt-products.

从亚行的债券结构来看，亚行的绝大部分借款由其全球中期借款计划（Global Medium Term Note program，GMTN）来完成；此外，亚行也在亚洲区域发行本币债券，通过亚洲货币票据项目（Asian Currency Note Program，ACNP）和马来西亚中期票据项目来完成。在短期融资领域，亚行推出了80 亿美元的欧洲商业票据（Euro-commercial Paper Program），其期限为 7 到 365 天；此外，亚行也有一些金融衍生产品。亚行发行债券的具体情况如下：

一是亚行基准债券。从 1994 年开始，亚行至少每年发行一次基准债券，截至 2023 年 11 月 30 日，亚行以美元计价的公开发行余额已超过 820 亿美元，是其发行规模最大的债券，且在二级市场具有较高的流动性。从债券类型来看，绝大部分为固定利率债券，少量为与 LIBOR（伦敦银行同业拆借利率）挂钩的浮动利率债券，还有极少量与美联储采用的 SOFR（有担保隔夜融资利率）挂钩的浮动利率债券。在以非美元货币发行基准债券方面，亚行主要市场为澳元债券，迄今已经发行了 20 亿澳元的澳元债券。此外也有以巴西雷亚尔、加元、欧元、印度卢比、印尼盾、日元、新西兰元、挪威克朗、菲律宾比索、英镑、人民币、俄罗斯卢布、新加坡元、瑞士法郎和泰铢发行的债券。

二是本币市场债券。亚行更加注重本币市场债券的发行，有利于帮助发展中国家建设资本市场。1970 年，亚行是第一家进入日本市场发行本币武士债券的开发性金融机构，同时也是中国国内资本市场的第一家外国发行人。本币市场债券有利于通过高质量信用工具来承担当地货币和利率的风险，同时降低了长期投资工具的风险敞口。截至 2023 年 11 月底，亚行还有 40 支未到期的本币市场债券，包括印度卢比、人民币、印尼盾、菲律宾比索等 9 个国家的货币，其利率多为固定利率，只有九支为浮动利率。

三是金融衍生品。亚行在发行债券的同时也推出金融衍生品，包括利率互换和货币互换，以通过套期保值消除借款的利率风险或汇率风险。

四是绿色债券等新产品。亚行也在不断探索绿色债券、水债券等新产品，已经为解决亚太地区的水污染发行了超过 15 亿美元的债券，支持了包括中国贵州石漠化地区水管理项目、印度尼西亚灌溉项目等多类项目。

总的来看，亚行的债券发行和世界银行相似，都是以基准债券为主力募集资金，同时关注绿色债券等专门用途债券的开发，为投资者和需求方提供更多的方案。在债券期限上都注重了长短期债券的搭配。同时可以看出，与世界银行相比，亚行更加注重本币债券市场的建设，对亚洲发展中国家的资本市场建设更加关注。

（三）亚洲基础设施投资银行的债券发行

亚投行是一家新兴多边开发银行，2016 年开始运营以来，已经有 102 个全球会员。其通过对亚洲及其他地区的可持续基础设施和其他生产部门进行投资，帮助这些地区改善生活和经济环境。作为新的多边开发银行，其有和传统多边开发性银行相同的债券筹资机制，同时也有一些新的特点。

2019 年 5 月 9 日，亚投行的首支债券在伦敦证券交易所发行，发行总额 25 亿美元债券，为 5 年期债券，利率为 2.25%，基本与美国 5 年期国债收益率持平。该债券最终认购金额超过了 44 亿美元，受到市场的广泛认可。从债券的投资方来说，中央银行和官方机构占到 67%，其他商业银行占 25%，基金占 5%。其后，亚投行又先后在 2023 年发行了首支气候适应债券和可持续发展债券。

尽管亚投行的债券融资业务起步稍晚，但从其规划看来，亚投行通过债券业务融资的计划完整，也是主要从两个方面开展：一是以全球基准格式发行全球基准债券，同时也可能在更小的范围内发行公募债券；二是发行私募债券和结构性票据，同时也强调了本币融资。

（四）中国国家开发银行的债券发行

中国国家开发银行（国开行）是全球最大的开发性金融机构，也是最重要的国别开发性金融机构之一。与多边开发性金融机构主要在国际债券市场融资不同，国别开发性金融机构同时在国内和国际两个市场开展债券业务。截至 2022 年年底，已发行债券 12.126 万亿元。

国开行的境内债券融资开始于 1998 年，主要是通过银行间债券市场融资，同时也不断开拓其他渠道。2013 年在上交所试行金融债券，2014 年开始通过商业银行向个人和非金融机构发行金融债券。国开行境内债券期限各类丰富，存在从 3 个月到 50 年期的产品，品种包括固定利率债券和与 SHIBOR 挂钩的浮动利率债券、含选择权的债券等。截止到 2022 年年末，国开行累计境内发行人民币金融债券和专项债券余额 11.552 万亿元。国开行境内债券的投资人包括商业银行、信用社、保险公司、基金、商业银行理财计划、证券公司、境外机构等，交易非常活跃。国开行的境内外币债券业务始于 2003 年，发行了一支 5 年期总价值 5 亿美元的金融债券，截至 2022 年年底，债券余额为 104.45 亿元。

国开行的境外外币债券始于 1996 年，在境外发行了 300 亿日元武士债券，开始通过国际资本市场筹资。此外，其也先后发行了债基债券、全球美元债券、全球欧元债券等。2007 年国开行首次在境外发行境外人民币债券（点心债），截至 2022 年年底，国开行已累计发行境外人民币金融债券和专项债券余额达到 1 255.38 亿元，期限涵盖 2 至 20 年，是债券发行量最大、品种最全的机构之一，历次发行获市场踊跃认购。

（五）开发性金融机构的债券融资总结与展望

从多边开发性银行和国别开发性金融机构的案例分析可以看出，债券融资是当前开发性金融机构筹资最重要的途径。开发性金融机构凭借其良好的信用背景，能够在国际国内市场上取得较好的融资效果。多边开发银行多采用全球基准债券，使用美元或欧元等主要货币在国际金融市场中开展融资。有两个较为明显的趋势：一是更加注重动员东道国的资本市场，通过发行本币债券在东道国为东道国的发展筹资，降低了融资风险敞口，丰富了债券融资的资金来源。二是更多采用专门项目融资的方式，如为可持续发展的融资，包括绿色发展的绿色债券、海洋主题的蓝色债券、灾害主题的大灾债券等，通过专题债券的方式细化市场，有针对性的融资能够起到更精准的动员作用。国别开发性金融机构在国内和国际两个市场融资，同时在两个市场也进一步扩大本币融资和外币融资规模，形成四个大类的债券，其中境外市场的本币融资对本币的国际化有较好的推动作用，受到国别开发性金融机构的关注。由于多边开发银行和国别开发性金融机构所承担任务存在不同，其债权融资的重点也不同。针对"一带一路"基础设施建设的融资，多边开发银行的债权融资模式有利于筹集国际资金，但同时在东道国内部也可以通过国别开发性金融机构来筹集资金。

同时应该注意到，多边开发银行和国别开发性金融机构的债券投资者中，有很大一部分比例为政府或其他官方机构，其次是商业银行，纯粹的社会资本参与开发性债券投资的比例还比较小。开发性金融机构对社会资本在通过债券融资的吸引方面的作用还不够强，更多地还体现在开发性金融机构对社会资本的动员上。

三、开发性金融的社会资本动员机制

开发性金融机构除了参与直接融资以外，对社会资本的动员作用越来越受到重视。以亚洲为例，德意志银行 2016 年的研究报告显示，亚洲目前的基础设施融资来源包括政府（70%）、私营部门（20%）和多边开发银行（10%）。私营部门融资的大部分（高达 75%）来自企业，其余部分来自机构投资者。从当前的发展趋势来看，政府和准政府的多边开发银行在直接融资方面的压力越来越大，巨大的基础设施融资缺口主要依靠社会资本来弥补，同时社会资本也具有巨大的潜力。在"缺口"和"潜力"之间，开发性金融机构承担着重要的桥梁作用。

开发性金融机构可以且能够成为这一"桥梁"。全球基础设施中心（Global Infrastructure Hub，GIH）曾对私营部门做过一个调查，以了解它们认为多边开发银行可以在哪些方面改进，从而更好地促进私营资本投资。私营部门的回复认为，多边开发银行可以提高其业务的速度（如通过缩短审批过程的时间来提高速度），并应将重点从资本提供者转向资本推动者，如做好项目准备工作，并提供资本工具和风险、保险产品。亚投行也在 2017 年的 3 月和 6 月召开圆桌会议，通过十余次的访谈了解相关利益者的诉求。结论指出，多边开发银行需要对客户的需求做出更积极、更灵活的反应。

因此，在许多新兴的开发性金融机构中就将对社会资本的动员放到了更加重要的位置。如亚投行在其每年的财务指标中专门设计了"社会资本动员"这一指标。亚投行官网数据显示，其 2016—2018 年的社会资本动员分别为 0.0496 亿美元、5.6596 亿美元和 7.596 亿美元；而对应三年亚投行的投资额分别为 16.94 亿美元、41.96 亿美元和 75 亿美元，动员的社会资本占投资总额的比重从 0.293% 上升到 10.128%。这一部分主要从理论角度来讨论开发性金融机构（主要是多边开发性金融机构对社会资本的动员作用）。

（一）开发性金融机构对社会资本动员的逻辑起点

分析多边开发性金融机构动员社会资本参与基础设施建设的机制，起点是社会资本"为什么"需要动员才参与基础设施建设，即社会资本参与基础设施建设的障碍，从而可以进一步分析多边开发性金融机构如何通过克服这些障碍来达到"动员"目的。结合本书的研究范围和目的（"一带一路"），这里主要讨论在新兴市场国家动员社会资本参与基础设施建设的问题。

从当前的实践情况可以看出，无论是机构投资者还是非机构投资者，少有社会资本流向基础设施建设部门，即使投入到基础设施部门，绝大多数也主要流向发达国家和地区，真正投资到"一带一路"沿线新兴国家的很少。其原因主要包括如下六个方面：

1. 利润驱动动力不足

基础设施投资通常是长期的，绿地投资的现金流往往是一个典型的"J"形曲线，即在投入运营前有较长的一段时间主要投入资金，即使是运营后，也依然会因为合同限制或者监管等方面的原因缺乏及时回报。这种情况下，一般追求直接回报或更高回报的资金不愿参与，资金的利润驱动力不足。

2. 对新兴市场风险的过度识别

资本都要识别其进入的风险，当前全球有 87% 的资产都位于发达国家[①]，基础设施建设的投资者也更愿意将资金投入到他们更加熟悉的区域，因为这些区域的政府政策、商业环境、地理环境都更加熟悉和可靠。新兴市场往往由于对市场的不熟悉而带来对投资风险的过度识别，尤其是政治风险、货币风险，以及一些社会和环境风险等。对于新兴市场，汇率变动可能会更加不稳定，而且难以通过传统方式进行对冲，对于长期投资的风险往往是比较大的；此外，投资者普遍认为新兴市场的法制水平不够高，可能存在较为严重的寻租行为和透明度不高等情况。尽管这些风险确实存在，但投资者感知到的风险往往大于实际的风险。从新兴市场私人部门基础设施贷款的历史回报率和违约率来看，当前的风险认知是存在偏差的。与信用评级类似的公司相比，投资基础设施的回报率其实更高，违约率更低。

---

① MCKINSEY C. Financing change: How to mobilize private sector financing for sustainable infrastructure, 2016 [R]. New York: McKinsey & Company, 2017.

3. 市场缺乏标准化

新兴市场的大型复杂基础设施项目往往需要独特的融资结构，但是由于新兴市场金融标准化程度不够，市场也往往不够发达，对资源、时间和专业知识都有局限性的投资者来说，他们很难对项目进行评估。即使能够进行评估，也往往因为新兴市场的特殊情况而增加开发和交易成本。

4. 缺乏有"吸引力"的项目

要设计一个在新兴市场中具有吸引力的基础设施融资项目，需要考虑的问题往往非常复杂。在项目融资方面，往往要考察牵头组织者的信用质量，当地的主权风险、监管制度、履约信用、现金流的稳定性、交易的供应商、承包商的信用风险、绿地投资或棕地投资的开发风险、投资规模等；同时当地的监管效率、监管环境等也可能影响到项目融资和交付，带来偿债风险等。总的来说，基础设施建设项目的设计成本往往高于市场项目的成本，还存在风险分配不当等问题，往往会造成项目的吸引力不足。

5. 投资者行业知识的缺乏

基础设施是一类相对较新的资产类别，对其界定还存在一些争议，投资者对基础设施资产的认识不足。在基础设施的风险回报方面也难以有清晰的认识和分析。由于对基础设施行业的不熟悉，投资者在进行长期资产配置时，往往难以将基础设施投资纳入其评估范围，做出正确的评价。

6. 对长期非流动性资产的投资绩效缺乏评价标准

从本质上看，基础设施资产是一种长期的非流动性资产，表现为缺乏可交易资产和可用现金流。针对基础设施的投资具有如下特征：投资者比较分散，现金流提供的时间较长等。这些特征使得对基础设施投资的绩效评价难以进行。

（二）开发性金融机构动员社会资本的机制

针对上文分析的六个问题，我们可以一一对应地探索建立开发性金融机构动员社会资本的各类机制。从对社会资本的动员机制上来看，开发性金融机构主要通过如下四方面的机制解决社会资本进入基础设施投资领域的障碍。

1. 降低项目风险的机制

社会资本参与基础设施融资的第一大障碍是项目风险过高，社会资本的风险控制能力较弱。一是开发性金融机构发挥融资组织作用，将风险在公共部门、多个私人部门和开发性金融机构中进行分摊，开发性金融机构作为项目融资的组织方和协调方，能够更好地实现公共部门和私人部门各自的风险和利益分配。二是通过多边开发性金融机构自身为社会资本的参与提供担保，实现社会资本风险的降低。三是与社会资本相比，多边开发性金融机构与政府关系更加密切、具有较好的合作关系或合作历史等，可以帮助社会资本降低政治风险和法律风险，而政治风险往往是基础设施建设中最重要的风险。四是多边开发银行普遍具有较强的研究能力，其风险研究、风险预警和风险治理能力较强，能够通过对基础设施建设项目更好的管理，降低项目的风险，从而带来社会资本风险的降低，进而对社会资本的进入有促进作用。五是解决社会资本对新兴市场风险的过度识别问题，利用自身的项目经验和对东道国情况的熟悉，纠正社会资本对新兴市场风险认知的偏差，提升社会资本对新兴市场的信心。六是在项目运营中多边开发性金融机构也可以利用自身实力与经验，更好地对项目进行监管和运营，降低项目运营中的市场风险，降低项目失败的可能。

2. 降低项目交易成本的机制

社会资本参与基础设施融资的第二大障碍是交易成本过高，尤其是行业知识缺乏、与东道国政府缺乏合作经验等导致的成本过高和利润过低，会比较明显地影响社会资本的参与度。对于"一带一路"基础设施建设，一方面已经有一个较为成熟和标准的合作框架，沿线各国都签订了投融资的相关协议，遵循投融资的相关指导原则，从宏观层面上来看具有比较好的宏观环境。社会资本进入的交易成本主要体现在与沿线国家政府的谈判、前期项目沟通等，需要耗费较大的前期成本。而开发性金融机构正好可以承担这个"中介"的角色，一方面能够与政府的政策目标保持一致，另一方面可以为社会资本完成项目的前期调研、沟通，降低谈判的难度，通过降低成本增强社会资本参与基础设施建设的意愿。

3. 调节基础设施建设融资周期的机制

社会资本参与基础设施建设的一个难点就是社会资本投资与基础设施融资的周期不匹配，社会资本一般是顺周期和短周期特点明显，而基础设施建设一般需要的资金周期较长，有时候还存在逆周期，两者难以匹配。开发性金融机构可以通过率先参与到基础设施建设项目中来，在项目运营初期结束以后，项目资金流相对稳定的情况下，通过合适的方式退出当前项目，即开发性金融机构只起"孵化"作用，这样可以吸引到短周期的社会资本在项目稳定期参与，同时也能减少开发性资金长周期使用的情况，提高使用效率。

4. 市场培育的机制

基础设施融资市场，尤其是社会资本参与基础设施融资市场的不健全，对社会资本的参与存在较大的阻碍。政府在市场培育方面做了一些工作，但在涉及跨国基础设施投融资时，政府的市场培育能力往往存在不足，多边开发性金融机构能够利用自身的经验、影响和研究能力在市场的标准化、市场规范建设、市场制度等方面开展市场培育的工作，建设更加有效的基础设施投融资市场。这也是当前许多多边开发银行正在探索的工作。

（三）开发性金融机构动员社会资本的措施

通过前面的理论分析发现，多边开发银行可以根据自身的特点和优势有针对性地设计方案，解决社会资本参与基础设施投资的障碍，从而起到动员和促进社会资本参与基础设施投资的作用。在实践中，以世界银行、亚行为代表的多边开发银行也在动员社会资本这一工作中做出了一些探索。在具体的措施层面，同样以新兴国家的基础设施建设为例，表5-3展示了多边开发银行可以从如下方面采取具体措施。

表5-3　多边开发银行在基础设施建设中动员私人资本的措施

基础设施存在融资缺口的原因	多边开发银行的动员措施
宏观	
国家和国际政策风险： ● 关税和监管框架及实施； ● 土地的获取； ● 政策不确定性； ● 合同授予过程的透明度； ● 跨境投资和跨境收益的政策协调	能力建设； 优惠融资； 提供赠款或补助； 政策分析和咨询
中观	
项目设计和分配机制的风险： ● 跨境/国家/合同风险； ● 货币风险：货币的可用性、不同货币的可兑换性和利润的可转移性； ● 施工风险	项目准备、资金支持； 政府和项目咨询工作； 直接融资； 担保； 套期保值
项目准备的技术性不足	项目准备、资金支持； 政府及项目咨询工作； 技术支持

表5-3(续)

基础设施存在融资缺口的原因	多边开发银行的动员措施
投资者准备： ● 缺乏对开发市场基础设施行业的了解； ● 风险敏感度过高	投资者教育； 提供控制风险的产品； 直接贷款
文件和流程缺乏标准化	与其他贷款机构和多边开发银行协调，尽可能使金融工具标准化
微观	
新兴市场基础设施缺乏长期融资产品	直接融资； 创造融资产品和融资结构以吸引私营部门的参与
社会资本对信用增进的需求得不到满足，如政治风险保险（PRI）、广义信用增进保险（EPRI）、综合保险等	利用优先债权人的地位开发信用增进工具
新兴市场基础设施风险导致社会资本兴趣有限	通过多边开发银行的自身与政府的良好关系和地位来降低风险

资料来源：AIIB［R］. Beijing：Asian Infrastructure Investment Bank，2018.

从这一分析框架来看，在具体措施上，开发性金融机构主要可以通过金融产品和非金融服务两个方面的行动来促进社会资本投资基础设施建设。第一是金融产品方面，传统上可以通过债券产品来吸引私人资本（如同上一节分析的那样），但新兴国家由于外汇市场的波动更大，本币融资也就更加重要。第二是可以通过开发性金融机构参与的股权投资吸引机构投资者和其他社会资本（世界银行的国际金融公司提供了一个良好的范本）。第三是可以提供多边开发银行担保，通过各类保险和担保来帮助社会资本应对跨境风险和国别风险。第四是对社会投资者的信息服务，包括项目前期的信息服务，项目运行的监管服务等，降低社会资本投入的交易成本。

本节的分析主要从逻辑和理论的角度分析了多边开发性金融机构如何促进社会资本参与基础设施融资。出于研究内容的安排，本书将在下一章通过经验实证的方式来讨论开发性金融机构是否对社会资本的参与存在促进作用。

第三节　基础设施融资体系中的开发性金融融资风险

尽管开发性金融机构的主要目的不在于盈利，绝大多数开发性金融机构均以"保本微利"为财务目标，是为了给优先领域和瓶颈项目提供资金，达成开发性金融机构的目标。其中多边开发性金融机构主要是促进区域经济发展、解决可持续发展问题和贫富差距问题、解决气候问题等；国别开发性金融机构主要是促进国内经济增长、经济结构转型，解决国内经济发展的瓶颈问题以及配合完成国内的政策目标等。在"一带一路"基础设施融资中，由于存在跨境投融资，因沿线国家复杂的情况所带来的风险远大于国内基础设施融资，在"保本微利"的经营目标下，"保本"所存在的风险大于传统开发性金融机构的业务活动的风险，因此在这一背景下需要对开发性金融融资的风险问题重点关注。同时也应该注意到，开发性金融融资与私人融资不同，其盈利需求并不大，因此其与基础设施的私人资本投融资所面临的风险也不尽相同。根据开发性金融在"一带一路"基础设施融资中实际情况，这里重点探讨与其关系最密切的如下几个方面的风险；而与私人资本融资关系密切的相关风险将在下一章进一步讨论。

一、国家债务风险

贷款是当前开发性金融机构为"一带一路"基础设施融资的主要方式。从前文的内容来看，世界银行、亚投行、亚开行、新开发银行等多边开发性金融机构主要通过贷款的方式对"一带一路"基础设施建设提供资金支持，其中世界银行和亚开行有少量赠款和技术援助，但总的来说还是贷款融资占据主要地位。以中国国家开发银行为代表的国别开发银行对"一带一路"基础设施进行融资的方式也主要是提供直接贷款。此外还有少量股权投资，规模在百亿美元左右。总的来看，当前开发性金融机构主要通过提供直接贷款为"一带一路"基础设施融资。

贷款融资的首要风险是债务风险，而基础设施的公共物品属性决定了基础设施类贷款的风险多为公共部门的债务风险，或者说是国家债务风险。共建"一带一路"倡议提出以来，关于基础设施融资对沿线国家债务风险的影响就一直受到关注。尤其是约翰·赫尔利（John Hurley）等在

《以债务视角审视"一带一路"倡议》的报告中提出了八个可能爆发债务危机的"一带一路"沿线国家①，使"一带一路"投融资的债务风险问题得到了广泛的关注。

中国社科院世界政治与经济研究所每年发布的《中国海外投资国家风险评级年度报告（CROIC-IWEP）》是当前对中国企业跨境投融资较为权威的统计与风险评级资料。在其2020版中，对海外投资国家风险的评级由经济基础、偿债能力、政治风险、社会弹性和对华关系五个部分组成。其中"偿债能力"指标衡量了一国公共部门和私人部门的债务动态和偿债能力，主要用于度量一国如果爆发债务危机，包括直接投资和财务投资在内的各种类型的投资安全所受到的影响。其衡量的指标见表5-4。

表5-4　偿债能力指标构成

偿债能力指标	指标说明
公共债务/GDP	公共债务指各级政府总债务
外债/GDP	外债指年末外债余额
短期外债/总外债	短期外债指期限一年或一年以下的债务
财政余额/GDP	财政余额等于财政收入-财政支出
外债/外汇储备	外债指年末外债余额
经常账户余额/GDP	经常账户余额为货物和服务出口金额、收入金额与经常转移净额之和
贸易条件	出口价值指数/进口价格指数
银行业不良资产比重	银行不良贷款占总贷款余额的比重
是否为储备货币发行国	扮演国际储备货币角色的程度

资料来源：中国海外投资国家风险评级2020年度报告（CROIC-IWEP 2020）

在上述指标中，最常用来衡量一国债务风险的指标为公共债务/GDP，主要可以衡量一国公共部门的债务水平；外债占GDP的比重和短期外债/总外债衡量一国外债的规模和在短期内爆发风险的可能；财政余额/GDP衡量一个国家的财政实力；外债/外汇储备衡量一国的外汇充裕度。这些指标共同反映了一个国家公共部门和私人部门发生债务风险的可能性。

---

① HURLEY J, MORRIS S, PORTELANCE G. Examining the debt implications of the belt and road initiative from a policy perspective [J]. CGOpolicy paper, 2018, 65 (5)：121.

根据这一衡量指标，《中国海外投资国家风险评级 2020 年度报告（CROIC-IWEP 2020）》对 114 个样本国家进行了排名，得到了表 5-5。

表 5-5　中国海外投资国家风险评分

样本	总分	经济基础	偿债能力	政治风险	社会弹性	双边关系
"一带一路"	0.555	0.539	0.540	0.589	0.615	0.492
整体	0.549	0.549	0.552	0.604	0.603	0.439
分差	0.006	-0.01	-0.012	-0.015	0.012	0.053

资料来源：中国海外投资国家风险评级 2020 年度报告（CROIC-IWEP 2020）。

注：分数越高，表示风险越低。

从总体评分可以看出，尽管"一带一路"沿线国家在总分上高于整体样本，但经济基础、偿债能力和政治风险得分均低于整体水平。在"偿债能力"部分，"一带一路"沿线国家的得分低于平均水平 0.012 分，说明"一带一路"沿线国家存在比全球平均水平更高的债务风险。OECD 也将其中的许多国家列为世界上风险最高的经济体[1]。

但从另外一个角度来看，当前对"债务风险"评价的方法也受到一些质疑。尽管现有的一些研究认为"一带一路"沿线国家存在较高的债务风险，对于开发性金融机构融资来说，可能造成贷款无法收回的问题，但也有一些最新的研究认为，当前对"一带一路"沿线国家的债务风险存在高估的问题。

在国际金融论坛（IFF）2019 年的中国报告中，调查者采访了 28 个国家的中央银行（其中欧洲国家的央行占 54%，亚洲占 15%；新兴经济体占 28%，工业国家占 43%），调查中关于国家债务风险的相关问题得到如下结论：

所有受调查的中央银行均认为没有因为"一带一路"项目受到更大的资金压力；有 17% 的受访者认为"一带一路"沿线国家不会存在因债务可持续性问题而导致的不可持续发展，有 58% 的受访者认为存在债务可持续性问题的国家数量少于 5 个，有 25% 的受访者认为存在债务可持续性问题的国家在 5 到 20 之间，没有受访者认为有 20 个以上国家存在债务可持续性问题；在"一带一路"债务规模与国家其他债务的比较方面，只有

---

[1]　见经济合作与发展组织（OECD），《出口信贷指南》，2018 年 6 月。

14%的受访者认为"一带一路"债务规模与本国其他债务规模相当，其他的受访者均认为"一带一路"债务规模并不高，有86%的受访者认为本国与"一带一路"相关的债务是可持续的，有62%的受访者认为"一带一路"的相关债务资金应该用于大型基础设施建设和超大型基础设施建设。

理论分析和实际调查之间存在差异的原因，林毅夫、王燕给出了一个可能的解释。结合最新的研究，林毅夫等认为，传统的使用债务/GDP作为债务可持续性的评价指标可能具有狭隘性和误导性，主要体现在这一指标没有体现债务的类型，如国内债务还是国外债务；没有体现债务的用途和期限，比如是用于消费还是投资；没有体现债务对GDP的长期影响，如工程完工前后对GDP增长的贡献变化等。因此即使有一些研究说明某些国家与中国的债务关系将导致债务/GDP比率超过50%，但并不能由此说明这一债务水平的"危险性"和不可持续。反之，在使用债务/GDP进行债务风险的衡量时，还应该考虑"公共部门净值"的重要性。

国际货币基金组织提出了"公共部门净值"的判断方法，认为公共部门的净资产是最重要的衡量公共债务风险的指标。公共部门资产可以对债务风险起到缓冲作用，比起公共财富匮乏的政府，公共财富充裕的政府能够更好地度过衰退。以中国为例，中国拥有大量的政府资产，这也是受到中国多年来对基础设施大量投资的影响。这些资产大于负债，因此尽管中国与债务相关的风险较大，但也存在一定的缓冲。

根据这一理论，林毅夫等对新兴经济体的债务情况进行了另一视角的分析，见图5-4。

从图5-4可以看出，尽管许多新兴经济体国家的一般公共债务较高，但从国家净资产的角度来看，国家净资产水平许多都是正值，对可能存在的债务风险能够起到一定的缓冲作用。如果只以一般公共债务或整体债务占GDP的比重来衡量一国的债务风险，就可能存在高估债务风险的情况。

因此总的来说，"一带一路"沿线国家存在一定的债务风险，可能对开发性金融融资造成负面影响。但应该正确评估和理性看待这一债务风险，如使用中国财政部改良后的《"一带一路"债务可持续性分析框架》对沿线国家债务风险进行准确评估，以实现风险的规避。

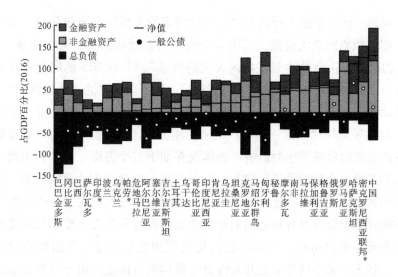

图 5-4　新兴市场国家资产负债表（数据来源为 IMF 财政监测报告 2018）

资料来源：林毅夫，王燕．国家净资产和债务可持续性［R］．国际金融
论坛 2020 中国报告：63．

二、政治环境风险

政治环境风险是开发性金融融资所面临的另一类重要风险。由于开发性金融往往具有政府背景，如中国通过国开行、中国进出口银行提供的资金往往被认为是政府资金，甚至国有商业银行和国有企业提供资金也被视为国家行为，其所带来的风险往往与政治环境有关。政治环境风险主要分为如下三类：

第一，"一带一路"沿线国家政府、政权或领导人更迭所带来的风险。此类风险在当前的实践中已经有所体现，如作为最早响应共建"一带一路"倡议的国家，马尔代夫于 2017 年就与中国签订了《中马自由贸易协定》，但在新总统萨利赫获得选举胜利后，其政治考量也发生了变化，计划退出与中国签署的自由贸易协定。2018 年 8 月，新当选的马来西亚总理马哈蒂尔取消了三个已经暂停的"一带一路"项目，涉及金额为 220 亿美元左右。马来西亚新领导人认为其国家当前阶段的主要任务是偿还累积的债务而非通过举债进行建设，从而导致中国交建和相关融资方产生损失。

第二，大国关系所产生的影响。在国际金融论坛 2019 年的调查中，28家中央银行回复了"目前共建'一带一路'倡议面临的最大挑战是什么"

这一问题。绝大多数央行认为"与其他国家的关系"是当前共建"一带一路"倡议面临的最大挑战，其中有20%的回复者认为是"大国关系"，有17%的回复者认为是"与区域内大国的关系"，另有20%的回复者认为是与战争、武装冲突等有关的"安全因素"。俄罗斯设想的"欧亚联盟"、欧盟推动的"东部伙伴计划"、美国提出建设"新丝绸之路"和"印太走廊"设想等都与"一带一路"区域密切相关。这些大国关系对基础设施的开发性金融融资所产生的影响可能体现在如下三个方面。一是大国博弈所带来的开发性金融职责发生偏差，由于开发性金融机构的政府背景，其承担的职责也往往具有一定的政治性。中国、美国等大国在"一带一路"区域的博弈可能会涉及各自的国别开发性金融机构及各自主要参与和支持的多边开发性金融机构，导致这些机构的职责发生转变，从而影响其投融资。二是大国关系所带来的开发性金融机构融资困境。由于开发性金融机构的融资来源除了政府融资外，最大的融资渠道为国际资本市场的债券融资。而开发性金融机构在国际资本市场的债券融资与其背后的政府信用密切相关，大国关系的变化可能带来相关政府信用在国际资本市场的变化，从而对开发性金融机构的融资产生影响。三是大国关系带来的开发性金融资金进入面临阻碍。大国对"一带一路"区域认识不同，支持态度和力度不同，可能导致开发性金融机构在某些"一带一路"沿线国家或某些基础设施领域的进入面临阻碍，或进入以后的项目实施面临障碍。

第三，国家政治环境所带来的风险。"一带一路"沿线国家的政治环境比较复杂，政治政党体系、法律体系、不同的利益集团诉求等都有所不同，容易给开发性金融机构的进入带来风险。这些风险包括沿线国家的政治稳定性，沿线国家与开发性金融机构所在国的双边关系稳定性等多个方面。

三、宗教文化风险

宗教文化风险是跨境投融资中常见的风险，但在"一带一路"基础设施建设中可能体现得更为明显。宗教与文化都属于精神层面的范畴，因此将两者放在一起来讨论，具体来说包括宗教风险和文化差异风险两个方面。

当前对"一带一路"投融资中的宗教风险讨论得较少，但"一带一路"区域本身属于宗教情况复杂的地区，具有宗教信仰的人口众多，宗教对于共建"一带一路"倡议及其基础设施建设和投融资均可能产生重要影响。有学者将宗教风险分为"认识型"和"发生型"两种，前者指由于对当地宗教状况、历史等问题认识不当所导致的思想误判和行动失当；后者指宗教因素可能导致的各种困难与矛盾，乃至暴力与冲突①。以这一概念来分析，"一带一路"基础设施融资，尤其是开发性金融融资可能面临如下三个方面的宗教风险：

一是宗教纷争带来的政治环境恶化，从而影响融资的稳定性和基础设施项目的建设。宗教纷争和教派斗争等通常可能引起国内政治环境恶化，带来政治局势的动荡，政策的延续性消失，对境外资本政策的改变，以及宗教斗争带来的政治体制、领导人方面的改变，这些都会影响跨境基础设施融资。此外，由于宗教往往具有跨境特征，国内宗教斗争还可能会对周边国家产生辐射和外溢作用，从而扩大宗教纷争带来的政治环境影响。

二是宗教风险带来安全危机，影响基础设施建设项目的建设，从而对融资产生影响。宗教极端主义是宗教风险中的一个重要方面，在"一带一路"沿线国家中也较为突出，会产生极端主义的影响。而基础设施由于其人流量密集，社会影响较大等特点，往往成为极端主义的攻击目标，以巴基斯坦为例，2005—2014年其极端势力针对油气管道等能源基础设施的攻击就达到220多起。这些宗教极端主义给沿线的基础设施建设带来安全危机，从而对基础设施融资体系造成冲击。

三是宗教风险带来的宏观经济环境恶化，从而对基础设施融资体系造成影响。部分宗教势力对全球化持有不同观点，认为全球化往往代表西方势力，从而对全球化进行反抗和打击，从而对共建"一带一路"倡议持抵制态度；在基础设施建设和融资中，由于涉及很多本地环节，可能遇到宗教因素带来的渗透风险；此外宗教活动对营商环境的安全性等方面造成的影响，可能会导致资本市场对这一区域的基础设施债券信心下降，从而影响开发性金融机构的债券融资等，以上都会对基础设施融资体系造成影响。

文化差异对跨境贸易和投资的影响已经有较多的分析，但在基础设施建设和融资方面的影响机制讨论得还比较少。基础设施建设投融资作为国际投融资的一部分，可以用国际投融资的相关理论来进行分析。一般来说，文化差异会阻碍投资，很多学者对中国OFDI的研究证明了这一观点。

---

① 黄平. "一带一路"建设中的宗教风险：以巴基斯坦为例 [J]. 上海交通大学学报（哲学社会科学版），2017，25（3）：14-22.

对于基础设施的开发性金融融资，文化差异的影响略有不同。

首先，文化差异可能增加基础设施融资的交易成本，从而对基础设施融资造成负面影响。在基础设施融资的前期调研、规划和开展融资计划的阶段，可能涉及多个国家的协调，不同文化、历史和习俗都会在这一协调中产生影响，反应在融资的组织模式、工作人员的行为习惯、各类融资机构的企业文化等方面，从而增加协调成本，而这一协调成本可能是较高的。

其次，文化差异可能带来不同的偏好，从而对基础设施融资的流向产生影响。一般来说，文化差异较小的国家偏好相近，更有利于跨境投融资，反之则更不利。而文化差异的大小由此会影响基础设施的融资流向，使基础设施建设资金更多地流向文化差异较小的国家，而不是更需要基础设施资金的国家，增加开发性金融资金向某些国家流动的困难，从而对整个融资体系产生影响。

最后，文化差异可能带来文化冲突，从而导致融资困难或失败。严重的文化差异，或者文化差异不受到重视的情况下，文化差异可能演变成为文化冲突，而文化冲突则会对基础设施融资产生根本性的影响。文化冲突的原因很多来源于价值观、意识形态、历史沿革的差异性，从而使受到这些文化影响的人们在经济活动中通过自身文化对相关活动理解出现偏差，甚至是矛盾。这些影响体现在基础设施融资方面，一方面可能会因为文化冲突对筹资产生影响，不同文化背景下的资本市场出现融资困难；另一方面会因此文化冲突对基础设施的建设、投资等产生阻碍。

四、汇率风险

由于开发性金融机构的融资与贷款业务通常都分布较广，在参与跨境基础设施融资时往往涉及多个国家和跨国家区域，因此汇率风险在开发性金融机构的融资中显得尤为重要。

传统的跨境投融资存在的汇率风险一般是因投资方和融资方采用不同货币而产生的，与基础设施融资体系中的开发性金融融资相比，由于涉及的国家数量、融资期限和融资额度都更小，即使有汇率风险也不那么突出。而基础设施融资，尤其是通过开发性金融为基础设施融资所带来的汇率风险则更为突出，主要表现在如下三个方面：

一是融资与出借之间的汇率风险。开发性金融机构的融资来源包括政府注资和国际金融市场债券融资，多边开发性金融机构的融资货币通常为美元、欧元或开展债券融资的金融市场主要货币；国别开发性金融机构的融资货币通常为该国货币；而开发性金融机构借出的货币通常是基础设施所在国的本国货币。在融入与借出之间，往往需要在美元、欧元、人民币等主要货币与数十种"一带一路"沿线国家货币之间进行转换。而2008年以来，"一带一路"沿线许多国家的货币都存在较大幅度贬值，以及许多国家外汇管理体制不够健全，汇率波动过大等，都对融入和借出之间产生较大的汇率差，从而增加融资成本，甚至影响融资的可行性。

二是利润汇出的汇率风险。由于基础设施融资期限普遍较长，而利润通常在基础设施项目后期的运营期产生，开发性金融机构或私人资本都存在在这一时期将利润汇出的问题。许多国家存在着较大的汇率波动，尤其是长期汇率波动难以预估，从而导致在融资阶段对未来利润的预估出现偏差，可能会严重影响基础设施项目的实际利润，从而导致融资项目失败。

三是汇率管制的风险。由于"一带一路"沿线许多国家的经济发展水平不高，尤其是资本市场发展还比较落后，相关机制不够健全，在汇率体制方面还比较僵化，容易出现汇率管制或外汇管制的问题；同时由于当地的金融市场发展滞后，也缺乏对冲汇率风险的手段，从而对基础设施融资产生负面影响。

第四节　中国的开发性金融机构参与"一带一路"基础设施融资的策略

2015年4月，国务院批复并同意了国家开发银行的深化改革方案，对于国家开发银行，明确了"坚持开发性金融机构"的定位。深化改革方案主要内容有九条，其中在第二条"明确国家开发银行主要从事开发性业务"中提出了支持"走出去"，第八条提出了"服务国家战略"。国开行在其2018年年度报告中也明确将"服务'一带一路'建设"作为战略重点。无论是从开发性金融机构对"一带一路"基础设施建设融资支持的理论来看，还是当前国开行的改革方向、发展战略来看，国开行作为最大的国别开发性金融机构，作为共建"一带一路"倡议发起国的开发性金融机构，都应该更加充分地参与到"一带一路"基础设施建设中去。

一、中国国家开发银行服务"一带一路"基础设施融资现状

国开行作为共建"一带一路"倡议国的国别开发银行，也是世界最大的开发性金融机构，从共建"一带一路"倡议初期就开始为"一带一路"提供融资支持，并利用其开发性金融机构地位，不断探索构建更加科学、完善和可持续的"一带一路"建设融资体系。根据公开资料整理，国开行在服务"一带一路"基础设施建设融资方面主要做了如下方面的工作。

第一，提供直接贷款支持。国家开发银行发放的贷款包含基础设施贷款、并购贷款、外汇固定贷款和外汇流动资金贷款等，期限以中长期为主。大规模的基础设施合同会根据具体情况延长期限至15年以上。同时，贷款的利率范围主要按照市场化、商业化原则最终确定。

在2017年国开行宣布提供2 500亿元等值人民币"一带一路"专项贷款，其中1 000亿元等值人民币用于基础设施建设。截至2018年年末，国开行外币贷款余额合计2 510亿美元，跨境人民币贷款余额957亿元人民币；其中在"一带一路"沿线国家国际业务余额1 059亿美元，累计为600多个"一带一路"项目提供融资超过1 900亿美元，截止到2023年9月底，国开行支持了1 300多个"一带一路"项目，累计投放资金2 800多亿美元。

第二，债券等间接融资支持。在"一带一路"基础设施建设中，当前对债券融资的运用还较少，主要是因为亚洲金融市场在传统上还是以贷款为主，国际债券市场资金还没有被充分利用。2017年国开行采取私募发行，在香港首次发行了"一带一路"专项债券，交易商为交通银行香港分行、中国建设银行（亚洲）和香港上海汇丰银行有限公司。

第三，中非基金等股权融资支持。中非发展基金于2007年设立，是国家开发银行控股子公司，基金规模为100亿美元，这是第一家中国对外股权投资基金，旨在支持中国在非洲的投资。截至2018年年底，中非发展基金累计投资近50亿美元，投资遍及基础设施、产能装备、农业民生、能源资源开发等各个领域。

第四，融资服务与融资体系建设。除了提供资金支持以外，国开行作为国别开发银行，同时还提供了融资服务，参与融资体系建设等工作。近年来先后发起设立了中国—中东欧银联体、中阿银联体、中非金融合作银联体和中拉开发性金融合作机制，建立了有效的金融合作平台；通过承担

多项政府间多双边规划，推动与合作国战略对接，重点开展了澜湄国家互联互通、中蒙俄经济走廊、印尼区域综合经济走廊等多双边规划等。

二、中国国家开发银行开展基础设施融资的经验

为基础设施建设融资是国开行业务的重点，基础设施融资业务占国开行融资业务的 60%，主要投融资领域为交通基础设施、能源和水利基础设施。国开行在中国经济发展过程中为国内基础设施建设提供了大量资金，也在融资过程中积累了较为丰富的经验，可以为国开行参与"一带一路"基础设施建设融资提供借鉴。

（一）以国家信用为基础

国开行始终以国家信用为基础，从国开行股东持股情况来看，截至2022 年年底，作为国务院组成部门的财政部直接持股 36.54%，国务院授权，国家独资的中央汇金投资有限责任公司持股 34.68%，国家外汇管理局全资设立的梧桐树投资平台有限公司持股 27.19%，剩下的 1.59% 股权由全国社会保障基金理事会持有。从股东结构来看，财政部的直接持股和国务院、外汇管理局通过国有企业的间接持股，为国开行提供了国家信用。国开行的国家信用基础带来其各类债券的债券评级始终与国家主权信用评级一致。

（二）以债券为主要融资手段

债券是国开行的主要融资手段，2022 年国开行发行人民币金融债券2.54 万亿元，存量债券余额超过 11 万亿元；发行境内外外币债券 32 亿美元。从债券结构上来看，主要是中长期和长期债券，其中一年到五年期的债券占 42.41%，五年到十年期的债券占 39%，一年及以下期限的债券占15.79%，十年期以上的债券占 2.8%。

在国开行的债券融资中，一级市场采取自动触发弹性招标机制，即在银行间债券市场招标发行金融债券时，根据事先设定的规则，动态调整最终债券发行规模。同时实现了关键期限、品种的全曲线覆盖。通过上海和深圳的证券交易所发行债券，同时推动债券市场的基础设施建设。在二级市场上实行国开行债券的承销商、做市商一体化管理机制，提升债券的投资和交易价值，促进国开行债券的活跃交易。2022 年国开行债券交易量超过 80 万亿元，蝉联市场第一位。

（三）实施关键领域优先融资

国开行在发展过程中形成了"两基一支"的重点领域战略，即重点支持基础设施、基础产业和支柱产业。具体来看，国开行通过确定重点支持领域，抓重大项目、重点方向，来有区分地开展融资支持。如2018年国开行就确定了"支持实体经济""培育经济增长新动能"到"服务'一带一路'建设"等六个战略重点，在每一个战略重点中又确定了重点方向。如在"支持实体经济"中，确定了"补基础设施短板"的重点方向，并以铁路、电力、公路、机场、城市轨道交通和水利为优先领域；在"服务'一带一路'建设"中，也以重点地区、重点领域和重点项目为主，推进文莱大摩拉岛石化项目、雅万高铁项目等六个重点项目。

国开行对关键领域的选择主要是两个依据：一是国家战略要求，二是经济发展理论。在这一背景下，国开行也注重对经济发展的研究和区域发展规划，近年来形成了各类报告、学术专著123项，高端智库报告25篇。

（四）创新地方政府融资平台模式

在中国的投融资体系改革中，地方融资平台是一个新的探索，也取得了较好的成效。国开行对地方融资平台的支持是中国开发性金融的一个重要特征。IMF的统计数据表明，2011年中国国开行有近三分之二的贷款用于扶持地方政府融资平台的相关项目，远高于四大国有商业银行7%的比例[1]。政府融资平台一方面通过政府的直接投资、资本金注入、税收优惠、贷款贴息等方式实现政府组织增信；另一方面又通过"政府入口—开发性金融机构孵化—市场出口"的运行机制实现市场化建设，同时支持市场主体采取BOT、TOT和PPP等方式参与，实现了国内地方基础设施建设资金的筹措，极大地促进了各地基础设施建设和经济发展。国开行在其中起到了重要的推动作用，直接为融资平台提供了资金，更重要的是通过对尚未成熟的领域的参与和培育，或对尚处于未成熟阶段的项目的参与和培育，将成熟的可商业化的项目交付市场，吸引市场资金参与，起到了重要的"孵化"作用。

（五）通过股权投资基金开展基础设施投融资业务

国开行通过建设中非发展基金，通过股权投资的方式支持非洲的基础设施建设。从2007年开业运营以来，到2018年，中非发展基金投资项目分布在非洲36个国家，已决策金额超过46亿美元，带动中国企业对非投资超过230亿美元，主要领域为产能合作和基础设施建设，增加了非洲当

---

① 吴绍鑫. 金砖国家开发性金融与基础设施投融资发展的比较研究 [J]. 经济研究参考, 2017 (58)：10

地出口 58 亿美元、税收 10 亿美元①。股权投资基金也是国开行开展基础设施投融资的重要方式，国有股权的参与，对社会资本有着重要的动员作用。

（六）开展资产证券化产品创新

除了通过债券融资以外，国开行也开展了多种形式的金融产品创新，尤其是通过资产证券化实现产品创新。2018 年年底国开行作为统一协调人承担了国开—上海地产第一至第八期公共租赁住房资产支持专项计划，这是我国首个公共租赁住房资产证券化项目，获批额度为 100 亿元，底层资产为上海地产集团持有的公共租赁住房租金收入。通过创新市场化方式使用直接融资工具，提升了公租房的融资能力，对基础设施建设的融资有重要的借鉴意义。

三、中国国家开发银行参与"一带一路"基础设施融资的设想

前面我们讨论了多边开发银行可以通过贷款、债券融资、私人资本动员等方式参与"一带一路"基础设施融资；国别开发银行作为开发性金融机构的重要组成部分，同样也应该发挥自己的优势，参与到"一带一路"基础设施建设中来。中国国开行作为"一带一路"发起国的国家开发银行，也作为全世界最大的国别开发银行，应该在"一带一路"基础设施建设融资中起到重要的、引领性的作用。

当前中国国开行已经将支持"一带一路"建设作为其重要的发展战略。国开行结合其在国内基础设施融资中的相关经验，未来在"一带一路"基础设施建设融资中可以重点从如下几个方面开展工作：

（一）明确国开行在"一带一路"基础设施建设融资中的定位

国开行作为"一带一路"沿线国家中最大的开发银行，具有较为丰富的基础设施建设融资经验，也具有较强的融资能力，国开行应该成为"一带一路"基础建设融资的重要力量。首先，要明确国开行应该为"一带一路"基础设施建设提供融资，其理由与多边开发银行的基本一致，如格里菲斯·琼斯（Griffith-Jones）和科拉茨（Kollatz）学者的研究认为开发性金融机构融资能力匹配基础设施的融资需求，可以降低成本、识别项目风

---

① 郭艳. 中非发展基金：新时代中非投资合作的可靠伙伴［J］. 中国对外贸易, 2018（9）：40-43

第五章 "一带一路"基础设施融资的动员力量：开发性金融融资 | 167

险、利用全球和地方金融，在项目管理和实现项目目标等方面发挥主导作用，以及能在项目初始阶段传递信心、减少风险、提供相关金融工具，并吸引其他金融机构参与融资①；同时还具有国别开发银行本身的特点，包括国别开发银行的信用评级基本上与国家主权评级一致，国别开发银行比多边开发银行资金更加雄厚、更加灵活，国别开发银行对国内社会资本的动员能力更强等。同时对于"一带一路"基础设施建设融资来说，中国国开行在"一带一路"沿线国家具有较好的运营基础。其次，要明确自身作为国别开发性金融机构在"一带一路"基础设施建设融资中的地位，即中国国开行是"一带一路"基础设施融资的重要来源，应该发挥的作用包括：为"一带一路"基础设施建设提供直接贷款资金；为"一带一路"基础设施建设开展国内、国际债券市场融资；为"一带一路"基础设施建设动员社会资本；为"一带一路"基础设施建设提供规划研究等。

（二）国别开发银行原理在国际区域的拓展

中国国开行开发性金融运行的基本原理是在保本微利的原则下，通过国家信用筹集资金，通过市场化运作，重点服务国家战略，为相关领域提供融资。与商业金融最大的区别是，开发性金融是以建设市场信用和制度为核心的，而不是以存贷业务、利润获取为核心。中国国开行以与政府合作、动员社会资本为两大主要手段，进行中长期融资。

这一基本原理与多边开发性金融机构基本一致，但具有国别特征。拓展到"一带一路"的基础设施建设领域，中国国开行依然应该坚持这一基本原理，但要进一步适应国际区域的新特点。一是资金筹集的范围不仅在国内，还包括国外，涵盖整个"一带一路"区域。但由于"一带一路"沿线国家经济发展水平，尤其是各国的资本市场发展水平差异较大，国开行应该做好重点区域跨国规划、重点国家规划、重点行业领域规划、重点客户规划等，分层次有区分地培育和发展"一带一路"基础设施的融资市场。二是重点在于区域内基础设施投融资市场的市场信用和制度建设，对于庞大的基础设施建设资金缺口来说，即使是中国国开行拥有较强的自身实力，同样无法、也不应该承担全部的融资职责，而是应该承担市场培育的职责，为基础设施建设筹集资金。三是服务战略的拓展，国开行应该服

---

① GRIFFITH-JONES S, KOLLATZ M. Infrastructure finance in the developing world [J]. Multilateral lending instruments for infrastructure financing. Global Green Institute and Intergovernmental Group of Twenty Four, 2015.

务于共建"一带一路"倡议，同时也要协调他国利益，重点在于寻找与中国经济发展具有利益高度一致的紧密合作区域，通过弥补基础设施建设短板能够在各国利益中达成共建共享的"一带一路"合作原则。四是合作对象的拓展，合作对象应该包括多国政府、国际社会资本。与国内基础设施建设不同，"一带一路"基础设施建设的合作对象广泛，往往涵盖他国政府乃至多国政府。五是投融资手段的拓展，在筹资方面除了传统的人民币债券和美元债券外，还应该进一步发展新的筹资平台和筹资工具，推进国开行在境外债券市场的人民币债券发行和国别债券市场的本币债券发行，优先选择国际债券市场，加快资产证券化的进度等。另外，还可以在条件成熟的国家建立中国融资功能合作中心，加强国开行在国际市场和其他国别市场的融资能力。

（三）加强与沿线国家政府的沟通合作

中国国开行有与"一带一路"沿线国家政府合作的丰富经验和良好记录，银政合作是国开行参与开发性金融项目的重要方式，从发展战略和金融创新的角度为政府提供规划咨询、项目策划和项目孵化。具体来说，主要是推动政府间、国别开发性金融机构间的基础设施投融资合作机制建设，降低各方参与"一带一路"国家基础设施投融资的交易成本。

（四）以基础设施投融资项目培育为重点任务

除了承担基础设施直接投融资的传统业务外，国开行应该将"一带一路"基础设施投融资项目孵化作为重点任务。结合国开行在"一带一路"沿线国家基础设施投融资方面的经验，通过降低融资项目风险、降低融资项目交易成本和改变融资项目周期等具体机制，从项目的角度做好融资项目孵化，做基础设施融资的先行者，对其他投资者起到引领和带动作用。

（五）为国内社会资本参与跨境基础设施投融资做好动员与服务工作

当前国内社会资本参与跨境基础设施融资其具有很大的潜力，尤其是在交通、电力、能源等领域的基础设施建设具有较强的比较优势，同时也能够契合"一带一路"沿线国家的基础设施建设需求。但当前对社会资本的服务和引导工作还比较缺乏。国开行应该利用开发性金融机构的优势，为国内社会资本参与"一带一路"基础设施建设提供信息资讯、风险管控、信用增进等服务，帮助国内社会资本"走出去"，更深入地参与到"一带一路"基础设施融资体系中。

第六章 "一带一路"基础设施融资的主力：私人资本融资

私人资本历来被认为是基础设施融资的重要来源。早在19世纪，私人资本就建造了大部分铁路，第一条横贯北美大陆的铁路就是由私人资本修建的，私人资本也由此得到了因修建铁路而带来的沿线土地溢价所产生的收益。美国的《1862年联合太平洋法案》（*Union Pacific Act of* 1862）的出台，使美国的私营公司参与其中部基础设施建设的达到较高水平。1881—1885年，加拿大第一条横贯大陆的铁路也是由一家名为"加拿大太平洋铁路"（CPR）的私人公司建造的，说明私人参与基础设施建设有着悠久的历史。

基础设施的私人资本融资来源是多样化的，主要包括债券融资和股权融资两个部分。其中股权融资主要来自企业，包括那些涉及基础设施部门的企业，如收费公路运营商或电力公司、建筑融资公司等，这些公司的资本支出是基础设施融资的重要来源。如欧洲公用事业公司的平均年资本支出在2011年就达到了约350亿欧元。企业无论是参与股权融资还是债权融资，都多采用直接投资的方式进行，进行直接投资的具体手段一般包括直接的绿地投资或与政府进行公私合营（见表6-1）。

除企业外，能够为基础设施建设提供私人资本的还包括一些长期投资者，包括养老基金、保险公司、主权财富基金、社保基金和家族办公室（family office）等。长期投资者参与融资的方式比较多样化，几乎涵盖了股权融资和债权融资的所有领域，但不同的长期投资者有不同的倾向。主权财富基金和养老基金涉及的领域最广，覆盖了所有的融资领域，这也是和主权财富基金本身就偏向于基础设施这类具有长期投资价值的领域有关。保险公司和社保基金一般不涉及股权融资中的直接投资，主要还是通过资本市场间接为基础建设提供资金。家族办公室尽管作为长期投资者的一类，但其在基础设施领域的投资策略偏向保守，更多通过股票、基金和资本市场开展间接融资（见表6-1）。

表6-1　基础设施建设私人融资的来源

融资分类	股权融资			债权融资		
	上市股票或基金	私募基金	直接投资	资本市场	私募基金	直接投资
企业			★	★		★
长期投资者						
养老基金	★	★	★	★	★	☆
保险公司	★	★	☆	★	★	★
主权财富基金	★	★	★	★	★	★
社保基金	★	★	☆	★	★	☆
家族办公室	★	☆		★	☆	

来源：World Economic Forum，Infrastructure Investment Blueprint［R］，February 2014

注：★表示存在此类融资方式，☆表示存在此类融资方式，但并不多见。

从"一带一路"的实践来看，私人投资者参与"一带一路"基础设施融资的水平还比较低。在基础设施融资领域，中国等发展水平较好的发展中国家依靠国家财政投入和国别开发银行提供融资的较多；非洲等相对落后国家依靠国际援助资金的占比较大；亚洲区域内，亚行等多边开发性金融机构起到了较为重要的作用。总的来看，"一带一路"基础设施建设的融资依靠贷款（包括开发性银行贷款和商业银行贷款），这意味着短期银行存款与长期项目融资之间存在巨大的期限错配。私人资本的介入能够解决这一期限错配，同时还能获得因私人资本参与而提升效率的好处。因此本章进一步研究私人资本在"一带一路"基础设施建设融资方面的重要作用，以及如何更好地将私人资本纳入"一带一路"基础设施建设融资体系。

第一节　私人资本参与基础设施融资的原理

从表6-1中可以看出，私人资本参与基础设施融资的方式有多种，可以通过购买从事基础设施建设相关企业的股权、债券进行直接股权或债权投资；可以通过成立基础设施投资基金、参与私募基金等方式为基础设施建设提供资金；可以通过投资国际资本市场基础设施类债券为基础设施建设提供资金；还可以通过银行等金融机构间接为基础设施建设提供资金；当然，也可以通过直接进行基础设施的绿地投资或棕地投资的方式提供资金；还可以通过与政府公私合营的方式提供资金。

结合"一带一路"基础设施建设的具体情况来看，本节主要研究公私合营（PPP）融资这类私人资本参与的方式，主要原因如下：

第一，PPP能够通过项目融资的方式将机构投资者、私有银行、开发性金融机构等众多的私人资本类别都纳入其中，同时有效连接了政府，既兼顾了基础设施的公共产品属性，又引入了市场的效率，能够通过与政府的合作降低风险，提升基础设施项目的整体效率，是当前最有发展潜力的融资模式。

第二，PPP采取项目融资的方式，通过项目公司承担基础设施的建造和运营工作，契合"一带一路"沿线国家的需求。"一带一路"沿线国家普遍缺乏基础设施，更受欢迎的是以"绿地投资"的方式来开展基础设施建设，其不但能够为基础设施建设提供资金，还能够为当地提供建设、管理和运营的技术，其效果优于只提供资金，由当地政府或企业自行使用资金进行基础设施建设。

第三，PPP模式可以成为机构投资者的最终"出口"。尽管机构投资者可以通过投资基础设施债券参与融资，但越来越多的证据表明，机构投资者更加倾向于成立内部团队，为项目提供直接贷款，或者投资基础设施债务基金以及在二级市场向银行购买贷款。同时机构投资者由于缺乏类似银行的对资金使用的监管能力，因此并不像银行那样在直接贷款方面具有优势。机构投资者可以通过参与PPP项目来分担风险，从而获取收益。这也与其长期资本结构是匹配的。

第四，传统银行贷款无法成为基础设施建设的长期融资来源。银行贷款的短期性与基础设施建设资金的长期性存在明显的错配，尤其是在金融危机后银行在为长期非流动性资产提供贷款时更为谨慎，往往会削减基础设施贷款，提高贷款利率，并转向期限更短的贷款。银行尽管仍将在中短期内提供大部分基础设施债务融资，但从长期来看，显然需要提供长期贷款融资的新渠道。

一、PPP 模式开展基础设施融资的基本原理

公私伙伴关系（PPP）模式，在中国被称为政府与社会资本合作模式，按照《财政部关于推广运用政府和社会资本合作模式有关问题的通知》，它是指：政府与社会资本在基础设施及公共服务领域建立的一种长期合作关系。通常模式是由社会资本承担设计、建设、运营、维护基础设施的大部分工作，并通过"使用者付费"及必要的"政府付费"获得合理投资回报；政府部门负责基础设施及公共服务价格和质量监管，以保证公共利益最大化。

在传统上，基础设施类的公共产品一般由公共部门提供，但由于公共资金存在限制，基础设施融资缺口的出现，以及人们越来越认识到私人部门具有处理公共部门相关事务的能力，加上一些"准公共产品"的出现，用户付费机制的使用，私人资本就越来越多地参与到了公共产品的提供中。当前普遍认为，PPP 提供了一种解决基础设施资金不足的方案，通过允许政府使用市场工具来增加公共服务的提供，一方面增加了国家预算范围内可提供的公共服务数量，另一方面也因为私人部门的参与带来了质量和效率方面的提高。近年来，在亚洲许多地方都开始积极推进在交通、电力、城市基础设施等关键基础设施领域的公私合作，在道路建设、机场、港口等领域引入了更多的私人资本，同时也提升了政府应对基础设施投资风险的能力。

在中国，2014 年财政部发布了《财政部关于推广运用政府和社会资本合作模式有关问题的通知》，将 PPP 模式作为推进中国新型城镇化进程的重要手段，开始在中国地方基础设施建设中大力推广 PPP 模式，并在财政部和发改委建立了 PPP 项目库。截至 2020 年年底，财政部 PPP 项目库累计入库项目 9 459 个，投资额 14.4 万亿元；最终落地项目 6 410 个，投资 10 万亿元，落地率为 67.8%；累计开工项目 3 760 个，投资额 5.7 万亿元，开工率 58.7%（开工率的计算为开工项目与落地项目投资额的比值）。山东、河南、四川、广东和浙江是项目库中项目数最多的五个省份，主要投资的领域为市政工程（40.2%）、交通运输（13.9%）、生态建设和环境保护（9.8%）以及城镇综合开发（6.5%）。落地项目最多的五个省份是山东、河南、浙江、广东和安徽。

一般认为，采用 PPP 模式的优势主要有四个方面：一是能够提供额外资本，这也是"一带一路"基础设施建设需要引入私人资本的主要原因，在后面的分析中我们可以发现，提供"额外"资本并不仅仅是参与融资的私人资本本身，还有因为私人资本参与而带来的公共资金的节约；二是能够提供更好的管理和实施技能，由于私人部门的参与，在利润的驱动下私人部门会有更大的动力去提高管理和建设水平，带来整体水平的提升；三是能够提供更多附加价值；四是能够更有效地分配风险。

结合现有文献，可以将 PPP 模式进行基础设施建设融资与传统的公共部门采购模式进行对比，PPP 模式的优势主要体现在如下几个方面：

第一，PPP 融资可以减少公共部门资金的压力。通过 PPP 模式，可以将原本全部由政府公共资金支出的项目资金改为按照阶段和部分支出，减少了公共资金的支付，可以在同样的公共资金前提下支持更多的基础设施建设。

第二，可以缩短基础设施交付的时间。对私人部门有按时交货有激励机制，有助于将设计、建造的风险由公共部门转移到了私人部门，能够通过激励机制督促私人部门按时交付，缩短了基础设施交付的时间。

第三，可以降低基础设施的总成本。尽管从表面上看，采用 PPP 模式的基础设施建设可能更贵（私人部门的参与需要更高的风险溢价），但正是因为这一成本已经涵盖了风险，降低了时间和成本超支的风险，从整体来看，基础设施建设的总成本一般是降低的。

第四，能够实现更合理的风险分配。PPP 模式的核心是将基础设施全生命周期的风险分配给最合适的部门，分配给最具有相对应风险管理能力的合作伙伴。因此从风险管理的角度来看，PPP 能够通过更合理的风险分配，降低整个项目的风险。

第五，能够实现更好的绩效激励。与纯公共部门不同，私人部门的参与建立了一个新的绩效分配机制，私人部门对回报的追求能够提升建筑、运营等方面的效率和质量，同时也对公共部门存在反作用。

第六，能够产生额外收入。由于建设和运营的质量与效率的提高，私人部门可能会设法增加利润，给基础设施带来更多的收入，从而降低项目生命周期中需要追加公共资金的可能性。

第七，对公共部门的促进作用。私人部门的加入能够带来技术外溢，在管理和服务等方面也可能产生正的外部效应，从而产生对公共部门管理水平、人员队伍的正面影响。

如果仅仅从融资的角度上考虑，PPP 模式能够给基础设施建设带来新的资金，新的资金包括三个方面，即"一个增加和两个节约"：一是私人部门资金的进入，其本身带来了参与基础设施建设资金的增加；二是由于更合理的风险分配和私人部门带来的效率提升，与纯粹的公共部门采购相比，带来了资金的节约；三是在项目整个生命周期中有私人部门参与，由于私人部门对利润的追求，减少了项目运营期间可能出现的公共部门资金的追加需求，带来了公共部门资金的节约。

二、影响"一带一路"基础设施 PPP 模式融资的微观因素

对 PPP 模式的传统分析大多建立在动态的双边委托代理框架之上，主要讨论政府和私人资本同作为基础设施资金提供者之间的关系。如果基础设施提供者没有根据其绩效获得相应的收益，会导致基础设施供给不足或建设效率低下。激励理论的一个基本观点是，如果提供服务的代理人的报酬与业绩挂钩，那么他就会受到更强的激励。因此需要进一步讨论的是，根据代理理论的原理，需要形成委托人和代理人之间包括权衡风险分担和激励措施的最优契约。具体来说，这一最优的契约应该如何达成？也就是私人资本应该承担多少风险，参与整个项目到什么程度？本节试图使用微观经济学的分析方法来进行讨论。

根据 PPP 模式的实际情况，我们可以先进行如下几点假设：

假设一：PPP 模式中私人部门的参与实际上是将基础设施项目风险在公共部门与私人部门中的重新分配。

这一假设可以从 PPP 模式本身来说明，由于 PPP 模式融资中私人部门并不是仅仅简单地提供资金，还要承担设计、建设、运营等多个环节的具体工作，具体承担内容和风险与项目合同有关。总的来说私人资本的参与不是被动融资，而是主动通过融资实现风险在公共部门与私人部门的再分配。

我们还可以进一步明确，这些在公共部门和私人部门中分配的风险一

般包括：与设计相关的施工风险、最终产品的可用性和性能风险、剩余价值风险（合同协议结束时资产的市场价格低于预期，比如公共基础设施资产在给予私人部门的特许经营权结束后，回归公共部门时价值低于预期）、与利率和汇率相关的金融风险、需求风险（项目完工后的实际使用低于预期，用户付费低于预期导致项目不可行）、政治风险（公共部门违约或不隐性地不履行相关合同条款）等。

假设二：对于基础设施建设，公共部门对风险不够敏感，私人部门则要求更高的风险溢价。

Arrow 和 Lind 在研究中提出了 Arrow-Lind 定理，在讨论对于公共投资是否需要像私人投资一样提供风险溢价补偿时，他们给出了结论："当公共投资的相关风险由公众承担时，每一位公众承担的风险是微不足道的，因此，政府在评估公共投资时应该忽略不确定性。"由于公共投资对个人纳税人税收负担的影响远远小于对私人公司股东的潜在影响，因此即使纳税人都是厌恶风险的，但公众整体与一个风险中立个体的行为差不多，他们所要求的总风险溢价近似于零。因此可以得出结论，私人部门要求比公共部门更高的风险溢价。

假设三：公共部门常常低估基础设施项目的总成本。

许多研究证明了这一观点，公共部门常常因为"乐观偏见"或者成本误报等原因低估基础设施的建设成本，同时由于公共部门对风险的不敏感，也常常会在评估阶段低估风险因素，从而低估总成本。

假设四：私人部门的参与会带来效率的提升和收益的增加。

私人资本存在利润激励和合同约束，将比公共部门更加注重通过管理创新、技术创新等方式提升在项目设计、建设、运营方面的能力。一般来说，由于私人部门和公共部门存在显著的效率差异，私人部门的参与能够带来 PPP 整个项目的效率的提升，从而创造出更多收益。但应该注意到的是，私人部门参与带来的效率提升应该是有限制的，私人部门的参与达到一定程度后，会出现边际收益的递减。

基于如上四点假设，我们可以通过一个简单的经济学模型来分析 PPP 模式是如何带来资金的节约的（见图 6-1）。

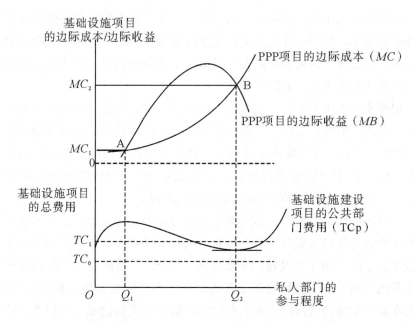

图 6-1　基础设施 PPP 项目中私人资本参与对公共部门成本的影响

图 6-1 给出了基础设施 PPP 项目中，私人资本参与对公共部门成本的影响。图的横坐标表示私人资本参与的程度，上半部分的纵轴表示整个基础设施建设项目的边际成本或边际收益。

根据假设二，在基础设施建设中，公共部门对风险不敏感，几乎不要求风险溢价，但一旦加入私人部门，私人部门就承担了公共部门转移的风险，同时私人部门要求风险溢价。随着私人部门的参与，公共部门即使转移了风险，但由于本身并不要求风险溢价，因此并不能带来风险溢价的降低；但私人部门承担了越来越多的风险，显然需要越来越多的风险溢价补偿。同时，私人部门参与的程度越深，其索要的边际风险补偿应该越大，因此 PPP 项目中基础设施建设的边际成本线（MC）应该是一条向上的曲线。

根据假设四，私人部门的参与，显然是会带来项目整体效率的提升，从而带来更多收益，因此 PPP 项目的边际收益曲线（MB）一开始是一条向上的曲线，而且一个可行的 PPP 项目，私人部门参与的边际收益是应该小于边际成本的，即应该能带来总成本的降低，这样才会导致这个项目可行，因此 MB 线一开始总是会在 MC 线上方的。但私人部门参与的边际收益不可能无限增长，否则就会导致全部由私人部门参与是最优选择这一结论，显然与事实不符。实际上，私人部门的参与具有限制的，因为在基础设施的建设中，总有一些风险是私人部门无法承担的，这部分风险由公共部门承担才最优，因此如果私人部门承担了这部分风险，其边际收益会下降。因此 MB 曲线是一条倒 U 型曲线。

根据 MC 线和 MB 线，可以推导出本图下方的内容。图的下半部分只讨论公共部门的成本情况。根据假设三，公共部门估计的基础设施预估费用为 TC_0，但这一成本常常被低估了。如果加上被低估的成本（包括乐观偏好、估计误差、后续经营风险的补充投资等），假设合理的费用线为 TC_1，而 TCp 线是公共部门实际支付的费用曲线。

在 OQ_1 阶段，由于私人部门刚开始参与或参与程度很低，其索要了风险溢价导致边际成本提升，而公共部门风险转移并没有给公共部门带来边际成本的下降（由于公共部门不需要风险溢价），因此在这一阶段总成本是上升的，同时由于边际收益上升得较慢，不足以覆盖边际成本的上升，因此在这一阶段公共部门的支出实际上增加了（支付给私人部门的风险溢价减去私人部门带来的效率提升收益后为正）。因此如果将私人资本参与的水平定在 Q_1，则实际上增加了公共部门的负担。

在 Q_1 到 Q_2 阶段，增加私人部门参与带来的边际收益大于公共部门为私人部门支付风险溢价而导致的边际成本，即会存在净边际收益。尽管这一净边际收益由私人部门和公共部门共享，但一般来说总会有一部分分配到公共部门，从而导致公共部门所需要支付的总费用与 Q_1 相比有所下降。

在 Q_2 的右侧，如果私人部门参与 PPP 项目的程度继续加深，直到承担了原本应该由公共部门承担的职责和风险，则边际收益会降低到边际成本之下，也就意味着净边际收益为负，则公共部门也会承担一部分费用，导致 TCp 线上升。因此，只有在 Q_2，公共部门所需要付出的基础设施建设费用最低，我们假设为 TC。

在这样的情况下，由于 $TC<TC_1$，因此私人部门对基础设施建设的参与为公共部门带来了额外的资金节约的资金，这一节约，实际上是对私人部门由于效率提升所带来的收益的分享。这也可以看作是私人部门参与基础设施建设所带来的社会效益。

但是我们也应该注意到，这一分析是在一个相对理想的状态下进行的，前面的四个假设尽管相对合理，但依然可能存在一些异常的情况。从图 6-1 的分析来看，PPP 项目之所以能够成立，是因为最优的 TC 值会落

在 TC_1 的下面，即带来公共部门资金的节约，但是这个结论不一定在任何条件下都成立。

从图 6-2 可以看到，如果 MB 线和 MC 线出现移动，比如 MB 线下移到 MB'，同时 MC 曲线左移到 MC'，则新的均衡点 Q_2' 对应的公共部门最低费用 TC' 可能会高于私人部门不参与时的 TC_1。

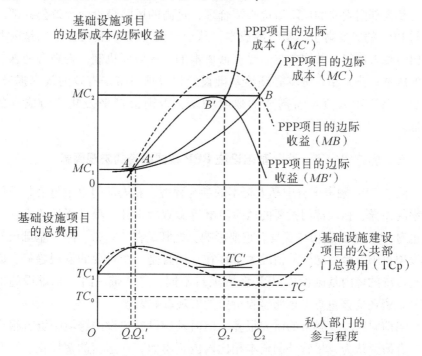

图 6-2 不同假设下基础设施 PPP 项目中私人资本参与对公共部门成本的影响

出现这种情况一般有两类原因。一是 MC 线的左移，即边际成本的大幅度增加，可能原因包括私人部门要求更高的风险溢价、私人部门和公共部门存在协作问题导致费用增加等。二是 MB 线的下移，即边际收益的增加并不明显，主要原因可能是私人部门和公共部门的效率差异并不大，私人部门的参与无法带来明显的效率提升和收益增加。在图 6-2 的情况下，私人部门参与 PPP 项目无法成功。

从前面的分析可以得到如下几个比较明显的结论：

第一，私人资本可以通过 PPP 模式参与基础设施建设，私人资本的参与可以为私人资本带来风险溢酬，同时也能为公共部门带来资金节约。

第二，私人资本参与能为自身和公共部门带来收益的原理是私人资本与公共部门存在效率差异。私人部门参与带来基础设施建设项目的效率提升，从而带来收益，并将该收益在私人部门和公共部门中进行分配。

第三，私人资本通过 PPP 模式参与基础设施建设存在程度上的最优选择，私人资本过多或过少地参与项目都可能带来对公共部门成本的增加。

第四，私人资本参与 PPP 项目并不能总是成功，有多个方面的因素，一是私人部门索要的风险溢价必须合理，过高的风险溢价会导致公共部门参与 PPP 的成本高于不参与的成本，从而导致 PPP 项目失败；二是公共部门与私人部门的共同参与需要有低成本的有效协同机制，否则会增加额外的成本；三是私人资本必须给基础设施建设项目带来有效的效率提升，至少要高于私人资本所需要的风险溢酬，否则会带来公共部门成本的增加。

三、影响"一带一路"基础设施 PPP 模式融资的宏观因素

除了 PPP 融资项目中私人资本的参与程度、私人部门效率与公共部门效率的差异、私人部门索要的风险溢酬等微观因素外，项目所处的宏观环境也对 PPP 融资成功与否具有重要影响。尤其是在"一带一路"基础设施建设项目中，跨境融资的情况大量存在，而且是一个重要的发展趋势。因此与传统的境内基础设施 PPP 融资项目不同，"一带一路"基础设施的 PPP 融资还应该重点考虑跨境投融资的宏观影响因素。

当前对跨境投融资的研究很多，但对基础设施建设的跨境融资就很少了。有研究认为，尽管外国资本相比国内资本而言在运营的多样化、承受风险等方面可能存在更大的优势，但基础设施的合作方政府不受违约所带来的法律成本和声誉损失的制约，导致外国企业更难参与基础设施建设。具体的宏观影响因素主要包括政治风险、外商所有权份额、东道国利益威胁等。可以明显看出，与传统的境内基础设施 PPP 项目不同，有境外资本参与的跨境基础设施投资的主要影响因素是政治和政策层面的因素。

在 2012 年亚洲开发银行的一项研究中，亚开行分四个方面总结了影响跨境基础设施投融资的因素，是比较系统和全面的。详情见表6-2。

表 6-2 跨境基础设施投融资的影响因素

影响因素类别	跨境基础设施投融资的具体因素
基础设施建设项目的因素	项目规模、技术难度、研发强度、项目持续时间、收回投资所需预期时间等
外部政治或制度因素	基础设施招标程序的透明程度、现有国营基础设施企业的竞争、政府换届带来的承诺无法履行、政府的选择性执法、政府腐败指数、政府稳定程度、法制指数等（对于跨境基础设施，涉及的所有国家的这些因素都要考虑）
外部经济或金融因素	有关的收入增长率、汇率变动、税收政策、贸易保护、贸易额、当前和预期通货膨胀率、外债程度等
协调因素	法律和社会习俗的差异、公民社会群体的差异、政府之间的协调、各参与方和国家收益的平衡

这一分类较为系统地对影响跨境基础设施投融资的因素进行了定性描述。第一类因素是与基础设施投资项目相关的因素，主要是内部因素，包括基础设施建设项目的规模、项目的技术难度、项目的研发难度、项目持续周期、收回投资的预期时间等。这一类因素需要私人资本去进行评估，同时要匹配自身的能力，对投资企业而言具有一定的难度。一般来说，投资回收期短的项目往往风险更小，更受到外国投资者的欢迎；同时外国投资者的比较优势越明显的项目，越受欢迎。在基础设施建设领域，中国的许多企业都拥有丰富的经验，能够极大地降低项目的技术难度和研发难度，在对跨境基础设施 FDI 方面存在优势。

第二类因素主要是外部因素，包括外部政治和金融因素。外部政治因素是 FDI 经常讨论的，包括东道国政治的稳定性、腐败程度、制度的透明度、法治指数等。但基础设施建设项目与其他的外商直接投资（Foreign Direct Investment，FDI）项目有一个显著的不同，外资进入基础设施项目后，其竞争对手往往是东道国的国有企业，而东道国国有企业常常在政府关系、当地法律等方面更占优势，这一因素对跨境基础设施的 FDI 影响更加明显。外部金融因素也是一些比较常见的指标，主要包括税收变化、汇率变化、贸易保护政策、政府的外债程度等。与一般 FDI 项目有显著差异的是，跨境基础设施 FDI 项目往往期限较长，因此在较长时间内的汇率风险往往要大于普通的 FDI 项目；同时政府的外债程度对普通的 FDI 项目影响很少或几乎没有影响，但对基础设施建设的影响较大。

第三类因素是与协调有关的因素，在境内的私人资本投资中也会存在这些问题，如跨文化管理、法律与社会习俗的差异等。但在跨境基础设施的投融资中还存在更加特别的影响因素，基础设施建设基本上都涉及政府层面（国家政府或次一级区域政府），因此"一带一路"领域的跨境基础设施建设往往可能会涉及多个政府层面的协调，包括设计、建设和运营方面的协调，更重要的是利益分配方面的协调，这也导致跨境基础设施建设投融资的难度更大。

除了以上三类比较显著的影响因素外，常常还有一些因素也会影响到跨境基础设施投融资，譬如与东道国的邻国有关。例如，美国跨国公司一直在爱尔兰投资，部分原因是它们可以通过爱尔兰进入法国、德国和英国等爱尔兰的邻国经济体。在"一带一路"区域也可能出现这样的情况，即通过跨境基础设施建设联系多个国家，成为私人资本进行投融资的动力。

但总的来说，跨境基础设施投融资的宏观影响因素很多，除了常见的汇率、利率等金融因素，设计、建筑和运营的市场因素，文化、习俗等跨文化因素外，还需要考虑更为重要的政治因素、政府治理因素、法治因素。同时更加复杂的是，跨境基础设施投融资往往并不只涉及一个国家，也就意味着私人资本往往需要协调多个国家的这些全部的因素，使私人资本参与基础设施投融资的门槛变得比较高。但 PPP 模式由于存在政府参与，对这些宏观风险能够进行较为有效的分摊。

第二节 "一带一路"基础设施建设吸引私人资本的宏观环境

在本书的第三章利用世界银行 PPI 数据库对"一带一路"基础设施建设中的私人资本融资进行了定性描述，从历史数据和融资结果的视角对"一带一路"基础设施建设的私人融资情况进行了描述。通过本章的论述不难看出，无论是通过 FDI，还是通过 PPP 模式，私人资本确实应该成为"一带一路"基础设施建设资金的重要来源。但私人资本的参与不会总是有效，从 FDI 投入到基础设施来看，涉及四类影响因素，从 PPP 模式的参与来看，也涉及参与程度、风险溢价确定、效率提升等多方面因素的制约。其中最重要的是影响私人资本进入的政策与环境因素。因此，我们需要进一步从现实的角度来探讨当前吸引"一带一路"基础设施融资的政策与环境因素。

在当前"一带一路"基础设施的私人资本参与中，存在两个较为明显的特点。一是私人资本参与有限。迄今为止，"一带一路"的许多基础设施建设由中国的国有银行和国有企业推进，私营部门的参与有限。国务院国资委的数据显示，截至 2018 年年底中国国有企业已经参与了 3 116 项"一带一路"项目。正在建设或者规划中基础设施项目中，央企占比为50%，在这些项目合同金额中的占比为 70%。迄今为止，中国的国有银行（包括政策性银行和国有商业性银行），在大多数"一带一路"相关项目的融资活动中发挥着主导作用。同时还可以看出，中国提供资金的项目合同有很多都给了中国国有企业。二是私人资本参与存在区域差异。在世界银行的统计中，2018 年，东欧和中亚基础设施投资中，私营资本的比例为70%，东亚太平洋地区的私营资本比例仅为 55%。其余资金来自政府或国有银行、援助机构以及多边发展银行。

一、"一带一路"基础设施融资的投资保护政策

从上一节的分析来看，私人资本无论是通过 FDI，还是通过 PPP 模式参与基础设施建设，政策环境对私人资本的影响都是巨大的。对于私人资本来说，东道国对私人资本投资的保护政策是重要的外部制度因素，直接影响着私人资本的投融资决策。

尤其是对于基础设施来说，基础设施项目往往具有规模大、资本密集、开发周期长等特点，从而给投资者带来了高风险，投资者也极易受到政治和监管环境变化的影响，这些变化有可能降低利润率。投资者需要与国家法律法规、法律传统、效率与能力各不相同的法院系统打交道。这就要求"一带一路"各国需要通过单边和协调的改革行动加强对投资的法律保护。

对私人投资者提供保护有两方面的措施，即通过国内投资法和国际投资协议来提供保护，并围绕这两类形成一系列的投资保护规章，主要用来解决私人投资者的两方面顾虑：政府是否会随意干涉企业的经营行为，以及政府违背义务时的争端解决机制。根据这一分析框架，克尔（Kher）和德兰（Tran）分析了"一带一路"沿线 21 个主要经济体的投资者保护法律和协议，其中包括 17 项国内投资法和 648 项国际投资协议（包括 616 项双边投资条约和 32 项包含投资章节的协议），并对这些国家的私人投资保

护力度进行了打分（见图6-3）。总的来看，"一带一路"沿线国家的私人投资保护政策水平和力度都不高①。

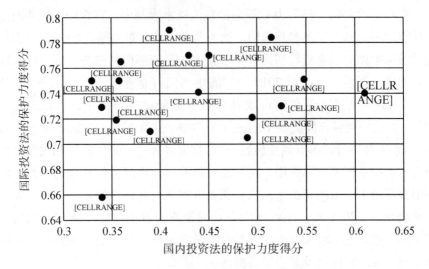

图6-3　部分"一带一路"国家国内投资法与国际投资协议的保护力度

除了私人投资者保护的法律和协定本身，法律的执行程度也非常重要。如果相关法律得不到有效执行，法律与协定本身也就对私人投资者没有意义。在当前的研究中，基础设施领域私人投资与政府的争端大多发生在电力、燃气、蒸汽动力、空调供应及其子行业，原油与天然气开采及其子行业，大多数的争端原因是违反核心保护标准。在公开披露的案件中，大多数投资者胜诉的案件都基于政府违反公平和公正待遇的指控，其次是间接征用指控（参见 Kher 和 Tran 的研究）。

在联合国贸易和发展会议投资争端解决数据库中，记录了从1987年至2019年通过联合国贸发会议投资争端解决机制解决纠纷的983个案例，其中涉及"一带一路"的有分布在56个国家的共计500个，占比超过一半（见图6-4）。

　　① KHER P, TRAN T. Investment protection along the belt & road [R]. MTI Global Practice Discussion Paper 12, World Bank, Washington, DC, 2018.

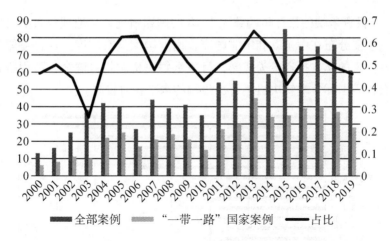

图 6-4 涉及"一带一路"投资者与国家争端案例数（2000—2019 年）

资料来源：联合国贸易和发展会议投资争端解决数据库。

从争端解决的情况来看（见表 6-3），在"一带一路"沿线国家的投资者与国家（政府）的投资争端中，在同样的时间内，有 61% 能够通过联合国贸发会议的争端解决机制来解决，高于全部案例 58% 的解决比例。在已经解决的案例中，涉及"一带一路"的投资者与国家（政府）的投资争端中，得到和解的比例与全球水平相比基本相当（22% 和 24%，比全球水平低 2 个百分点），但投资者胜诉的比例高于全球水平 11 个百分点，达到 44%。

表 6-3 "一带一路"沿线国家（政府）与投资者争端案的解决结果对比

结果	全部案例	"一带一路"国家案例
和解	139	69
中立	14	10
投资者胜诉	191	135
国家（政府）胜诉	230	91
未解决	331	159
撤诉或取消	74	33
数据不可用	4	319
合计	983	500

资料来源：根据联合国贸易和发展会议投资争端解决数据库计算

从国家层面来看，图 6-5 描述了涉及"一带一路"的投资者与国家

（政府）投资争端的累计争端数大于10的国家情况，从地理分布上可以看出，其主要分布在中东欧和中亚国家，南亚国家只有印度。这也可能是因为这些国家的私人投资较为成熟，且争端解决机制相对健全，利用联合国贸发会议等国际争端解决机制解决争端的水平相对较高。

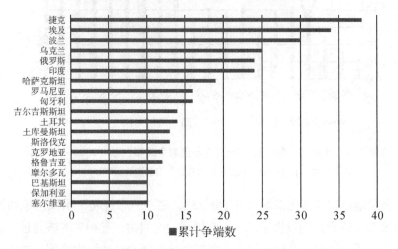

图6-5　涉及"一带一路"累计投资争端案件数（按国家）

资料来源：根据联合国贸易和发展会议投资争端解决数据库计算。

　　Kher 和 Tran 在研究中为了避免因投资数额对投资争端的影响而产生的偏差，进一步汇报了涉及"一带一路"的相关国家每十亿美元 FDI 的投资争端案件数，见图6-6。和前面的分析结果类似，在中亚和中东欧的分布较多（Kher 和 Tran 的研究只选取了 17 个样本，没有覆盖全部涉及"一带一路"的国家）。

　　从当前的情况来看，"一带一路"沿线国家国内投资法和国际投资协议对私人资本参与基础设施建设的保护力度还不够；利用国际投资争端的解决机制可以解决一定的投资争端问题，但解决的比例不够高，投资者胜诉的比例也不到50%。但近年来已经开始着手解决这一问题，如中国设立了两家专门处理与"一带一路"倡议相关的商业争端的国际商事法院，国际商事专家委员会有望为相关调解、仲裁和诉讼提供专业知识。其他国家也在考虑各种争端解决方案。如设立在拉合尔的国际投资与商事仲裁中心和杭州仲裁委员会签署了谅解备忘录，作为中国—巴基斯坦经济走廊争端的仲裁中心。同样，成立于2015年的中非联合仲裁中心旨在解决中非实体间的投资纠纷等。

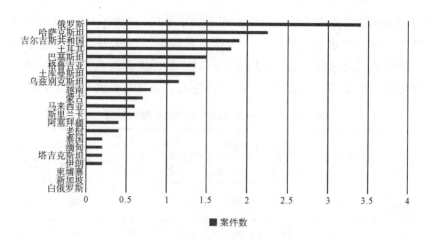

图 6-6 21 个"一带一路"沿线经济体的投资者
与国家争端案例（每十亿美元 FDI 的案件）

资料来源：KHER P，TRAN T. Investment protection along the belt & road［R］. MTI
Global Practice Discussion Paper 12，World Bank，Washington，DC，2018.

二、"一带一路"基础设施融资的政府合作环境

私人资本面对的营商环境，尤其是与政府合作的相关环境也是影响基础设施融资的重要因素。"一带一路"沿线国家为私人资本提供的营商环境异质性较强，要吸引私人资本的进入，营商环境的改善是一个非常重要的方面。

世界银行每年发布的《营商环境报告》为评估私人资本进入世界各国开办企业提供了一个量化的参考。在最新的《营商环境报告 2020》中，世界银行提供了一个新的考察类别：与政府签约（Contracting with the Government），通过问卷调查的方式对 190 个经济体中私人企业参与政府合同的情况进行了调查，调查内容涵盖私人公司实施的政府项目生命周期的五个主要阶段：预算和需求评估、项目招投标、开标、评估和签订合同、合同管理及付款。政府采购基本上集中在基础设施领域，因此可以用这一项调查来衡量私人资本与政府合作时面临的环境。

该项调查的第一类指标是私人资本参与政府购买时面临的步骤与时间，越繁琐的步骤和越长的时间无疑会加大私人资本的进入难度。从表 6-4 可以看出，涉及"一带一路"的经济体在私人资本与政府合作时所需要花费的

步骤和时间的整体水平是略优于全球平均水平的，完成一个项目所需要的步骤与全球平均水平一致，但一个项目耗费的总时间要低于全球平均水平。但如果以全球最佳水平来衡量，在这一指标方面涉及"一带一路"的经济体的水平仅为全球最佳水平的40%左右，还具有较大的提升空间。

表6-4　私人资本与政府合作的步骤与时间

项目	样本量	竞标阶段的总步骤	竞标阶段的总时间	合同管理的总步骤	合同管理的总时间	项目总步骤	项目总时间
"一带一路"经济体	60[1]	10	317	8	365	18	681
全球	202[2]	10	340	8	401	18	741
最优值[3]	—	7	158	5	140	12	270

资料来源：世界银行《营商环境报告》调查数据① https://www.doingbusiness.org/content/dam/doingBusiness/excel/db2020/DB2020_CwG_Data.xlsx

第二类指标集中在私人资本与政府合作时的法律框架上，此处非常详尽地通过问卷调查来描述了不同国家在政府采购领域的法律框架，也可以从中看出这些国家在与私人资本合作时的法律规范程度。这一部分的问题均采用定性描述，根据本书的研究目的，选择一部分相关指标进行分析（见表6-5）。

表6-5　关于企业参与政府合作的调查结果（节选）

指标	选项	涉及"一带一路"的经济体		全球	
		国家数	占比	国家数	占比
政府采购方法	默认公开采购	13	21.67%	41	20.30%
	大部分为公开采购	18	30.00%	45	22.28%
	其他	27	45.00%	113	55.94%
	未明确	2	3.33%	3	1.49%

---

① 注：调查样本中涵盖了60个涉及"一带一路"的经济体，部分国家有多个样本采集点（如印度包括新德里和孟买），统计时选择了首都作为代表。全球共有202个样本，其中存在一个国家多个样本点的情况。剔除了个别因为特殊原因导致的极端值。

表6-5(续)

指标	选项	涉及"一带一路"的经济体		全球	
		国家数	占比	国家数	占比
政府采购是否有法律规定	是	43	71.67%	151	74.75%
	否	16	26.67%	49	24.26%
	未明确	1	1.67%	2	0.99%
私营企业对投标有异议时,是否有自动暂停机制	是	30	50.00%	93	46.04%
	否,必须经过投诉	9	15.00%	80	39.60%
	否	19	31.67%	26	12.87%
	未明确	2	3.33%	3	1.49%
政府评估委员会组成的法律规定(在人数、任命过程、成员的专业性要求等方面是否有法律规定)	完全无规定	8	13.33%	67	33.17%
	仅其中一项有规定	15	25.00%	34	16.83%
	仅其中两项有规定	17	28.33%	42	20.79%
	三项均有规定	19	31.67%	58	28.71%
	未明确	1	1.67%	1	0.50%
对政府员工是否有相关行为准则或道德规范的要求	有	15	25.00%	63	31.19%
	没有	42	70.00%	135	66.83%
	未明确	3	5.00%	4	1.98%
是否需要企业的履约保证金	是	38	63.33%	136	67.33%
	否	20	33.33%	63	31.19%
	未明确	2	3.33%	3	1.49%
对政府依法按时付款的法律规定	是	34	56.67%	128	63.37%
	否	24	40.00%	71	35.15%
	未明确	2	3.33%	3	1.49%
对政府未按期付款,是否有法律支持索要利息	是	39	65.00%	144	71.29%
	否	19	31.67%	55	27.23%
	未明确	2	3.33%	3	1.49%

资料来源:同表6-3,世界银行《营商环境报告》调查数据。

从表6-5中可以看到,在与政府的合作中,涉及"一带一路"的经济体在某些指标上低于全球平均水平，尤其是在对政府的履约要求方面还不够严格，有 40% 的国家没有要求政府按时付款的法律规定，有 32% 的国家对政府未按期付款没有追索利息的法律保障；有 70% 的国家对政府员工没有明确的行为准则或道德规范的要求；有 45% 的国家没有公开采购的机制。这些都较为明显地反映出在私人资本参与"一带一路"基础设施建设时存在的障碍。

第三类调查的因素是政府的电子化水平，在调查的涉及"一带一路"的经济体中，60 个国家均有电子化采购平台，但使用效率不同。其中有 31 个国家有超过 75% 的项目使用电子平台，11 个国家有 50%~75% 的项目使用电子平台，7 个国家有 25%~50% 的项目使用电子平台，也有 11 个国家使用电子平台的项目占比低于 25%。而且电子平台的功能丰富程度各不相同，问卷设计了对 36 个常用功能的调查，其中最多的国家其电子平台能够实现 27 个功能。能实现 20 个以上功能的国家有 6 个，能实现 10~20 个功能的国家有 17 个；只有 10 个以下功能的国家有 32 个；另还有 5 个国家的电子平台没能实现任何功能。最常能够实现的功能只有访问招标文件和访问通知。

从这一类问卷调查也可以看出，"一带一路"沿线国家其政府开展公私合作的电子化水平还相对较低，对私营资本参与投资的便利性提供不足。

三、"一带一路"基础设施融资的整体营商环境

我们可以进一步从世界银行的历年《营商环境报告》来分析"一带一路"沿线国家开展基础设施投融资的营商环境。世界银行《营商环境报告》从开办企业、处理施工许可、获取电力、登记财产、获取信贷、保护中小投资者、纳税、跨境贸易、执行合同和破产十个方面定量描述了世界各个经济体的发展水平，为投资者提供参考。尽管这一报告并不是完全针对基础设施建设的私人资本融资，但从其报告编制过程和具体的得分明细来看，对私人资本参与的环境因素有着重要的参考价值（见表 6-6）。

表6-6　"一带一路"沿线国家营商环境得分对比（2010和2020年）

项目	涉及"一带一路"的经济体		全球		高收入国家		中高收入国家		中低收入国家		低收入国家	
年度	2020	2010	2020	2010	2020	2010	2020	2010	2020	2010	2020	2010
样本量	63	56	213	183	63	55	63	54	57	46	30	28
总得分	68.6	61.39	63.63	58.59	74.51	71.35	64.99	60.07	58.55	51.2	47.56	42.81
总得分标准差	11.5	9.47	13.71	12.88	8.17	8.45	12.16	7.52	9.69	7.57	12.38	8.99
开办企业	86.9	78.42	84.6	72.72	90.15	84.31	83.98	76.91	82.41	65.77	78.38	53.28
获得施工许可	68.3	58.7	66.49	59.46	74.85	70.67	67.92	58.37	65.64	56.14	47.56	44.97
获取电力	75.1	68.4	70.33	67.01	84.81	80.39	74.39	69.45	65.18	60.58	41.19	46.63
登记财产	70.2	70.18	61.84	61.88	72.78	71.02	63.19	64.22	53.41	54.65	52.07	51.28
获取信贷	63	54.91	55.94	49.76	60	64.77	58.1	54.51	57.98	41.44	39	24.78
保护中小投资者	60.8	51.59	53.25	50.33	63.23	58.76	54.6	51.53	50.81	46.73	34.07	37.22
纳税	75.6	67.75	69.12	64.69	81.9	78.39	68.08	63.64	63.95	56.72	54.28	52.93
跨境贸易	76.9	62.55	71.22	63.86	87.08	82.35	73.37	64.92	62.42	55.25	50.12	39.68
执行合同	59.3	59.22	56.53	56.13	65.04	64.54	60.23	57.63	47.21	49.38	48.62	47.82
破产	50.2	42.3	46.97	40.4	65.3	58.77	46.07	38.83	36.49	27.89	30.28	27.89

数据来源：根据世界银行营商环境报告历史数据计算。

从 2020 年的营商环境数据可以看出，当前"一带一路"沿线国家的营商环境略高于全球平均水平，但距高收入国家的水平还有一些差距，不过总体来看，"一带一路"沿线国家的营商水平已经高于中高收入国家，在"获取信贷"方面的水平甚至高于了高收入国家的均值。从总得分的标准差来看，"一带一路"沿线国家得分差异小于全球，但较为明显的大于高收入国家。因此总体上可以得出这样的判断，"一带一路"沿线国家的总体营商环境水平处于中高收入国家和高收入国家水平之间。

为了了解"一带一路"沿线国家营商环境的变化趋势，可以将 2010 年的营商环境历史数据用来进行对比。可以看出，近十年来涉及"一带一路"的经济体的营商环境进步迅速，增幅不但高于全球平均增幅，同时还高于按收入分组的其他组别，可以看作是全球营商环境改善最为迅速的一个区域。但在财产登记、执行合同等领域的改善还不明显。

总的来看，从营商环境指标的角度，当前"一带一路"区域的营商环境处于全球平均水平之上，也处于中高收入国家平均水平之上，对吸引私人资本参与基础设施建设投资奠定了良好的基础。

四、"一带一路"基础设施融资的经济金融环境

营商环境反映的是私人资本进入东道国基础设施建设领域的难度和在企业经营中所面临的风险。根据上一节的分析，东道国的宏观经济金融环境同样也对私人资本的进入有重大影响。一方面，经济越活跃的地区，对基础设施的需求越强烈，基础设施建设带来的收益相对更大，对私营资本获取收益越有利；同时，经济越活跃的地区，往往商品市场和资本市场越发达，对私营资本承担基础设施建设、运营更加有利；再则，对于跨境基础设施投融资来说，汇率和利率的稳定也是私营资本能够获取收益、规避风险的重要因素；此外，东道国政府外债水平越合理，与私营资本产生违约纠纷的可能性也会越低。因此，还应该进一步考察"一带一路"基础设施融资的经济和金融环境。

世界经济论坛（WEF）每年发布的《全球竞争力报告》（*The Global Competitiveness Report*）从制度、基础设施、ICT 的采用、宏观经济稳定、健康、技能、产品市场、劳动力市场、金融系统、市场规模、商业活力和创新能力等方面来衡量一个国家的全球竞争力。其中的许多指标能够较好地描述私营资本参与该国基础设施建设融资所面临的经济与金融环境。

最新的全球竞争力报告为 2019 年版，在最新版的摘要中也同样从全球竞争力的角度提出了基础设施融资的重要性。金融危机以来，世界各国都通过宽松的货币政策刺激经济，对货币政策的依赖和较高的公共外债对经济可持续发展的作用并不明显。WEF 提出，优先刺激基础设施、人力资本和研发，用能提高生产力的投资配合财政政策，加上结构性改革，才应该是当前发展的方向。

表 6-7　"一带一路"沿线国家的全球竞争力（2020 年）

指标	涉及"一带一路"的经济体	全球平均	高收入国家	中高收入国家	中低收入国家	低收入国家
全球竞争力	62.24	60.64	72.78	59.79	51.95	43.74
政府机构	55.27	55.07	66.50	51.79	47.25	43.55
基础设施	70.00	65.40	80.81	65.90	54.51	40.54
通信设施覆盖	60.04	55.33	73.61	55.91	42.80	25.24
宏观经济稳定	80.89	80.08	94.56	75.70	70.95	64.62
健康	78.30	75.41	90.42	78.91	62.20	49.56
人才	64.56	61.26	74.83	62.56	50.63	39.45
产品市场	55.89	55.26	62.51	53.19	50.35	47.83
劳动力市场	60.42	59.98	66.88	58.60	55.01	52.21
金融系统	61.49	62.44	74.39	61.15	53.31	47.70
市场规模	57.53	54.50	60.61	56.64	51.20	39.06
商业活力	60.85	59.96	68.81	58.88	53.76	48.31
创新能力	41.69	42.98	59.43	38.27	31.42	26.86

数据来源：世界经济论坛数据。

从整体的竞争力来看，涉及"一带一路"的经济体水平高于全球平均水平和中高收入国家水平，低于高收入国家水平。这与上一节通过营商环境指标得出的结论类似。在分类指标中，有几个值得关注的数据。一是"一带一路"沿线国家的创新能力还不足，是唯一低于全球平均水平的指标；二是在宏观经济稳定方面与高收入国家差异较大，是得分差异最大的指标；三是在市场指标上，包括市场规模、产品市场和劳动力市场方面，都与高收入国家的差异不大，总体来看具有比较优势。因此从全球竞争力的角度来看，"一带一路"沿线国家吸引私人投资参与基础设施建设具有较好的宏观经济和金融环境，但在宏观经济稳定方面还有一些差距。这些差距可以通过如下的一些与私人资本参与基础设施融资关系更加密切的指标来进一步分析。

表6-8 "一带一路"沿线国家与基础设施私人
融资影响相关的指标得分（2020年）

指标	指标分数说明	涉及"一带一路"的经济体	全球
司法独立	1~7（best）	3.82	3.90
腐败	0~100（best）	42.77	46.06
政府确保政策稳定	1~7（best）	3.88	4.00
政府对变化的反应	1~7（best）	3.82	3.71
政府长远眼光	1~7（best）	3.89	3.84
有组织犯罪	1~7（best）	4.81	4.61
通货膨胀	%	4.34	4.49
政府债务占GDP的比重	% GDP	53.46	57.39
国家债券评级	1~4（best）	2.80	2.82
税收和补贴对竞争的扭曲作用	1~7（best）	3.90	3.82
市场竞争程度	1~7（best）	3.84	3.82
对私营部门的国内信贷	% GDP	64.62	63.92
银行的健全性	1~7（best）	4.76	4.86
劳资关系合作	1~7（best）	4.54	4.49
轻松雇用外国劳动力	1~7（best）	4.09	4.13
多方利益相关者协作	1~7（best）	3.83	3.83

数据来源：同表6-6

从《全球竞争力报告2020》的116个指标中，根据上一节的分析结果，可以选出表6-7中的16个指标来分析涉及"一带一路"的经济体中进行基础设施建设私人融资可能受到的影响。第一部分是政府的稳定性，由于基础设施基本上都是和政府合作，因此政府的稳定性、政策的稳定性、政府的腐败情况、政府应对变化的妥善反应和政府的长远眼光都十分重要；第二个部分是宏观政治经济环境的稳定性，包括当地的犯罪情况、通货膨胀、政府外债、对政府债券的评级、银行金融行业的支持等；第三个部分是宏观市场的情况，包括市场竞争程度如何，市场是否存在较大程度的因政府行为造成的扭曲；第四个部分是相关利益方的合作情况，包括劳资关系、劳动力获取和相关利益方的协调等。

与前面针对整体营商环境和国家竞争力的分析结果不同，如果将分析指标限定在与基础设施私人资本参与密切相关的这 16 个指标上，可以明显看出，涉及"一带一路"的经济体表现出明显的下降趋势，其平均指标甚至有许多低于全球平均水平（前面针对整体营商环境和国家竞争力的分析来看，是较大程度高于全球平均水平的）。尤其是在第一类指标，腐败、司法独立和政府的稳定性等方面，要明显低于全球平均水平；宏观经济指标略好于全球平均水平，但在银行的健全性、雇佣外国劳动力等方面还是略低于全球平均水平。从这一分析可以看出，当前制约私人资本参与基础设施的主要影响因素不是经济因素，而是政府和政策因素。

第三节　基础设施融资体系中私人资本融资的收益与风险

在基础设施融资体系中，私人资本融资与开发性金融融资同样面临着风险，但与开发性金融融资不同的是，私人资本更强调收益，因此收益的风险是私人资本融资风险中的重要部分。同时由于私人资本本身的特点，其所面临的重点风险与开发性金融也有所区别。因此本节分析了两个内容，一是"一带一路"基础设施融资体系中，私人资本融资的收益来源和收入情况如何，以及存在什么样的收益风险，这关系着私人资本参与基础设施融资的动力；二是"一带一路"基础设施融资体系中私人资本所面临的风险。当前，开发性金融所面临的国家债务风险、政治环境风险、宗教文化风险和汇率风险私人资本也同样有所涉及，此处不再重复，主要讨论与私人资本融资特点相关的其他风险。

一、私人资本参与基础设施融资的收益

当前私人资本参与"一带一路"基础设施建设的收益和回报到底如何？由于基础设施建设的周期很长，大多数项目还没有到运营阶段，还没有取得稳定可靠的回报，因此此类数据很少。但已有的一些零星的研究可以说明"一带一路"基础设施建设的私人资本融资可以取得可靠回报。如世界银行 2019 年对中国高铁的研究认为，在中国投资高铁的经济回报率为

8%，是世界最高的；同时，世界银行和全球减灾与恢复基金（GFDRR）在 2019 年的报告《生命线：基础设施机遇》中也指出，在低收入和中等收入国家投资建设更有韧性的基础设施（指更能够满足用户需求，抵御自然灾害的基础设施），其平均净收益为 4.2 万亿美元，相当于一美元的投资收益为四美元。

私人资本参与基础设施建设的回报从何而来呢？在中国的《政府与社会资本合作模式操作指南（试行）》中对社会资本参与的投资回报进行了规范，指出"社会资本取得投资回报的资金来源主要包括使用者付费、可行性缺口补助和政府付费等支付方式"，同时在《政府和社会资本合作项目财政承受能力论证指引》中指出"PPP 项目的合理利润率应该以商业银行中长期贷款利率水平为基准，充分考虑可用性付费、使用量付费、绩效付费等不同场景，并综合风险等因素来确定"。在其他的私人资本参与比较成熟的国家，也大多采用了使用者付费加政府补贴的回报方式，如英国的私人融资计划中的私人投资回报由固定支付和业绩支付构成，同时还会因通货膨胀率的影响而进行调整[①]；法国则根据私人资本参与的公共产品价格、银行利率和通货膨胀率来确定私人资本回报；南非在交通运输基础设施建设领域的私人投资回报主要由使用者付费和政府补贴构成[②]。

在中国的基础设施建设实践中，私人资本参与基础设施的回报还有另一种独具特色的来源，即因基础设施改善而带来的周边区域商业升值。结合前面两种来源，接下来进行逐一讨论。

（一）使用者付费

使用者付费是基础设施产生回报的重要方式，尤其是能源、交通、通信等基础设施，已经形成了较为完善的使用者付费制度体系。使用者付费能够成功有效运行也依赖于一些条件，一是基础设施要具有排他性和竞争性，不能是纯公共产品，否则在条件上就不可行；二是使用者付费需要运营方监管，付出的监管成本不能过高。过高的监管成本会拉低使用者付费所带来的利润率，从而使使用者付费失去产生回报的作用；三是使用者付费要具有一个稳定的市场，如果在这一市场出现较大的经济波动、恶性竞争等情况，也会导致使用者付费渠道的失效。使用者付费的"使用者"可

---

① 谢宗博. 英国 PPP 模式应用的经验和启示 [J]. 中国财政, 2016 (11)：12-16.

② 王江楠. PPP 项目私人投资者合理回报及其匹配财政政策研究 [J]. 统计与决策, 2018, 34 (8)：160-164.

以是私人部门，也可以是公共部门。

（二）政府支付

政府支付的方式有很多，包括政府补贴和第二章第二节中讨论过的可行性缺口补助等方式。总的来说，政府支付的动力是来源于因基础设施改善而带来的财政收入的增加，若基础设施的运营对政府起不到经济效用或政治效用，则政府不会运用财政资金进行支付。

政府补贴一般可以采用最低收益保证、固定支付、通货膨胀补贴等方式进行，主要用于调整由市场风险、通货膨胀等原因给投资基础设施的私人资本带来的损失，以及弥补使用者付费不足带来的差额。

可行性缺口补助也是普遍采用的增强基础设施私人融资可行性的方式，可行性缺口补助可以采取预付资本、债务准备、项目运营期间补贴的支付和针对特定交易风险的担保等形式。在具体的政策上，其设定了出资"上限"，要求在付款前全额支付私人股本和债务，并在项目委托时直接向项目贷款人付款。

（三）基础设施周边溢价

使用者付费和政府支付都是作用于基础设施项目本身的，但在中国的私人资本参与基础设施建设中，出现了一类新的收益模式，即由于基础设施建设产生的周边溢价，由政府许可相关私人资本优先或免费获取周边土地或其他资源，从而获得这一溢价，为私人资本带来回报。如通过修建大型机场、车站等交流枢纽带来周边经济的发展和土地价值提升，允许私人资本在这一区域优先开发从而获得溢价回报；通过修建地铁等交通基础设施带来沿线土地和房地产价格升高，并允许私人资本从中获取溢价收益等。

二、私人资本参与基础设施融资的风险

私人资本参与基础设施融资同样具有风险。由于与开发性金融的"保本微利"不同，也与开发性金融本身实力更为强大、具有政府信用背景、与各国政府具有良好的合作经验不同，私人资本融资追求回报率，同时往往自身实力弱于开发性金融机构，抵御风险的能力更弱。由于私人资本三个类型的回报也受到众多因素的影响，因此私人资本参与基础设施的主要风险与开发性金融参与的风险有很多不同。这里主要讨论与私人资本融资风险密切相关的内容。

（一）案例视角的私人资本参与风险

1995 年至 2020 年，世界银行 PPI 数据库统计的私人资本参与基础设施建设的项目中，有 276 个被取消，88 个处于危机状态，只占总项目的 4%。同时，由于基础设施建设和融资的时间周期较长，许多项目尽管没有取消和出现危机，但大多都会经历再谈判，从而导致建设期限延长、收益降低等。Fatokun 的研究指出，在全球私人资本参与的基础设施项目中，有 32.2% 的铁路项目、57.3% 的公路项目和 74.4% 的供水和卫生项目在建设运营过程中进行了再谈判[①]，这些再谈判也会给私人资本的参与带来风险。这里我们首先从案例的角度来对私人资本参与的风险进行分析（见表 6-9）。

表 6-9　私人资本参与基础设施融资常见风险及案例

影响因素	具体因素	项目情况	结果
政治因素	执政党更迭	印度马哈拉色特拉邦电站 1 期和 2 期项目，由于 1995 年新上任的地方政府反对外国电力企业进入市场，项目被取消	地方政府重新审查项目，项目取消
	政府执行力与透明度不足	2006 年，泰国建设了廊曼收费公路和曼谷高架公路与铁路系统，由于政府审批了两条基本重合的线路，导致线路流量低于预期，无法收回成本。 葡萄牙早期的 PPP 项目均遇到政府对土地征收和环保审批效率低下，导致工期延误，成本上涨	曼谷高架公路取消，政府提高廊曼公路费率，并接管部分负债 到 2003 年，葡萄牙 PPP 项目的相关负债超过 GDP 的 10%
	政府的 PPP 框架设计失当	2000 年左右，墨西哥的 20 多个公路特许经营项目，由于政府只允许本土企业参与竞标，且特许经营期太短，企业为收回成本制定高费率，导致客流少，无法收回成本。 2012 年肯尼亚与乌干达的跨境铁路特许经营项目，由于招标程序不严谨，导致最终选择的合作企业不具备足够建设与经营能力	政府接管 23 个项目，并承担相关负债 后期更换私人企业，经营受到损害

---

① FATOKUN A, AKINTOYE A, LIYANAGE C. Renegotiation of public private partnership road contracts: Issues and outcomes [C]. // Raidén AB, Aboagye-Nimo E, eds. Procs 31st Annual ARCOM Conference. Lincoln, UK: Association of Researchers in Construction Management, 2015: 1249-1258.

表6-9(续)

影响因素	具体因素	项目情况	结果
宏观经济波动	汇率波动	1998年，印度尼西亚的多个水电站项目，遇到亚洲金融危机导致货币贬值，外国投资者的实际收益下降，而融资偿还需要使用外币，偿还压力大	私人企业退出
	经济波动引发管制	2006年，阿根廷金融危机导致比索大幅贬值，政府对布宜诺斯艾利斯的供水企业费率进行冻结，不允许涨价，导致企业实际收入严重下降	私人企业退出
项目本身缺陷	需求预测偏差	2000年，匈牙利M1和M15高速收费公路项目，实际运营期间的客流量比预测客流量低40%，企业提价仍无法偿还负债	私人资本退出，政府接管
	使用者付费不合理	1999年，玻利维亚的科恰班巴供水系统项目中，由于使用者付费方案设计不合理，从而导致水费高达居民收入的20%，引发暴力冲突	私人资本退出
私人资本能力不足	建设能力不足	2006年的塞尔维亚贝尔格莱德高速公路项目，由于中标企业施工能力低下，项目进度严重滞后从而导致项目取消	项目取消，政府用财政资金完成剩余项目建设
	经营能力不足	2002年英国伦敦铁路特许经营项目，由于经营企业的管理能力低下，从而导致火车相撞事故	企业宣告破产，项目国有化

资料来源：沈梦溪. 国际基础设施PPP项目失败原因探析［J］. 国际经济合作，2016（10）：66-70.

　　从对相关案例的分析和对收益的分析两个角度来看，基础设施融资体系中私人资本的融资风险是一个由多重因素构成的综合性风险，包括政治风险、宏观经济风险、项目设计、建造和经营风险等多个方面，其作用路径一般是这些风险对项目建设或项目运营产生影响，导致融资失败、项目建设失败或收益受到损失，从而影响私人资本的融资。归纳起来，"一带一路"基础设施融资体系中私人资本融资所面临的风险如图6-7所示。

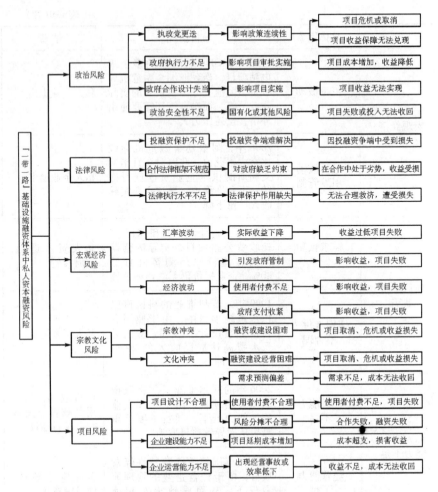

图 6-7　"一带一路"基础设施融资体系中私人资本融资的风险

资料来源：作者绘制

　　由于在上一章已经讨论过政治风险、宗教文化风险和汇率风险，其中政治风险、宗教文化风险在私人资本与开发性金融融资中并无太大不同，这里不重复讨论；但法律风险、宏观经济风险、项目风险对私人资本融资参与的影响与开发性金融有所不同，这里进行重点讨论。

　　（二）基础设施私人资本融资的法律风险

　　私人资本在参与跨境基础设施融资时所面临的法律风险主要包括三个方面，分别是投融资保护不足、投融资合作法律框架不健全和法律执行水平不高。"一带一路"沿线国家这三个方面的基本情况在第六章第二节中已有较为全面的讨论。

在投融资保护方面，可能会因为投融资保护的不足而对私人资本融资产生损害，从而导致私人资本参与的项目被取消或出现危机。本章第二节的分析结论认为，当前"一带一路"沿线国家国内投资法和国际投资协议对私人资本参与基础设施建设的保护力度还不够；利用国际投资争端的解决机制可以解决一定的投资争端问题，但解决的比例不够高，投资者胜诉的比例也不到50%。但近年来已经开始着手解决这一问题，如中国设立了两家专门处理涉及"一带一路"倡议的相关商业争端的国际商事法院，国际商事专家委员会有望为相关调解、仲裁和诉讼提供专业知识。其他国家也在考虑各种争端解决方案。如设立在拉合尔的国际投资与商事仲裁中心和杭州仲裁委员会签署了谅解备忘录，作为中国—巴基斯坦经济走廊争端的仲裁中心。同样，成立于2015年的中非联合仲裁中心旨在解决中非实体间的投资纠纷等。

在投融资的法律合作框架建设方面，可能会因为法律建设的不足而对公共部门约束过少，对私人部门要求过高，从而损害私人投资者的利益，导致项目失败。从前文的分析可以看出，在私人资本参与政府购买时面临的步骤与时间方面，涉及"一带一路"的经济体的水平仅为全球最佳水平的40%左右；在与政府的合作法律框架中，涉及"一带一路"的经济体在某些指标上低于全球平均水平，尤其是在对政府的履约要求方面还不够严格，存在一定的风险。

在法律执行水平方面，"一带一路"沿线国家的水平也比全球平均水平要低（见表6-8），也给私人资本的融资带来了风险。

（三）基础设施私人资本融资的宏观经济风险

宏观经济风险中，私人资本融资所面临的汇率风险与开发性金融类似，主要是资金借入国汇率波动导致的实际收益减少。由于借出国要求的偿还货币与借入国不一致，这种差异带来了汇率差，这一汇率差的损失被计入到成本中，减少了基础设施项目的实际收益，甚至产生亏损。

与开发性金融融资不同的是，私人资本参与的基础设施项目更需要通过政府支付和使用者付费等方式来获取收益，而宏观经济波动往往会影响这些收益。如宏观经济的波动可能会引发政府对基础设施部门收费的监管和控制，以实现其社会稳定的目标，但损害了私人部门的利益；宏观经济波动可能会导致原本预计的付费者减少（如使用高速公路的人减少），从而导致项目收益与预期产生偏差，从而造成项目失败；以及宏观经济波动还可能使政府财政收紧，原本的最低收益保障或可行性缺口不足无法履行，从而造成私人部门收益的损失，为私人资本融资带来风险。

从上一节的分析来看，"一带一路"沿线国家的宏观经济稳定水平是高于全球平均水平的，在这一方面面临的风险较低，但与高收入国家的差距还比较大，还有较大的进步空间；此外通货膨胀率的水平也低于全球平均水平。总的来说，"一带一路"沿线国家在宏观经济稳定方面给私人资本参与基础设施融资带来的风险较小。

（三）基础设施私人资本融资的项目风险

项目本身的风险在私人资本参与的基础设施项目中表现得更加突出，一般包括三个方面，涉及项目设计阶段、项目建设阶段和项目运营阶段的风险。

在项目设计阶段的主要风险有三个，一是对项目需求的预测出现偏差。项目需求预测是项目可行性的重要组成部分和核心环节，若需求预测出现偏差则可能会导致实际需求不足，项目的成本收益分析失效，从而造成项目的失败。二是在使用者付费的设计上不合理。使用者付费是私人部门融资收益的重要来源，若设计不合理，可能导致这一重要来源的断裂，从而影响私人资本融资收益。三是对项目的风险分摊不合理。第一节的分析指出，私人资本参与基础设施项目成功的其中一个关键点是各参与方的风险分配合理，若出现风险分配不合理，会导致项目没有按照效率最大化运行，以及各参与方的合作无效或成本增加，从而导致项目的失败。

在建设阶段的主要风险是因宏观经济影响、建设能力影响而带来的建设成本增加或建设工期延期，这会造成基础设施项目的成本超支和利润下降，甚至导致项目失败，直接影响私人资本的融资收益。

在运营阶段的主要风险除了上面提到的由于付费者的减少、政府支付的减少而带来的收益不足外，常见的风险主要是运营方的运营能力不足而带来的运营风险，这可能导致项目的危机或失败，从而影响私人资本的融资收益。

第四节　影响私人资本参与"一带一路"基础设施融资的因素分析

前面两节从理论和实践两个层面研讨了"一带一路"基础设施融资中私人资本参与的相关问题，包括通过 PPP 模式进行基础设施融资的原因、微观影响因素、宏观影响因素，结合涉及"一带一路"的经济体实际情况分析了四类影响当前"一带一路"基础设施融资私人参与的因素，并整合前面的分析结论，提出了"一带一路"基础设施融资体系中，私人资本融资的五大类 14 个方面的风险。在结合定性分析的基础上，在这一节继续通过历史数据的实证分析，来探讨哪些因素可以促进私人资本参与基础设施融资，或者说，哪些因素是私人资本参与基础设施融资的成功因素。由于部分风险因素不可度量或数据不可得，这里只对主要影响因素进行分析。

一、研究假说

根据第一节的分析和表 6-1 的内容，我们可以从理论上对影响私人资本参与基础设施融资的影响因素提出相关假说，主要可能包括四个部分，分别是外部政治或制度因素、外部经济或金融因素、协调因素和基础设施项目本身的因素。根据这些影响因素，我们提出如下几个假说：

假说 1：多边开发性金融机构对私人资本参与基础设施建设具有促进作用。

根据第五章的相关理论分析，多边开发银行对私人资本参与基础设施建设具有较为明显的促进作用，其作用机制主要包括多边开发银行通过降低私人资本进入的谈判成本、降低私人资本进入的风险、为私人资本进入提供信息服务、利用自身与东道国政府良好的关系促进项目的成功等。

假说 2：国家内部融资对私人资本参与基础设施建设存在影响。

如果国家内部融资比较充分，如国家通过发行债券等方式进行基础设施建设融资，则可能会对跨境私人资本融资的需求降低，从而减少对私人资本的需求。同时反过来看，国家债务负担比较沉重的国家，可能对外部私人资本融资的需求更加强烈。

假说 3：其他外部融资对私人资本参与基础设施建设存在影响。

如果某国在基础设施建设中比较容易获得除了跨境私人资本融资以外的外部融资（如国际援助和国际发展融资），则可能会减少对跨境私人资本的依赖，缺乏使用PPP方式融资的动力。但同时，由于国际援助大多也投入到基础设施建设中去，可能提升东道国利用跨境资本进行基础设施建设的能力，从而对私人资本参与基础设施建设有一定的促进或带动作用。

假说4：政治稳定性对私人资本参与基础设施有正面影响。

根据上一节的理论分析，政治越稳定的国家，私人资本进行基础设施投融资的风险会更低，这些国家对私人资本进行基础设施融资的吸引力越大。

假说5：法律制度和执行良好的国家对私人资本参与更有吸引力。

基础设施建设的周期较长，涉及方面多，因此东道国法律制度的完善程度及其执行力情况对私人资本的参与具有重要影响。在各项法律制度，尤其是投融资法律制度越完善的国家，私人资本进行基础设施投融资的风险也就越低，私人资本更愿意进入。

假说6：市场规模更大的国家对私人资本参与更有吸引力。

由于私人资本参与的基础设施建设一般不是纯公共产品，私人资本需要通过使用者付费等方式获取收益，而市场规模决定着使用者付费的规模。因此在市场规模较大的国家，私人资本的前期投入更容易收回，运营风险更低，对私人资本的参与更有吸引力。

假说7：市场波动较小的国家对私人资本参与基础设施融资的吸引力更大。

在跨境私人资本投融资中，汇率、通货膨胀等市场因素对私人资本的投融资都会产生较大的影响，若处于一个剧烈波动的市场中，一方面会因为市场波动造成的成本上升等因素面临更大的项目失败风险，另一方面私人资本的收益也可能会随着市场波动而发生不可预期的变化。因此私人资本更倾向于在市场波动更小的国家开展基础设施投融资。此外，较大的外汇储备、较为稳定可控的货币供给量等都会降低宏观市场的波动的概率，增加对私人资本参与的吸引力。

假说8：过去的PPP项目经验对私人资本的融资存在正面影响。

如果某国政府有过成功的PPP项目经验，一般会降低其后与私人资本投融资进行谈判和合作的成本，同时成功的PPP项目经验往往也预示着该国较好的投融资环境，对私人资本的进入存在促进作用。

二、数据来源

为了验证上述假说，使用的主要数据来源为世界银行 Private Participation in Infrastructure（PPI）数据库，其统计了发展中国家私人部门参与基础设施建设的详细情况。为了规避新冠疫情所带来的异常波动，本书选取 1995 到 2019 年的 9 000 多个私人参与基础设施建设项目的具体信息，主要包括项目年份、项目现状、项目类型、投资周期、是否有多边金融机构参与等。

根据这一数据库，我们对私人资本参与基础设施融资这一指标可以用两种方式进行衡量：一是私人资本参与基础设施融资的项目数，二是私人资本参与基础设施融资的承诺融资金额，这两个衡量方式在数据库中直接给出了相应数据。

我们分别用如下数据来验证前面的假说：

一是被解释变量。被解释变量为私人资本对基础设施融资的参与，包括两个不同的被解释变量，分别是 PPP 项目数（ppp），PPP 项目承诺金额（amount），其中 ppp 为计数数据。其数据来源为 PPI 数据库。

二是多边金融机构的参与（mul）。用虚拟变量表示某一个项目是否有多边金融机构的参与，若有则计为 1，没有则计为 0。数据来源于 PPI 数据库整理。

三是国家内部和外部其他融资渠道。用偿还债务总额（占货物、服务和基本收入出口的百分比）（debt）衡量国家债务情况，用人均收到的官方发展援助净额（现价美元）（aid）衡量国际援助融资情况。两者数据都来源于 WDI 数据库。

四是国家的政治与法律状况。用国家的政治稳定性（stab）和国家的法治情况（law）来衡量国家的政治与法律状况，这两个指标均来自于世界银行的国家治理指数。

五是国家的宏观经济环境。用国家的总人口（pop）衡量国家的市场规模，人均 GDP（gdp）衡量国家宏观经济发展情况，用 GDP 平减指数计算的通胀率（infla）、广义货币占 GDP 的比重（M_2）和国际储备（rese）衡量宏观经济的稳定性。

六是国家成功的 PPP 经验（exp），用虚拟变量表示国家是否有成功的 PPP 经验，若有则计为 1，没有计为 0。

三、模型与研究方法

在被解释变量 ppp 为计数数据的情况下，设计的第一个模型如下：

$$ppp_{it} = \beta_0 + \beta_1\,mul_{it} + \beta_2\,debt_{it} + \beta_3\,aid_{it} + \beta_4\,stab_{it} + \beta_5\,pop_{it} + \beta_6\,gdp_{it} + \beta_7\,rse_{it} + \beta_8\,m2_{it} + \beta_9\,infla_{it} + \beta_{10}\,exp_{it} + \varepsilon_{it}$$

ppp_{it} 为第 t 年 i 国新增的私人资本参与基础设施建设项目数量，mul_{it} 为第 t 年 i 国新增的私人资本参与基础设施建设项目中，有多边开发银行参与的项目数；其他解释变量的含义类似。

根据被解释变量的统计特征，由于 ppp_{it} 为不小于零的计数数据，该模型的估计方法应该考虑泊松模型。尽管泊松模型要求被解释变量的期望与方差一致，但在使用稳健的标准误情况下，即使被解释变量的期望与方差不一致，也可以得到无偏估计量。但考虑到被解释变量存在大量零值，可能存在"过度分散"的情况，应该考虑使用零膨胀泊松模型。此外，由于数据存在的面板数据特征，本书也尝试使用了面板泊松模型进行估计。

由于 ppp 只反映了私人资本参与基础设施融资的项目数量特征，不能反映融资规模，因此设计的第二个模型采用私人资本参与融资的总金额 amount 作为别解释变量，其他解释变量不变：

$$amount_{it} = \beta_0 + \beta_1\,mul_{it} + \beta_2\,debt_{it} + \beta_3\,aid_{it} + \beta_4\,stab_{it} + \beta_5\,pop_{it} + \beta_6\,gdp_{it} + \beta_7\,rse_{it} + \beta_8\,m2_{it} + \beta_9\,infla_{it} + \beta_{10}\,exp_{it} + \varepsilon_{it}$$

其中，$amount_{it}$ 为第 t 年 i 国私人资本参与基础设施融资的总金额（取对数）。这里需要注意的是，amount 可能存在因统计问题而导致的 0 值，即 amount 取值为 0 时，可能是因为当年该国没有私人资本参与基础设施融资，也可能是因为当年私人资本参与基础设施融资的总金额未统计，但总的来说未统计的情况占比不高，对整体结论的影响不大。根据该模型的面板数据特征，可以考虑使用固定效应或随机效应面板模型。通过 hausman 检验发现，chi2（10）= 45.91，对应的 P 值为 0.000 0，显著地拒绝了使用随机效应模型的原假设，支持固定效应模型。此外，在加上时间效应的双向固定效应模型中，时间虚拟变量均不显著，因此最终选用固定效应模型进行回归分析。

四、回归分析

（一）以私人资本参与基础设施融资的项目数（ppp）为被解释变量

根据该模型的估计方法，本书使用了混合泊松回归、零膨胀泊松模型、随机效应面板泊松模型进行估计，结果见表6-10。为了方便经济分析，表格中汇报估计值参数和稳健的标准误或聚类稳健的标准误，应该注意的是，计数数据的估计值参数并不代表边际效应，对系数的解释应该使用发生率比（irr）。

表6-10　影响私人资本参与基础设施融资项目数的因素

被解释变量	（1） 混合泊松模型	（2） 零膨胀泊松模型	（3） 随机效应 面板泊松模型
mul	0.043 9 *** （0.010 7）	0.045 9 *** （0.005 9）	0.044 4 *** （0.006 6）
debt	0.006 2 （0.004 3）	0.004 7 * （0.002 8）	0.006 6 * （0.003 9）
aid	0.002 7 *** （0.001 0）	0.003 3 *** （0.000 6）	0.002 5 （0.001 9）
stab	0.185 2 （0.127 4）	0.257 6 *** （0.058 4）	0.012 6 （0.112 3）
law	0.894 1 *** （0.151 1）	0.550 0 *** （0.096 1）	0.596 3 * （0.334 3）
pop	0.889 2 *** （0.051 2）	0.713 5 *** （0.035 3）	0.824 6 *** （0.092 9）
gdp	0.344 1 *** （0.108 5）	0.275 3 *** （0.058 5）	0.108 9 （0.323 7）
res	0.026 0 （0.020 6）	0.025 3 ** （0.010 6）	−0.008 0 （0.017 5）
m2	−0.001 1 （0.002 4）	0.000 1 （0.001 1）	0.004 6 （0.005 1）
infla	0.000 1 （0.000 5）	0.001 4 （0.003 4）	−0.000 2 （0.000 6）
exp	0.434 2 * （0.260 6）	−0.063 3 （0.173 6）	−0.175 9 （0.286 7）
_cons	−17.881 3 *** （1.697 4）	−13.332 1 *** （0.819 6）	−14.216 7 *** （2.919 7）
观测值	1 733	1 733	1 733
Pseudo R^2	0.760 3	——	——

注：括号中为稳健的标准误，*、**、*** 分别表示在10%、5%和1%的水平下显著。

从回归结果来看，在所有的模型下，多边金融机构支持的系数都非常显著，显示多边金融机构的参与对动员私人资本开展跨境基础设施融资非常重要，进一步验证了上一章的结论。此外，还有两个指标在所有模型下都显著，分别是法治情况和人口数量，说明东道国良好的法治水平和较大的市场规模，是对私人资本参与基础设施融资较为重要的吸引因素。

除此之外，东道国的负债水平对私人资本的参与具有正面作用。政府负债水平越高的国家，越需要通过吸引私人资本来扩宽融资渠道，对私人资本的需求越强烈。国际援助并没有对私人资本参与基础设施建设形成"挤出"效应，反而对私人资本的参与有一定的带动作用，这可能是因为国际援助往往也投资于基础设施建设领域，为私人资本的参与提供了一个先行示范。此外，充足的外汇储备对私人资本的进入有促进作用。通货膨胀情况、广义货币的数量等对私人资本参与跨境基础设施融资的影响并不显著。东道国PPP项目的成功经验对私人资本的进入有一定的正面作用，但只在10%的水平上显著。

从全样本的分析结果来看，私人资本进行跨境基础设施融资时，会优先投向具有较大市场潜力、较好的法治水平的国家，以及有多边开发银行参与的融资项目。东道国的法治水平代表了私人资本所关心的投资政策环境、东道国的市场潜力代表了私人资本所关心的宏观经济水平。

进一步的，我们可以分区域样本进行回归。根据PPI数据库的分类，将全样本分为东亚和太平洋、欧洲和中亚、拉丁美洲和加勒比、中东和北非、南亚、撒哈拉以南非洲六个区域，根据本书的研究目的，加入了"一带一路"区域，共进行了七个子样本回归。子样本的回归均采用零膨胀泊松模型，均采用稳健的标准误。结果见表6-11。

表6-11　影响私人资本参与基础设施融资项目数的因素（分区域）

被解释变量	（1）东亚和太平洋	（2）欧洲和中亚	（3）拉丁美洲和加勒比	（4）中东和北非	（5）南亚	（6）撒哈拉以南非洲	（7）"一带一路"区域
mul	0.060 8 * (0.033 1)	0.205 8 *** (0.050 0)	0.040 4 *** (0.004 2)	0.129 5 *** (0.014 1)	0.037 0 *** (0.012 0)	0.384 7 *** (0.049 5)	0.066 1 *** (0.009 1)
debt	−0.016 2 (0.009 9)	−0.023 2 *** (0.009 0)	0.001 5 (0.002 7)	−0.003 6 (0.008 1)	−0.014 5 (0.010 8)	0.004 3 (0.018 1)	−0.013 8 ** (0.006 1)
aid	0.004 0 *** (0.001 0)	0.001 4 (0.001 3)	−0.001 4 (0.003 8)	0.002 4 ** (0.001 1)	−0.004 1 (0.008 2)	0.001 6 (0.001 5)	0.004 6 *** (0.001 2)

表6-11(续)

被解释变量	(1) 东亚 和太平洋	(2) 欧洲 和中亚	(3) 拉丁美洲 和加勒比	(4) 中东 和北非	(5) 南亚	(6) 撒哈拉 以南非洲	(7) "一带一路" 区域
stab	-0.032 3 (0.138 2)	0.154 0 (0.170 7)	0.370 0*** (0.144 2)	-0.105 9 (0.383 7)	0.326 6** (0.131 3)	-0.056 8 (0.122 4)	0.078 1 (0.071 7)
law	0.515 1** (0.220 0)	0.691 6*** (0.222 5)	0.687 1*** (0.122 4)	0.595 9 (0.453 8)	0.905 9** (0.391 4)	0.379 8** (0.187 7)	0.690 0*** (0.156 6)
pop	0.688 8*** (0.086 5)	0.808 6*** (0.120 4)	0.785 8*** (0.060 6)	0.332 3* (0.179 4)	0.635 2*** (0.095 5)	0.249 9*** (0.080 9)	0.731 4*** (0.053 8)
gdp	-0.056 5 (0.147 8)	-0.072 5 (0.196 4)	-0.523 6*** (0.187 4)	0.096 5 (0.591 9)	0.332 2 (0.242 6)	0.383 4** (0.168 6)	0.211 5** (0.098 8)
res	-0.014 5 (0.021 4)	-0.240 1 (0.096 8)	0.045 9** (0.019 4)	0.036 8*** (0.012 3)	0.015 0 (0.045 2)	0.056 0** (0.027 4)	-0.005 0 (0.017 0)
m2	0.008 3*** (0.002 3)	0.003 9** (0.006 6)	0.007 2 (0.005 3)	-0.002 8 (0.003 8)	0.014 3** (0.007 0)	-0.005 9 (0.009 4)	0.002 0 (0.001 5)
infla	0.003 4 (0.006 4)	-0.022 2** (0.007 3)	0.017 5 (0.011 1)	-0.015 7 (0.014 8)	0.083 8 (0.018 8)	0.004 7 (0.004 9)	-0.000 6 (0.003 6)
exp	1.190 3** (0.488 7)	0.340 9* (0.208 6)	1.326 9 (1.204 7)	0.629 1** (0.311 0)	0.066 8 (0.650 6)	-0.197 3 (0.221 7)	-0.265 9 (0.296 3)
_cons	-9.525 4*** (2.062 2)	-10.156 5*** (1.452 8)	-8.748 1*** (1.921 5)	-5.283 6*** (7.212 6)	-13.113 2*** (2.086 0)	-6.785 7*** (2.417 5)	-12.776 7*** (1.361 2)
观测值	293	265	428	115	140	492	630

注：括号中为稳健的标准误，*、**、*** 分别表示在10%，5%和1%的水平下显著。

从分区域回归的结果来看，本书的结论依然成立。在每一个区域，多边开发银行、国家的法治水平、国家的人口均对私人资本参与基础设施融资有显著的正面影响。分区域来看，各区域呈现不同的特征。

值得注意的是，国家负债水平对私人资本的影响存在两种情况。在"一带一路"区域，国家负债水平越高的国家，私人资本参与基础设施融资的水平越低。由于基础设施建设往往与政府有关，债务负担沉重的政府尽管可能希望通过PPP来缓解自身的债务问题，但私人资本在评估的时候也会注意到政府的债务问题从而在投融资方面更加谨慎。

同时，在东亚、中东、北非、太平洋地区和"一带一路"区域，由于这些区域的国际援助往往多作用于基础设施建设，因此在这些区域国际援助比较显著地对私人资本参与基础设施融资有带动作用。

此外，从回归结果看来，东道国的宏观经济环境如广义货币数量、通货膨胀率、国家外汇储备等对私人资本的影响大多不显著，说明在私人资本进行基础设施投融资时的关心重点并不在这些方面。可能的原因是基础设施投融资的周期往往较长，且与工业品、消费品的投融资有很大的区别，其收益方式也存在不同，宏观经济环境对基础设施投融资的影响没有对其他领域投融资影响大。

最后，从回归结果来看，是否具有 PPP 经验对私人资本的投融资影响在大多数区域也并不显著。

为了考察不同收入水平的影响，我们进一步考察不同收入水平样本的情况，按照低收入水平国家、中低收入水平国家和中高收入水平国家进行分类，同样采用零膨胀泊松模型进行回归，得到的结果见表 6-12。

表 6-12　影响私人资本参与基础设施融资项目数的因素（分收入水平）

被解释变量	（1）低收入水平	（2）中低收入水平	（3）中高收入水平
mul	0.213 2 *** （0.082 7）	0.081 5 *** （0.013 0）	0.035 7 *** （0.004 3）
debt	−0.016 8 （0.012 6）	−0.012 8 * （0.007 6）	0.009 0 *** （0.002 4）
aid	0.002 1 （0.001 6）	0.003 6 *** （0.000 9）	0.003 4 *** （0.000 9）
stab	0.326 1 *** （0.120 4）	0.117 0 （0.077 4）	0.324 0 *** （0.097 4）
law	0.332 7 * （0.203 3）	0.813 6 *** （0.179 0）	0.461 0 *** （0.129 4）
pop	0.286 9 ** （0.141 9）	0.651 4 *** （0.061 9）	0.781 5 *** （0.039 7）
gdp	0.312 1 * （0.177 5）	−0.125 5 （0.127 3）	0.370 8 *** （0.100 2）
res	−0.034 7 （0.036 8）	0.038 3 （0.023 3）	0.025 0 ** （0.012 7）
m2	0.004 1 （0.004 6）	0.002 8 （0.002 2）	−0.001 7 （0.001 3）
infla	0.007 7 （0.007 5）	0.004 0 （0.005 7）	−0.004 5 （0.005 1）

表6-12(续)

被解释变量	(1) 低收入水平	(2) 中低收入水平	(3) 中高收入水平
exp	0.205 2 (0.185 6)	0.181 8 (0.233 5)	0.139 0 (0.299 0)
_cons	−6.491 6 *** (3.064 1)	−8.831 3 *** (1.644 9)	−15.223 1 *** (1.229 4)
观测值	285	730	710

注：括号中为稳健的标准误，*、**、*** 分别表示在 10%、5% 和 1% 的水平下显著。

从分收入水平的结果来看，在不同收入水平的国家，存在相同的影响私人资本参与基础设施建设的因素，即多边金融机构的参与、国家法治水平和国家人口数量，再次证明了前面的结论。此外，在中等收入水平的国家，外国援助对私人资本参与基础设施建设有一定的带动作用。

但同时也可以看到，不同收入水平的国家，影响因素也存在不同。在中高收入水平国家，较高的国家负债水平意味着国家寻求私人资本的需求更大，且私人资本对这些国家的政府更有信心，不会因为政府的高负债水平而减少投资，因此中高收入水平国家的负债与私人资本的参与呈显著的正相关。此外，由于低收入和中低收入国家的发展水平较低，其基础设施融资往往掺杂着许多政治或其他方面的因素，影响私人资本的参与的因素除了前文理论分析的外，可能还会存在其他的干扰项，因此按照经济理论分析的一些影响因素都不如高收入水平国家显著。而中高收入国家由于经济发展水平相对较高，各项政策、宏观环境和投融资条件都更加健全，私人资本参与基础设施的相关机制更加完善，私人资本参与基础设施融资所受到的影响更接近于前文的理论分析，无论是从显著性还是估计值的符号来看，都更接近于理论假设所描述的情况。

从私人资本参与基础设施投资的行业来看，PPI 数据库提供的私人资本参与基础设施投融资项目主要集中在能源（占 56.69%）、交通运输（占 23.02%）、供水与排水（占 11.90%）和信息通信技术、城市固体废物五大类。由于后两类项目样本数量较少，不满足计量分析的条件，因此对前三类项目使用第一个模型进行回归分析。结果见表 6-13。

表 6-13　影响私人资本参与基础设施融资项目数的因素（分行业）

被解释变量	（1） 能源	（2） 交通运输	（3） 供水与排水
mul	0.057 2 *** (0.008 9)	0.210 1 *** (0.029 6)	0.081 7 ** (0.052 3)
debt	0.006 8 ** (0.003 1)	0.000 8 (0.004 4)	0.011 7 ** (0.005 2)
aid	0.001 8 *** (0.000 7)	0.007 5 *** (0.001 3)	−0.003 6 (0.002 8)
stab	0.208 8 *** (0.070 3)	0.208 3 (0.142 0)	0.216 0 (0.197 3)
law	0.266 2 ** (0.104 4)	0.557 3 ** (0.276 2)	1.006 5 *** (0.310 6)
pop	0.500 4 *** (0.035 7)	0.874 3 *** (0.076 6)	0.253 7 *** (0.086 4)
gdp	0.277 9 *** (0.073 7)	0.089 7 (0.137 4)	−0.361 8 * (0.190 6)
res	0.017 1 (0.013 3)	0.000 8 (0.031 3)	0.065 0 *** (0.014 4)
m2	0.000 7 (0.001 4)	−0.007 4 * (0.004 4)	0.010 4 *** (0.002 2)
infla	−0.002 0 (0.003 5)	0.016 0 (0.010 0)	0.013 0 (0.010 3)
exp	0.240 0 (0.282 1)	0.086 0 (0.959 1)	0.984 9 * (0.567 1)
_cons	−10.105 2 *** (0.973 2)	−15.337 7 *** (2.177 0)	−2.569 9 *** (2.087 8)
观测值	1 562	1 233	869

注：括号中为稳健的标准误，*、**、***分别表示在10%、5%和1%的水平下显著。

　　分行业的分析结果显示，在不同的行业中，多边金融机构的参与、国家良好的法治水平、国家人口数量同样对私人资本参与基础设施融资具有正面的影响。同时，不同行业对私人资本参与的影响因素也存在一些差异。国家负债较高的国家在能源行业和供水排水行业更有动力吸引私人资本的参与，国际援助对能源、交通运输行业的私人资本投资带动作用更加明显（国际援助更多的也是作用在这些行业）。与交通基础设施更偏向于公共产品不同，能源基础设施更偏向于半公共产品或非公共产品，因此可以看出能源基础设施对政府的稳定性、代表经济发展水平的人均 GDP 更为敏感。这些都展示了在不同行业中，影响私人资本进行基础设施融资的因素有所不同。

（二）以私人资本参与基础设施融资的项目金额（amount）为被解释变量

根据前面的分析，我们采用固定效用模型进行回归分析，得到的结果见表 6-14。

表 6-14　影响私人资本参与基础设施融资的因素（以项目金额为被解释变量）

被解释变量	（1） 全样本 OLS	（2） 全样本	（3） "一带一路" 区域	（4） 能源行业	（5） 交通运输 行业
mul	0.373 2 *** （0.133 9）	0.282 4 ** （0.142 1）	0.443 8 *** （0.101 7）	0.329 4 *** （0.140 0）	0.716 0 *** （0.307 8）
debt	−0.000 6 （0.004 8）	−0.006 1 （0.007 6）	−0.026 1 （0.016 1）	−0.005 0 （0.007 7）	−0.005 3 （0.008 2）
aid	0.003 7 *** （0.000 5）	0.000 9 （0.000 7）	0.006 5 ** （0.002 4）	0.000 1 （0.000 7）	0.003 0 （0.002 2）
stab	0.214 9 （0.093 9）	0.269 7 （0.187 2）	0.600 2 ** （0.271 9）	0.297 6 （0.193 7）	0.158 8 （0.227 6）
law	1.023 9 *** （0.133 8）	1.172 1 *** （0.325 5）	0.875 7 * （0.448 0）	1.352 0 *** （0.359 0）	1.846 1 *** （0.433 0）
pop	1.026 5 *** （0.048 0）	1.508 2 ** （0.733 1）	3.570 6 *** （1.184 9）	1.723 0 ** （0.801 6）	2.188 9 *** （1.015 9）
gdp	0.522 2 *** （0.082 6）	0.294 1 （0.384 1）	0.339 5 （0.481 3）	0.328 7 （0.409 4）	0.099 2 （0.452 7）
res	0.003 7 （0.017 9）	0.009 9 （0.031 6）	0.022 5 （0.044 1）	0.010 2 （0.033 7）	−0.013 9 （0.039 2）
m2	0.002 8 （0.002 0）	0.005 5 （0.006 3）	0.014 3 ** （0.006 3）	0.006 2 （0.006 1）	0.004 7 （0.006 7）
infla	−0.000 3 ** （0.000 1）	0.000 1 （0.000 1）	−0.014 7 （0.010 6）	0.000 1 （0.000 1）	0.000 1 （0.000 1）
exp	0.197 0 （0.156 9）	0.382 7 * （0.214 3）	0.505 4 （0.379 5）	0.387 9 （0.248 8）	0.419 0 （0.340 8）

表6-14(续)

被解释变量	(1) 全样本 OLS	(2) 全样本	(3) "一带一路" 区域	(4) 能源行业	(5) 交通运输 行业
_cons	−18.595 5 *** (1.083 3)	−23.922 2 ** (11.124 6)	−53.524 4 *** (18.250 5)	−27.662 9 *** (12.034 0)	−33.450 2 *** (15.656 5)
N	1 733	1 793	630	1 562	1 233
Group	−	98	36	88	69
(组内) R²	0.488 7	0.090 1	0.160 9	0.090 8	0.071 4
国家固定效应	NO	YES	YES	YES	YES

注：括号中为稳健的标准误，*、**、*** 分别表示在10%、5%和1%的水平下显著。

从回归结果来看，多边开发银行的参与、国家的法治质量、人口数量同样对私人资本提供的融资金额存在显著的正向作用，进一步证明了前面模型和结论的稳健性。同时可以看到，"一带一路"区域中，除了上述三类因素外，接受国际援助的金额对私人资本的参与有显著的带动作用、政治的稳定性起到的促进作用也比较显著。通货膨胀情况、国际储备情况、人均 GDP 等代表宏观经济质量的指标均不显著，说明这些因素并不是私人资本参与基础设施建设时考虑的首要或重要问题。此外，从行业层面来看，能源行业和交通运输行业没有显著差异。

五、结论

本节通过实证方式研究了在发展中国家中，影响私人资本参与跨境基础设施融资的因素，验证了上一节在理论层面的分析，同时用项目数和项目金额两类被解释变量证明了模型的稳健性。本节的研究主要得出了如下几个方面的结论：

第一，多边开发银行对私人资本参与基础设施融资具有重要动员作用。

无论是使用 PPP 项目数还是私人资本融资金额，在不同区域的国家、不同收入水平的国家和不同基础设施行业中，多边开发银行对私人资本参与基础设施融资的促进作用都十分显著。从实证角度进一步证明了上一章提出的开发性金融对私人资本融资的促进作用，也说明在吸引私人资本参与基础设施融资时，引入多边开发银行等开发性金融机构十分重要。

第二，国际援助对私人资本参与基础设施融资具有促进作用。

在中等收入国家、"一带一路"沿线国家，以及在能源、交通等领域，均发现国际援助也能促进私人资本参与基础设施融资。国际援助对私人资本参与基础设施的融资促进作用可能有两个途径，一是国际援助由发达国家发起，往往容易带动发达国家其他社会资本的跟进；二是国际援助能够帮助受援国提升利用外部资金的能力。这一结论说明国际援助、开发性金融均对私人资本参与基础设施融资存在促进作用，为国际援助的基础设施融资"先行"地位提供了理论支持。

第三，国家的法治水平对私人资本参与基础设施融资具有显著影响。

在国家治理层面，国家的法治水平越高，私人资本参与基础设施融资的项目数越多，融资金额越高，国家法治水平与私人资本参与之间的正向关系在不同收入水平、不同行业的样本分析中都十分显著。全球治理指标中对"rule of law"这一指标的具体解释是：反映了代理人（政府）对社会规则的信任和遵守的程度，尤其是在合同执行质量、财产权、警察和法院的质量以及犯罪和暴力的可能性方面的评价。说明私人资本在开展跨境基础设施融资时，更加重视在投融资过程中所面临的合同执行、争端解决和救济等问题。相反，分析结果显示政治稳定性的影响并不显著，这也和基础设施融资本身的特征有关，基础设施往往受到政治稳定因素的影响较小。

第四，人口数量对私人资本参与基础设施融资具有正面影响。

所有的分析结果都显示，人口数量都对私人资本参与基础设施融资有显著的正面影响，说明私人资本在基础设施投融资中更倾向于大国。这是由于在人口众多的国家中，基础设施的需求往往更加旺盛，融资需求更强。

第五，国家宏观经济质量对私人资本参与基础设施融资的影响不明显。

无论是国家的 GDP，还是通货膨胀水平、国际储备、广义货币的数量，这些代表国家宏观经济质量的指标对私人资本参与基础设施融资的影响并不明显，只有极少数区域或行业的个别指标存在显著性影响。这可能是基础设施本身的特征导致的。基础设施的需求弹性较小、建设周期长，同时大多为公共产品，与政府关系比较密切，抵抗宏观经济波动的能力大于其他行业的投资，因此私人资本在进行基础设施投融资时，对宏观经济质量往往并不特别看重。

第六，影响"一带一路"沿线国家私人资本参与基础设施融资的因素。

从本书的研究对象来看，影响"一带一路"沿线国家私人资本参与基础设施融资的因素主要包括和其他区域一致的多边开发银行的参与、接受国际援助、更好的法治质量、更多的人口等均具有正面作用。此外也具有一些自身的特征。如"一带一路"沿线国家的负债对私人资本的参与具有负面作用，说明在吸引外资参与"一带一路"基础设施融资时要充分考虑国家的债务水平问题，在国家债务可持续的水平下开展融资；此外，人均GDP更高的国家也更容易吸引私人资本的参与。

第七章 "一带一路"基础设施建设的融资体系构建

在前面的章节本书分别讨论了通过国际援助、开发性金融和私人资本三个渠道推进"一带一路"基础设施建设融资。融资安排是一个系统性的、涉及多个方面的体系，从前面的分析也可以看出，不同类型的基础设施项目、处于不同发展水平国家的基础设施项目以及基础设施项目的不同阶段，其融资需求、融资重点以及融资渠道的匹配程度都不一样。此外，一些融资支持措施也对基础设施建设的融资起到重要作用。因此，如何整合各类融资渠道，构建一个多元化的、更有效率的融资体系就非常重要。本章以前文讨论的主要融资渠道为基础，结合"一带一路"基础设施融资的实际情况，探讨如何构建"一带一路"基础设施建设的融资体系。

第一节 "一带一路"基础设施融资体系的静态结构

从金融结构理论的观点来看，金融结构对经济发展具有促进或者抑制的影响，按照最优金融结构理论，应该存在一个最优的金融结构，在该金融体系的时间和空间特征下，最能够匹配与该金融体系所对应实体经济的资源禀赋和产业结构。

将本书所研究的"一带一路"区域看做一个整体的话，可以将原本用于国家内部的金融结构理论推广到国际区域领域，则"一带一路"区域的融资体系也存在着一个最优的融资结构。与金融结构类似，这一融资结构实质上是在银行主导或市场主导之间的一个选择。从前文的研究来看，"一带一路"基础设施的融资体系应该以银行主导为主，这是与当前"一带一路"基础设施建设的发展阶段、"一带一路"区域的经济发展水平有关的。但由于基础设施的公共产品属性，在原有的银行融资主导下，还存在国际援助融资的参与，形成了由国际援助、开发性金融和私人资本三个主要融资渠道组成的一个融资体系。显然，在这三个主要融资渠道之间也应该存在一个合理的结构，使得这一融资体系最优。

在本节的讨论中，本书首先从定性的角度来探讨，三个主要的融资渠道应该在这一结构中处于什么样的地位，在融资体系中应该关注的重点等问题，从而形成了如图7-1所示的静态结构。

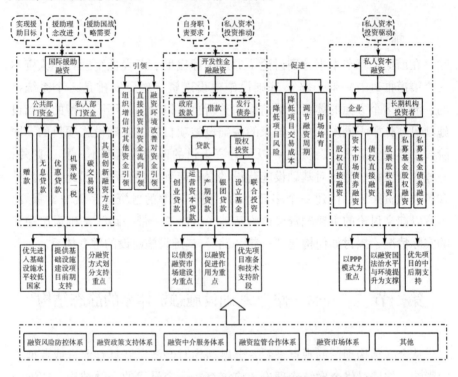

图 7-1　"一带一路"基础设施建设融资体系的静态结构

一、以引领为重点的国际援助融资体系

随着传统的国际援助向发展筹资的理念转变，国际援助资金越来越成为基础设施建设的重要公共资金，是"一带一路"基础设施建设融资体系中的重要组成部分。本书从融资动力、筹资来源、融资方式、融资重点等方面讨论构建"一带一路"基础设施建设的国际援助融资体系。

（一）融资动力

国际援助为"一带一路"基础设施建设提供融资的动力主要有三个方面：一是基础设施建设能够有效促进国际援助目标的实现，能够显著促进受援国的经济增长，尤其是基础设施类援助的效果明显（见本书第四章第三节的研究结论）；二是国际援助理念的改进，传统的"施舍"动因国际援助融资正在向"合作共赢"动因国际援助转变，提供基础设施建设资金是"合作共赢"的重要渠道，同时也符合区域公共产品供给理论；三是国家战略的需要，国际援助正在不断融入援助国国家战略因素，因此援助国更有动力通过国际援助的方式来实现自身经济、外交方面的战略。从国际援助融资的动力来看，由于其动因包含政治和经济多个方面，因此其对风险的承受能力较强，对风险回报的需求相对较低，更适合一些高风险、低经济回报，但契合援助目标的基础设施建设项目。

（二）融资来源

国际援助的资金来源包括公共部门资金和私人部门资本。公共资金的来源主要是政府财政资金，私人部门资本的来源主要是社会捐赠、针对私人市场的创新融资工具等。增进公共部门融资来源的机制主要是协调基础设施建设与援助国国际援助目标的一致性，激励援助国增加基础设施国际援助；增进私人部门融资来源的机制主要是合理分配风险和收益。

（三）融资方式

国际援助对"一带一路"基础设施建设的融资方式主要有如下几种：一是政府间赠款，通过中央或地方政府、政府下级组织之间的无偿赠款或无息贷款，为基础设施建设提供资金；二是政府优惠贷款，通过政府代理金融机构、国别开发性金融机构等组织为基础设施建设提供优惠贷款，以财政资金为贷款贴息；三是债务减免，通过政府对受援国的相关债务进行免除；四是私人市场机制，包括通过机票统一税、碳交易税等方式在私人市场筹集资金，并通过公共部门或其代理机构无偿、免息等方式提供给基础设施建设部门。

（四）融资重点

根据前文的分析，结合"一带一路"基础设施建设的实际特点，通过国际援助渠道融资的融资重点包括：

第一，分国家经济发展水平的融资重点。由于在基础设施发展水平较低的国家，基础设施类援助对国家经济增长的促进作用最明显，因此国际援助融资渠道应该优先用于经济发展水平较低的国家基础设施融资，优先对最不发达国家进行基础设施融资。

第二，分融资方式的融资重点。国际援助融资的不同融资方式应该各有侧重，赠款和无息贷款应该重点支持中小型社会基础设施和经济基础设施，同时支持优惠贷款项目的前期筹备与开发，承担引领职责。优惠贷款应该重点支持较大规模的经济类基础设施建设，尤其是对受援国经济环境具有显著改善作用的经济基础设施；来自私人市场的专项援助资金应该重点支持某些特定的、重要领域的基础设施建设。

第三，聚焦引领作用的融资重点。国际援助对基础设施融资的重点应该聚焦其引领作用，一是通过政府组织增信作用对开发性金融和私人资本的引领作用；二是通过对具体领域的融资，对其他资金流向的引领作用；三是通过优先进入对融资环境有改善和促进作用的领域，优化融资环境，实现其引领作用。

二、以动员与中介为特征的开发性金融融资体系

根据前文的研究结论，在现有条件下，多边开发银行对私人资本参与基础设施融资具有显著的促进作用；同时，开发性金融机构也可以利用自身的各类融资渠道为"一带一路"基础设施建设融资。开发性金融机构本身是银行融资体系的重要组成部分，同时也可以通过建设证券融资市场吸纳资金。这里依然从融资动力、融资来源、融资方式、融资重点和融资风险五个方面讨论其融资体系。

（一）融资动力

开发性金融机构为"一带一路"基础设施建设融资的动力主要有两个方面，一是开发性金融机构自身职责的要求，无论是国别开发性金融机构还是多边开发银行，其成立的初衷都是为特定需求者提供中长期信用，在实践中逐渐形成了为基础设施融资的重要职责；二是开发性金融机构成为私人资本投资的渠道，由于开发性金融机构的组织增信作用，其债券融资具有很高的信用评级，对私人资本具有较强的吸引作用。私人资本投资的动力经过开发性金融机构这一渠道得以实现。从开发性金融的融资动力来看，其对风险的承受能力也较强，对风险回报的需求相对较弱。

（二）融资来源

开发性金融机构的资金来源也包括公共部门资金和私人部门资金两个

部分，按更具体的划分来说，包括政府拨款、借款和发行债券三种形式。政府拨款的资金完全来源于公共部门，主要是国别开发银行来自政府的注资和多边开发银行来源于成员国政府的投入；借款可能来源于公共部门，也可能来源于私人部门，但主要是从其他金融机构借款；债券的资金来源也包括公共部门与私人部门，因为开发性金融机构一般均面向整个市场发行债券，但当前的实践来看购买开发性金融机构债券的多为政府和其他官方机构，以及商业银行，纯粹的私人资本参与程度还比较低。因此总的来看，开发性金融机构的融资来源多为公共部门资金。

（三）融资方式

开发性金融机构对基础设施的融资方式主要是贷款和股权投资。贷款融资的方式比较丰富，包括创业贷款、运营资本贷款、长期贷款和银团贷款等；股权投资则主要是通过出资设立基金或相关企业、与政府、非金融企业联合投资等。

（四）融资重点

根据第五章的研究结论和"一带一路"基础设施建设融资的实际情况，通过开发性金融渠道融资的融资重点主要体现在如下几个方面：

一是债券融资是开发性金融机构融资的发展重点。开发性金融机构当前筹资的主要来源还是公共部门资金，但公共部门资金不满足融资体系"可持续"和"长期稳定"的原则；但纯粹的私人部门资金又在期限上不满足基础设施融资的需求；通过开发性金融机构的债券进行期限转换是解决这一矛盾的有效方式。因此在"一带一路"基础设施建设融资中建设好开发性金融机构的债券市场，尤其是本币债券市场，是开发性金融机构融资的重点。

二是融资促进作用是开发性金融融资的发展重点。开发性金融融资的现阶段发展主要以提供贷款为主，但仅仅依靠开发性金融自身资金的贷款融资在长期来看不可持续。本书第五章第二节的分析表明，开发性金融在"一带一路"基础设施融资体系中更重要的角色应该是融资促进作用，通过对私人资本的动员和中介作用，撬动更多的私人资本参与基础设施融资。开发性金融的融资促进主要通过四个机制来发挥作用，分别是降低项目风险、降低项目交易成本、调节融资周期和市场培育。

三是分国家经济发展水平的融资重点。开发性金融机构在不同经济发展水平的国家没有太大的区别，其主要区别是通过债券融资时，在不同经济发展水平的国家略有侧重，在经济发展水平较高的国家应该建立更活跃的基础设施融资债券市场，吸引国内资本参与基础设施建设融资。

四是分融资环节的融资重点。开发性金融机构的融资应该重在项目准备和技术支持阶段，提供大量资金并不是开发性金融机构所擅长的，依靠开发性金融机构来为基础设施建设提供大量资金也是不可持续的。在融资环节上，开发性金融的融资重点应该是融资项目的前期筹备、融资产品的设计、融资技术支持和信用支持等。

（五）融资风险

基础设施融资体系中开发性金融的融资风险主要体现在国家债务风险、政治环境风险、宗教文化风险和汇率风险等方面，其中现阶段最主要的、最应该关注的是国家债务风险。

三、作为融资主力的私人资本融资体系

从前文的研究结论来看，以企业和长期机构投资者为主要代表的私人资本，是"一带一路"基础设施建设融资的主要力量。参与基础设施建设的私人资本融资模式可以是传统的银行融资模式，也可以是证券融资模式。这里同样从融资动力、融资来源、融资方式、融资重点和融资风险五个方面讨论私人资本对"一带一路"基础设施建设的融资体系。

（一）融资动力

私人资本参与"一带一路"基础设施融资的动力主要是其获取利润的需要。参与基础设施融资的私人资本主要有两类，一类是企业，其主要采用直接投资的手段，通过股权或债权参与基础设施建设，一般具体的进入方式为绿地投资或公私合营；另一类是长期机构投资者，其更多采用间接投资的方式参与到基础设施建设中，也普遍是因为基础设施的较长融资周期和较为稳定的融资收益与机构投资者的资金特点更为匹配。由于私人资本的融资动力主要是经济性因素驱动，因此其对风险回报的需求较高，更适应有较稳定收益、风险可控的基础设施融资项目。

（二）融资来源

无论是企业还是长期机构投资者，其融资来源都是私人部门。无论是通过股权还是债券投资，其资金的最终来源都是企业或长期机构投资者的自有资金投入或通过债券市场向其他私人部门融资的投入。

（三）融资方式

私人资本参与基础设施建设的融资方式比较多样，总的来说可以分为

股权融资和债权融资两类。股权融资中多采用股权直接投资、购买上市公司股票或基金、通过私募基金融资等方式；债权融资包括直接购买债权，在资本市场进行融资和通过私募基金进行融资等。从"一带一路"基础设施建设中私人资本的参与情况来看，多采用商业银行贷款和企业股权参与的方式进行融资。从融资的方式选择上来看，与单纯的企业贷款、债券融资等方式相比，由私人资本承担一部分设计、建设、维护和运营职责的PPP融资模式是重要的发展方向。

（四）融资重点

根据第六章的研究结论，当前私人资本参与"一带一路"基础设施建设的融资重点主要有如下几个方面：

一是PPP融资模式是私人资本参与的重点途径。由于PPP融资模式可以增加私人部门参与基础设施建设的投入，带来项目总成本的节约和可能的资金追加需求，能够带来基础设施建设项目总福利的增加，与其他私人资本融资方式相比更具有优势。

二是私人资本融资有赖于多边开发银行与国际援助资金的引领。从私人资本融资的影响因素来看，要提升私人资本对基础设施融资的参与程度，重要的途径是通过多边开发银行和国际援助资金进行引领和动员，私人资本需要与其他融资渠道形成良性互动。

三是推动私人资本融资的重点在于融资国的法治水平与政策环境。由于基础设施建设自身的特点，宏观经济水平对私人资本参与基础设施融资的影响不大，但国家的法治水平和政策环境对私人资本的参与意愿有重大影响。因此扩宽私人资本对基础设施的参与，其重点在于提升融资国的法治水平和政策环境。

四是私人资本参与基础设施融资的重点领域应该是经济基础设施和基础设施建设周期的成熟期。由于经济基础设施的资金需求量大，且纯公共产品的性质较弱，其符合私人资本风险回报的需要；同时由于基础设施建设周期的中后期已经存在较为稳定的现金流，由私人资本承担运营、维护等环节的职责，其能够有效"接替"其他类型的资金，承担稳定运营的职责。

（五）融资风险

"一带一路"基础设施融资体系中的私人资本融资风险包括政治风险、法律风险、宏观经济风险、宗教文化风险和项目风险等多个方面，根据第六章第三节的分析可以看出，现阶段私人资本融资风险应该重点关注的是政治风险和项目风险两个方面。

第二节 "一带一路"基础设施融资体系的动态结构

前面本书以主要融资渠道为中心构建了"一带一路"基础设施建设的融资体系，这是一个静态的、没有考虑时间变化对融资影响的融资体系。基础设施融资的一个重要特点是融资周期普遍较长，很多融资周期长达30年以上。在这样的情况下，融资体系必须要将时间因素纳入考虑。因此接下来本书继续在前面融资体系的基础上加上时间因素，来讨论在一个较长融资周期中，如何更好地实现"一带一路"基础设施建设融资。

一、基础设施项目的生命周期

F. Modigliani、R. Brumberg 和 A. Ando 等学者在消费者行为理论的基础上提出生命周期理论，用以解释个人和家庭在不同生命周期阶段由于收入和财产不同而出现的消费变化。"生命周期"这一概念被广泛应用于行业、产业等领域，用以表示"从开始到结束的全过程"，如产业生命周期、行业生命周期等。从动态的角度来看，基础设施建设也存在着从开始到结束的全过程，这里将其定义为基础设施生命周期，即一个基础设施建设项目从开始到结束的全部过程。

从基础设施建设的实际情况来看，基础设施建设在不同时期的融资需求是不同的，此处将基础设施生命周期进行阶段划分，可以进一步细化基础设施建设和融资原本较长的周期，更具有针对性地根据不同融资渠道的特点来设计融资方式。

如图7-2所示，根据基础设施建设的实际情况，可以将基础设施的整个生命周期分为四个阶段，分别是项目选择、评估和孵化阶段，寻找合作伙伴和项目融资阶段，项目建设阶段、项目运营和维护阶段。在各个阶段，均存在融资需求，且存在不同的特点。

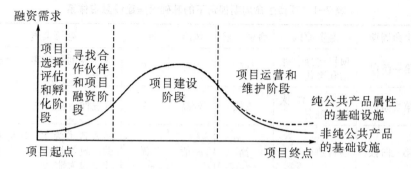

图7-2 基础设施生命周期及融资需求

在第一阶段，主要工作是进行基础设施建设项目的前期论证、评估、孵化活动，其资金需求主要是用于满足前期活动的需要，需求量不大。但这一阶段的资金投入无法产生任何形式的现金流回报。

在第二阶段，主要工作是寻找和动员合作伙伴对项目进行融资，其资金需求一方面需要满足这一阶段本身活动需求，同时还要为下一阶段的资金做准备，因此融资需求大于第一阶段。但与第一阶段相同，这一阶段的投融资活动无法产生任何的现金流回报。

在第三阶段，基础设施项目开始启动建设，这一阶段的融资需求一开始是不断增加的，并基本保持稳定。在项目建设的中后期由于基础设施项目的逐步完工，融资需求可能出现下降。在建设阶段，投融资活动也较少产生稳定的现金流。

在第四阶段，运营与维护同样具有融资需求，但一般来说，运营与维护的成本往往低于建设成本；同时，第四阶段往往会因使用者付费而产生比较稳定的现金流，由项目本身满足一部分融资需求，因此在这一阶段的融资需求是下降的，直到项目结束。当然，对于某些基础设施项目如具有纯公共产品属性的一些社会基础设施，在第四阶段的融资需求下降速度较慢，且始终维持在某一水平。

二、项目生命周期视角下的基础设施融资体系

在基础设施项目生命周期的视角下，结合不同周期的融资需求和不同融资渠道的特点，我们可以发现，不同阶段的融资重点不同，最适合的融资方式和融资渠道都各有不同，表7-1对其进行了描述。

表 7-1 项目生命周期视角下的基础设施建设融资体系

生命周期	融资原因	融资需求	风险	回报	融资渠道
第一阶段	项目选择、评估和孵化	低	很高	无	国际援助与政策性金融为主
第二阶段	寻找合作伙伴、融资	较低	较高	无	开发性金融为主
第三阶段	项目建设	高	一般	无	私人资本为主,国际援助、政策性金融、开发性金融为辅
第四阶段	项目运营和维护	一般	较低	有	私人资本为主,国际援助、开发性金融资金撤出

第一阶段的融资应该以国际援助和政府政策性融资为主。由于国际援助资金和政府政策性资金所承担的发展职能,以及其对风险承受的能力较强、基本上没有回报率的需要,最适合对基础设施项目的选择、评估和孵化阶段进行支持。具体来看通过赠款、无息贷款等方式对基础设施项目进行前期支持,是基础设施项目开展的首要动力和支持。

第二阶段的融资应该以开发性金融融资为主。由于开发性金融具有的融资组织、中介和动员作用,在基础设施寻找合作伙伴、开展项目融资的阶段介入,可以更好地完成这一阶段的任务。由于国际援助资金本身有限,不应该由国际援助资金在基础设施建设的全生命周期都起到资金支持作用。当国际援助资金在第一阶段提供了有效支持,项目的前期准备完成后,应该由开发性金融机构介入,提供资金支持和融资中介、动员作用。这一阶段同样具有较大的前期风险,缺乏现金流回报,私人资本是不愿意介入的,而开发性金融正好符合这一阶段的需求。

第三阶段的融资应该以私人资本为主,政策性、开发性金融为辅。第三阶段的融资需求进一步增大,仅仅依靠国际援助、开发性金融往往无法满足融资需求,或者会过度挤占国际援助和开发性金融资金。这一阶段的重点是引入私人资本并使其承担主要融资职责。但是在这一阶段完全依靠私人资本也可能行不通,因为建设阶段的周期往往较长,同时缺乏现金流回报,而私人部门参与的动力是对运营期回报的预期。而私人部门对于跨境基础设施投融资经验的缺乏、对复杂国际环境处理能力的不足往往会影响这一阶段的建设成效,因此有国际援助、开发性金融资金的参与,往往能够带来经验和管理方面的优势，帮助私人资本完成第三阶段的工作。

第四阶段的融资应该以私人资本为主。这一阶段尽管会付出维护的成本，但这一成本往往低于建设阶段，同时这一阶段会因为使用者付费或政府付费等原因获得一个较为稳定的现金流收入，对私人资本具有较强的吸引力。同时，随着私人部门在第三阶段的参与，已经具有一些运营和管理的经验，能够较为独立地满足第四个阶段的融资需求。国际援助和开发性金融资金应该在这一阶段及时撤出，转而支持其他基础设施建设项目的前两个阶段，提高国际援助与开发性金融资金的周转效率。

表7-2为基础设施融资不同阶段下的融资渠道选择。

表7-2 基础设施融资不同阶段下的融资渠道选择

生命周期	国际援助	开发性金融	私人资本
第一阶段	主力	辅助	不愿参与
第二阶段	辅助	主力	不愿参与
第三阶段	辅助	辅助	主力
第四阶段	撤出	撤出	主力

三、"一带一路"发展阶段视角的基础设施融资体系

从项目的生命周期来看，不同融资渠道之间需要相互配合才能满足融资体系的多元化、长期稳定和可持续的需求，才能够根据不同种类资金的特点有效分配风险，提高融资效率。同时，将"一带一路"基础设施建设的融资作为一个整体来看，其本身也存在不同的发展阶段。

共建"一带一路"倡议本身存在着发展阶段的区别。有许多学者对"一带一路"的发展阶段进行了研究，基本结论是在不同的阶段，共建"一带一路"倡议的发展重点不同、任务不同、目标不同[①]。基于共建"一带一路"倡议初期主要经济活动的基础设施的互联互通，其本身也会随着"一带一路"发展阶段的不同而发生变化。当前国内学者对"一带一路"基础设施建设的目标就存在着转移国内过剩产能、帮助中国企业"走出去"、建设区域和国际公共产品供给新机制、提升中国经济和其他方面的

---

① 高程. 中美竞争与"一带一路"阶段属性和目标 [J]. 世界经济与政治，2019 (4)：58-78

地位等不同的看法，这也是与"一带一路"基础设施建设的发展阶段有关。

从实践的层面来看，当前"一带一路"基础设施建设还处于初期，基本的特点是基础设施融资需求量大，多数国家经济建设水平不高，基础设施发展水平较低，基础设施融资市场不完善，融资渠道单一，多为贷款融资；基础设施债券市场、股权市场等资本市场建设水平低。对于中国来说，在初期参与"一带一路"基础设施建设的重要动力确实是化解国内过剩产能，因此在基础设施融资中也存在国内采购的要求。但从远期发展的角度来看，这一融资方式还需要动态调整。

因此，在"一带一路"基础设施建设的初期，其融资体系建设的重点应该是丰富融资来源。在基础设施融资市场建设还不够完善，沿线国家发展水平较低的情况下，依然应该将重心放在政策性金融融资和开发性金融融资方面，充分发挥国际援助资金、多边开发银行资金、国别开发银行资金的作用，以为基础设施建设提供资金，解决沿线国家发展瓶颈问题为重点。对于私人资本这一渠道可以通过开发性金融进行积极引导，但在初期阶段不宜将重心完全放在私人资本融资上。

在"一带一路"基础设施建设的中期，沿线国家基础设施的瓶颈问题基本得到解决、基础设施融资经验不断积累的情况下，基础设施融资体系的重点应该是通过基础设施融资市场建设，广泛地开展私人资本融资。本章构建的静态融资体系实际上更接近于"一带一路"基础设施建设中期的融资体系，多元化的融资渠道均衡发力，但以私人资本融资为主力，以市场化的机制为基础。

在"一带一路"基础设施建设更加成熟的阶段，"一带一路"建设对沿线国家的作用将超越经济发展这一单一作用，成为一个有效的国际公共产品，建立新的国际合作体系，以减少西方发达国家为主导的世界经济旧体制所带来的冲击和负面影响。此时"一带一路"基础设施建设及其融资体系的重点也相应有所变化。由于基础设施融资市场机制作用的充分发挥，在承担为基础设施建设融资这一基本职能的同时，还应该为"一带一路"建设的总体目标服务，如通过建设跨境基础设施建设融资机构、发展跨境基础设施融资创新融资手段、构建不同主体参与跨境基础设施融资的协调体系和争端解决机制等。

总的来说，无论是从基础设施建设项目的生命周期视角，还是从"一带一路"基础设施建设的发展阶段视角来看，"一带一路"基础设施建设的融资体系都不是一成不变的，而是一个动态变化的体系，在不同的阶段都有不同的侧重点和不同的目标。

第三节　"一带一路"基础设施融资的支持体系

在融资体系中本书讨论了如何通过三大类主要融资渠道为"一带一路"基础设施建设进行融资，以及各类渠道之间的相互关系、融资重点。从前面的分析也可以看出，这一融资体系要有序运转，除了要重视主要融资渠道的建设外，还需要一系列的融资支持体系。融资支持体系不是本书研究的重点，但依然是融资体系的重要组成部分，在此做一个简要的探讨。

一、融资风险防控体系

融资风险的有效防控是融资渠道能够充分发挥融资职能的重要保证，是融资体系能够高效可持续运行的有力保障，因此融资风险的防控是融资体系中不可或缺的内容。这里根据前文提出的开发性金融融资与私人资本融资中存在的风险进行简要分析。

（一）以债务可持续性分析防控国家债务风险

国家债务风险是当前"一带一路"基础设施融资所面临的最重要的风险，也是当前研究得较多的、受到广泛关注的风险。对这一类风险的防控，最主要是进行前期识别。2019 年和 2023 年财政部先后发布了适用于低收入国家和市场融资国家的《"一带一路"债务可持续性分析框架》，为前期识别提供了一个有效的工具。

《"一带一路"债务可持续性分析框架》（以下简称《框架》）是建立在 IMF 和世界银行低收入国家债务可持续性分析框架（LIC-DSF）基础上，结合了"一带一路"沿线国家实际情况和发展实践制定的一个分析框架，是当前最新、最能反映"一带一路"沿线国家债务风险的分析工具，主要用于对低收入国家进行债务可持续性评估，对债务风险进行分类管理，使用对象主要是金融机构。

《框架》的使用流程包括：明确债务范围、预测宏观经济走势、检验预测的准确性、确定国家分组、开展压力测试、判断风险信号、修正模型结果、确定风险评级和形成分析报告共九个步骤。明确债务范围是指确定分析的对象，尤其是在有国有金融和非金融企业参与情况下界定债务范围。预测宏观经济走势一般对所分析国家的宏观经济情况进行1~5年的中期预测和5~20年的长期预测，同时通过境内外的债务情况预测债务变化；检验预测的准确性是指将债务变化的驱动因素、公共投资与经济增长的关系、财政调整与经济增长的关系纳入宏观经济预测的影响分析中，调整上一步的预测结果；确定国家分组是指通过综合指标和对应阈值作为国家分组依据，以区分不同类型国家对债务承载能力的不同；开展压力测试则是通过标准压力测试、或有负债压力测试和特殊情景压力测试、自定义压力测试和反响压力测试五个方面来测试所分析国家在各类情况下的债务风险；判断风险信号则是通过比较基准情景与压力测试下债务指标的预测值与指标阈值，得出债务风险信号。最后通过对模型结果的修正，结合风险信号和修正意见，确定风险评级。这一分析工具最终得出的风险评级有低风险、中等风险、高风险以及外债（债务）困境四个等级。开发性金融机构和私人资本在开展基础设施融资时可以根据这一分析框架进行分析并得出风险评级，并根据风险评级做出进入或退出决策，以及在已经进入后管理债务风险，或提供技术援助。

（二）以充分调研和政策沟通降低政治风险

政治风险是跨境基础设施融资所面临的最重大和难以克服的风险，一旦发生政治风险，其造成的影响很难通过其他手段来弥补，因此防范政治风险主要还是在融资项目的评估阶段；当然，在项目运营阶段也可能存在突发事件引发的政治风险，就需要通过可靠的风险预警体系来防范。

对于政治安全性不足、执政党更迭、政府执行力不足等纯政治因素带来的政治风险，主要需要通过政府层面的政策沟通来解决。政策沟通是共建"一带一路"倡议中的重要内容，与基础设施融资的"设施联通""资金融通"应该有机结合，相互促进。同时应该对所投资国的政治状况进行充分调研，有较为全面的把握；对政治格局保持敏感性，及时调整战略等。对于政府项目设计失当等情况，则应该通过对项目充分的前期论证来加以防范。

（三）提升法律意识与能力防范法律风险

当前"一带一路"基础设施融资领域存在的法律风险主要表现为对投

融资保护法律、政府与私人资本合作法律以及相关法律的执行方面不熟悉，从而导致在融资过程中无法有效规避法律风险。对于融资机构来说，要进一步增强法律意识，充分利用法律分析工具，尤其是重视在项目设计、施工和运营各个阶段的法律问题，注重法律的本地化特征。要提升掌握当地法律和使用当地法律的能力，应该通过建立熟悉当地法律的人才队伍，尤其是从当地吸纳和培养法律人才来解决能力缺失的问题。

（四）建立外部环境风险预警体系

外部环境风险包括政治、宏观经济、宗教和文化等风险，其贯穿基础设施融资的项目设计、融资、项目建设与运营的全部阶段，对融资方的影响面广，因素多。要防范这些风险，应该建立有效的外部风险预警体系，通过对政党选举、政策变化、汇率波动、通货膨胀、经济增长等相关指标的密切监控，及时识别外部环境风险，以对融资和项目建设运营做出合理调整和风险规避。

（五）建立全生命周期的基础设施项目风险分析框架

当前对 PPP 项目风险防范已经有较为成熟的分析框架，但对项目本身风险的分析还存在一些不足，尤其是从项目设计到项目建设、运营全生命周期的风险分析框架还不够健全，容易因为项目本身的缺陷而带来融资风险。因此需要建立一个完善的全生命周期基础设施项目风险分析框架，并定期对项目进行风险分析和评估，适时调整，从而规避成本上升、工期延长和收益下降等因素带来的融资风险。

二、融资政策支持体系

融资支持体系中，政策支持体系是最重要的支持体系，其重要性在三类主要融资渠道中都得到了充分体现。在国际援助融资渠道中，国际援助融资决定于国际援助的理念，国际援助的理念以国际援助政策的形式表现出来，因此国际援助的理念以及由此带来的国际援助政策体系直接决定着基础设施国际援助融资的力度、方向和重点，与之类似，决定开发性金融融资成效的关键是开发性金融机构的政策选择，尤其是在开发性金融机构中资本更为占优的国别开发性金融机构的政策选择。在私人资本融资领域，无论是经验分析还是实证分析都显示政府的政策、法律水平对私人资本融资具有重大而显著的影响，尤其是在"一带一路"基础设施融资中，影响私人资本投入的不是宏观经济环境，而是宏观政策和法治环境。

在"一带一路"基础设施融资的政策支持体系方面,本书在第三章第四节做了简要介绍,包括基础性的"融资指导原则"、国家层面的双边政策框架、金融机构层面的合作框架以及国家内部的融资工具政策四个方面。结合本书研究的三类融资渠道来看,现有的融资政策支持体系还存在一些不足。一个较为完善的"一带一路"基础设施建设融资政策支持体系应该包括如下几个部分:

一是完善"一带一路"基础设施融资的总体政策框架,即以《"一带一路"融资指导原则》为核心的总体融资政策框架。但《"一带一路"融资指导原则》当前只是一个意向性的共识,并没有法律或政策上的约束力,所签署的范围也只涉及26个国家的财政部门,其所代表的是政策性融资渠道的声音,尽管在原则中阐明了包括开发性金融和私人资本在内的多元融资渠道,但其签署方并没有纳入多边开发性金融机构和一些私人资本代表,还只能依靠政府力量进行推进。因此应该在政策层面建立更具约束力、将多元融资渠道各方面代表都纳入其中的总体框架。

二是完善"一带一路"的跨境基础设施投融资支持政策。跨境投融资是"一带一路"基础设施融资的主要特点,也是重要的融资难点。应该建立"一带一路"国家普遍认同、共同遵守的跨境基础设施融资支持政策,尤其是在条件允许情况下的基础设施投资准入,以及规范基础设施的融资环境、降低融资费用、提高融资效率。这些投融资政策要涵盖多元化的融资渠道,尤其是在欢迎国际援助和多边开发性金融机构融资、促进私人资本融资等方面提供有力政策措施。

三是建立"一带一路"跨境基础设施投融资的保护政策。从第六章的分析可以看出,影响"一带一路"基础设施融资中私人资本投入的重要因素是对投资者的保护、争端解决以及政府、司法、法治等方面的质量。当前在"一带一路"基础设施投融资中还比较缺乏投融资的保护政策,"一带一路"国家对私人投资的保护政策水平和力度都不够(见第六章第二节)。同时由于基础设施建设的长周期、高成本等特征,对基础设施投融资的保护政策还具有自身的特殊性。

三、融资市场体系

市场机制在金融资源配置中应该起到决定性作用,在"一带一路"基础设施融资中,市场机制作用的发挥也尤为重要。在构建"一带一路"基础设施融资体系中，要重点构建如下几个方面的市场：

一是债券融资市场，尤其是本币债券融资市场体系。债券融资是基础设施融资的一大来源，既包括以政府信用为基础的国家基础设施建设债券，也包括以开发性金融机构信用为基础的开发性金融机构债券，还包括一些私人企业债券，其募集的资金来源广泛，尤其是可以通过债券将私人资本市场的短期、零散资金转换成长期、大规模的资金，从而匹配基础设施融资的需要。但当前"一带一路"区域并没有建立起规范的基础设施债券市场体系，已有的债券市场也多为开发性金融机构债券交易，基础设施建设公司债券的发行和交易都很少（全球占比不到5%）。因此在"一带一路"区域建立一个区域性的基础设施债券融资市场对基础设施融资的未来发展非常重要。

二是基础设施资产证券化市场。和债券市场相比，资产证券化提供了另外一种市场化选择，但其所需要的市场环境更加成熟。具有稳定的收入现金流、较低变动成本、较高股本回报率、较低需求弹性和有限竞争的基础设施资产往往可以证券化，从而通过资本市场进行融资。

三是基础设施的股权投资市场。除了通过债券方式融资，股权融资也是基础设施融资的重要来源，无论是政府、开发性金融机构还是私人资本，都可以通过股权融资方式为基础设施建设提供资金。尤其是作为主力的私人资本来说，一个完善的基础设施股权投资市场是其开展基础设施股权投资的重要影响因素。当前"一带一路"沿线还普遍较为缺乏基础设施股权投资市场，参与股权投资的主体也多局限为国家主权投资基金等。

四、融资中介服务体系

"一带一路"基础设施融资体系要高效有序的运行，还依赖于完善的中介服务体系，主要包括如下几个方面：

一是信用担保体系。开发性金融对私人资本的动员作用中，信用增进是一个重要的机制。信用与担保是推动基础设施融资的重要手段，但当前对政策性资金和国际援助资金所代表的政府信用、开发性金融机构的信用的使用还存在不足，还难以满足庞大的融资需求。因此应该在"一带一路"基础设施融资中建立一个信用担保体系，用以规范通过各级政府信用或基础设施本身的现金流来进行担保的方式。引入信用评级机构、担保机构等主体，共同参与到基础设施融资中来。

二是信息服务体系。跨境基础设施融资的期限长、流程复杂、专业性程度高，尤其是在私人资本进行跨境基础设施建设和融资时往往会付出较高的前期成本，从而影响私人资本的进入。通过建立熟悉"一带一路"沿线基础设施融资政策、融资渠道、融资方式的专业信息服务机构，进一步建立完善的信息服务体系，将跨境基础设施融资的前期准备、融资谈判等专业性工作由这一体系来承担，能够有效降低融资成本，提高融资效率。

三是保险体系。基础设施建设的风险分摊往往决定着基础设施建设融资的成败，完善的保险体系可以更为有效地解决基础设施融资中的风险分摊问题。通过引入保险类机构参与"一带一路"基础设施融资，可以提升融资体系的融资效率和稳定性。

五、融资监管合作体系

一个完善的融资体系需要透明、友好、非歧视和可预见的融资环境，这一融资环境的建设一方面依赖于有效的政策支持体系，另一方面也需要协调金融监管合作。"一带一路"基础设施融资体系涉及数十个国家的相互协调，涉及数以万计的融资主体，更加需要公平、高效、稳定的融资监管环境。

一是需要建立公平开放的监管制度。在"逆全球化"趋势下，贸易和投资的保护主义有所抬头，对于基础设施这样具有公共产品或准公共产品属性的投融资标的来说，公平开放的监管制度是有效融资的前提。"一带一路"沿线国家应该通过协商，为跨境基础设施融资建立公平的监管制度和监管环境。

二是需要深化高效协同的监管合作。由于涉及不同的国家和多个种类的融资主体，监管合作水平直接影响融资的成本，甚至决定融资的成败。当前"一带一路"领域还没有建立起有效的金融监管合作体系，但可以以基础设施建设领域为起点，构建基础设施投融资领域的金融监管合作体系。

第八章 结论与政策建议

中国作为共建"一带一路"倡议的发起国，为"一带一路"基础设施建设提供了大量的融资，尤其是中国的国别开发性金融机构、国有商业银行和国有企业等承担了大量的融资职责。根据本书构建的"一带一路"基础设施融资体系，当前中国在参与和推动"一带一路"基础设施建设融资方面还存在一些问题，尤其是在当前世界经济形势正在发生重大变化的新背景和新环境下，中国更应该思考自身在"一带一路"基础设施建设及其融资中的定位，以及如何推动建设和融入"一带一路"基础设施融资体系。根据本书的研究，本章对研究结论进行了归纳，并结合中国参与"一带一路"建设的实际情况，提出政策建议。

第一节 主要研究结论

本书通过对"一带一路"基础设施融资体系的研究，尤其是对国际援助、开发性金融和私人资本三大融资渠道的研究，得到了如下几个方面的结论：

（一）"一带一路"基础设施融资体系中的主要融资渠道是国际援助融资、开发性金融融资和私人资本融资

传统的其他融资方式如政府融资无法解决资金缺口问题，银行贷款融资存在期限错配的问题，资产证券化的条件不成熟。国际援助、开发性金融和私人资本三大融资渠道应该相互配合，形成一个高效率、可持续的融资体系。

（二）"一带一路"基础设施融资体系已经初步形成但存在一定问题

当前"一带一路"基础设施融资体系已经初步形成，融资政策、融资机制、融资机构和融资工具都得到了一定的发展。存在的主要问题是融资

能力不足、融资体系建设理念陈旧、融资体系覆盖面不广、融资体系内部结构失调和融资效率有待提升。

（三）中国与西方的国际援助融资体系各有优劣

西方的国际援助融资体系的优势是体系规范、透明度较高、公众参与程度高、与国际组织和多边金融机构联系密切、创新筹资机制丰富；劣势在于融资能力受限、动机与目的不适应新的外部经济环境、援助额分配标准不一致、对经济基础设施援助不足和对新兴国家的援助存在阻碍。中国国际援助融资体系的优势在于理念契合共建"一带一路"倡议、资金效果和平衡性强、援助手段多样和融资能力强；劣势在于开发合作的关系界限不清、资金使用方式存在局限、透明度和公众支持度不高等。

（四）中国的基础设施类援助更能促进受援国经济增长

通过对中国对外援助的实证分析发现，中国的国际援助中，对受援国的基础设施类援助更能促进受援国的经济增长；同时，对基础设施水平较低国家的援助更能促进受援国经济增长，以及使用 OOF 方式开展的援助对经济增长的作用更加显著。因此中国应该更多地使用 OOF 方式开展基础设施援助，尤其是针对最不发达国家的基础设施援助。

（五）开发性金融机构为"一带一路"基础设施提供融资的方式主要是债券融资和动员私人资本

开发性金融为"一带一路"基础设施提供的资金主要来源是政府注资和从国际资本市场发行债券获得的融资，为了规避汇率风险，未来的发展趋势是本币债券融资。除了直接提供资金以外，开发性金融的重要职责是发挥对私人资本的动员作用。开发性金融机构主要是通过降低项目风险、降低项目交易成本、调节融资周期、融资市场培育四个机制发挥对私人资本的动员作用的。

（六）私人资本参与基础设施建设存在三个方面的主要优势

私人资本参与基础设施建设存在"一个增加、两个节约"的优势，一个增加是能增加基础设施的总融资额；两个节约是能够通过效率提升实现项目建设资金的节约，因为利润追求实现在运营阶段成本的节约，即私人资本参与基础建设有利于总成本的节约。但其实现依赖于私人资本参与程度适当且索要风险溢酬合理、私人部门与公共部门存在效率差异、私人部门与公共部门协同机制健全等因素，同时也依赖于外部的政治与制度因素、经济与金融因素。

（七）"一带一路"基础设施融资存在六大类风险

"一带一路"基础设施融资存在国家债务风险、政治风险、法律风险、宏观经济风险、宗教文化风险、项目风险这六大类风险，且在不同的融资渠道中重点不同。开发性金融融资中应重点关注国家债务风险，私人资本融资中应该重点关注政治风险和项目风险。

（八）影响"一带一路"沿线私人资本参与基础设施融资的主要因素

本书通过对全球私人资本参与基础设施建设的数据实证分析发现，影响"一带一路"沿线私人资本参与基础设施融资的主要因素包括国际援助参与、多边开发性金融机构参与、基础设施项目所在国的法治水平、人口数量等。国家宏观经济质量对私人资本参与的影响不明显。

（九）"一带一路"基础设施融资体系重点在于各类融资渠道各有侧重、相互配合

通过对"一带一路"基础设施融资体系的构建发现，在三类融资渠道中，国际援助融资应该承担引领角色，优先投入到社会基础设施的瓶颈领域和基础设施水平较低的国家；开发性金融融资应该承担对其他资金的组织和动员作用，通过信用优势和信息优势撬动私人资本参与；私人资本融资应该承担主力角色，重点在于注意私人资本融资的内部影响因素和外部环境建设。

（十）"一带一路"基础设施融资体系应该是动态的

在基础设施建设项目的不同阶段，应该采用不同的融资渠道与融资方式，在项目选择评估孵化阶段应该以国际援助融资为主、开发性金融为辅；在寻找合作伙伴与项目融资阶段，应该以开发性金融为主、国际援助为辅；在项目建设阶段，应该以私人资本为主，国际援助、开发性金融为辅；在项目建设后期和项目运营阶段，应该以私人资本为主，国际援助、开发性金融资金适时撤离。在"一带一路"建设的不同阶段，也应该以不同的融资渠道为重点。

（十一）对中国在推动"一带一路"基础设施融资方面的建议

中国要更好地完善"一带一路"基础设施融资体系，需要形成新形势下的基础设施融资理念，坚持"合作共赢"的新国际援助融资理念，实现从"提供"到"动员"的开发性金融融资理念转变，并将培育私人资本参与作为重点发展方向。需要实现现有基础设施融资方式的转变、加强"一带一路"基础设施融资机构与环境建设、深化融资合作，并注重新形势下融资策略的调整。

第二节　建立新形势下的"一带一路"基础设施融资理念

当前中国参与"一带一路"基础设施融资的理念还较为陈旧，基本上依靠国家开发性金融、国有商业银行、国有企业等国家力量进行融资，尽管为"一带一路"基础设施建设提供了大量资金支持，但长期看来无法满足巨大的资金需求，融资模式不可持续。同时由于国有资本的特殊性，在沿线国家进行基础设施投融资时也常常受到质疑甚至阻碍，因此中国应该改进现有的基础设施融资理念，真正形成多元化融资理念，并将多元化融资渠道与国家战略和现代化融资模式相衔接。

一、坚持"合作共赢"的新国际援助融资理念

本书第四章的研究结果说明，西方传统的以"利他"为主要动机，以"施舍"为主要方式的国际援助理念不适应"一带一路"基础设施融资需求，主要体现在：一是传统国际援助的"利他"动机实际上是具有隐蔽性的"利己"，是为了实现其在援助国的政治、经济、外交或意识形态方面的目标；二是依靠"利他"动机筹措的国际援助资金无法满足基础设施建设的需要；三是在实质上的"利己"动机驱动下，援助资金考虑的并不是受援国的利益和实际情况，往往这些援助资金并没有流入到受援国最需要的基础设施建设中去；第四是从实证研究的结论也可以发现，严格意义的ODA资金的援助效果差于更广义的OOF资金。

因此中国应该坚持"合作共赢"的国际援助融资理念，摒弃西方传统的"施舍"援助理念。在"一带一路"基础设施融资方面，中国应该走"援助+开发合作"的道路，通过国际援助融资牵头，帮助受援国解决基础设施建设的瓶颈问题，如一些紧缺的社会基础设施，如教育医疗、交通运输基础设施等；再由开发合作资金跟进，与受援国一起开展经济基础设施合作，在能源电力、交通运输等方面开展合作，实现共赢。

中国的国际援助资金在"一带一路"基础设施建设领域要建立"引领+跟随"的融资模式，根据本书第四章第四节的结论，根据中国的经济发展水平和在共建"一带一路"倡议中的自身定位，应该在基础设施融资中承担"引领"这一角色，但"引领"并不是"完全提供"，不是"包办"，

引领的作用是提供融资导向和先行资金，带动受援国国内的政策性资金、开发性金融资金和私人资金的跟进。当前中国的国际援助融资中，已经起到了"引领"的作用，但在"跟随"方面还需要下功夫。

中国的国际援助资金在"一带一路"基础设施建设领域还要注意区分"援助资金"和"开发合作资金"。当前中国的国际援助资金常常与开发合作资金在一起使用，界限不清，这会导致一些问题。对内来说，在国际援助资金和开发合作资金的使用上不加区分，会影响两类资金的使用效果。国际援助资金重在引领，或投入到开发合作资金、私人资本融资无法进入或不愿进入的领域；开发合作资金重在实现"合作共赢"的目标，应该区分对待。对外来说，开发合作资金的参与会混淆国际援助资金的性质，譬如在国际援助资金的使用上规定本国采购成分要求，或采用成套项目援建等会与主流的援助理念不符，引起非议；但开发合作资金中的这些规定则属于合作双方的协议，较少引起此类非议。

最后，中国的国际援助资金在"一带一路"基础设施建设领域还要注重与国家整体战略的配合和呼应。国际援助资金有利于推进共建"一带一路"倡议的落实，通过"设施联通"带动贸易畅通和资金融通；同时共建"一带一路"倡议也能够更好地促进中国国际援助实现有效性，尤其是通过解决基础设施瓶颈问题而促进受援国经济增长。因此应该结合共建"一带一路"倡议，制定相应的国际援助战略，明确通过国际援助方式为"一带一路"基础设施融资的总体战略、方向和具体方法，将国际援助作为中国为"一带一路"基础设施融资，乃至更广泛领域融资的重要渠道。

二、实现开发性金融融资理念转变

当前中国通过开发性金融对"一带一路"基础设施融资主要有两个渠道，一是通过中国的国别开发银行，中国国开行为"一带一路"基础设施建设提供大量的贷款融资；二是通过中国倡导建立的多边开发银行——亚投行为"一带一路"基础设施建设提供贷款融资和资本动员方面的帮助。从融资理念上来讲，主要是要实现从"提供"资金到"动员"资金的转变。

首先是要调整中国国开行参与"一带一路"基础设施融资的定位。当前国开行的定位还主要在提供基础设施建设贷款方面，通过直接贷款、债券融资、股权投资等方式为"一带一路"基础设施建设提供资金，成为其最重要的资金来源之一。但由此也产生了两个问题，一是由国开行提供的资金在长期来看是不可持续的，"一带一路"沿线巨大的基础设施建设资金缺口不可能由中国的国别开发银行长期提供；二是会在国际社会产生不良影响，会引起国际社会对中国政策性资金长期和大量参与跨境基础设施融资的担忧甚至抵触。因此应该调整中国国开行参与"一带一路"基础设施融资的定位。中国国开行在"一带一路"基础设施融资中的主要定位包括：直接提供贷款资金，开展国内、国际债券融资，动员社会资本和提供规划研究支持四个方面，应该重点从当前的第一个方面向后面三个方面转变。

其次是继续推进亚投行的发展战略。作为新兴的多边开发性金融机构，亚投行在成立之初就具有比较先进的发展理念，尤其体现在其对私人资本的动员这一方面。亚投行是首先将"对私人资本的动员"这一指标纳入业绩统计并向社会公布的多边开发性金融机构，从 2016—2018 年其动员的私人资本占比从 0.293% 上升到了 18.128%，2018 年动员的总额达到了7.596 亿美元。尽管目前亚投行本身的规模还不算大，但其发展理念是符合当前基础设施融资理念的，中国应该进一步支持亚投行的发展。

三、将培育私人资本作为基础设施融资的发展方向

无论是通过国际援助资金还是开发性金融资金，从长期来看都无法从根本上解决"一带一路"基础设施融资的持续性供给问题，最终的解决方案还是要依靠私人资本的投入。对于中国来说，国内的私人资本投资意愿与"一带一路"基础设施投资市场具有很好的契合点，应该树立将私人资本作为基础设施融资主力的融资理念。

从私人资本参与基础设施融资的方式来看，可以通过债券融资，也可以通过股权融资。债券融资当前一般可以通过国家开发银行和其他开发性金融机构债券、商业金融机构债券、"一带一路"基础设施建设的公司债券等方式进行投资，股权融资则可以通过 PPP 模式、直接投资等方式进行投资。这些投融资方式当前都或多或少的存在，但都缺乏一个活跃的、规范的市场，市场参与主体也多为国有企业，真正参与的私人资本还较少。

中国应该将培育私人资本参与作为基础设施融资的长期发展方向，应该从两个方面来着力。一个方面是如何推动中国的私人资本走出去，参与到"一带一路"基础设施融资中去。从前文的研究可以看出，私人资本成功参与基础设施融资项目存在必要的微观和宏观条件，要满足这些条件，一是应该提高中国私人资本参与基础设施建设的效率（提高私人资本与公共资金的效率差，满足微观条件，详见第六章第一节的分析），二是应该提高中国私人资本抵御"一带一路"基础设施建设宏观风险的能力（以满足宏观条件）。三是要建设好基础设施融资的债券和股权市场，为私人资本的参与提供市场条件。另一个方面是中国也同时要吸引私人资本参与本国的基础设施融资，其关键是改善国内的基础设施融资环境，尤其是投资者保护环境和法治环境。

第三节 推动现有"一带一路"基础设施融资方式的转变

中国现阶段参与"一带一路"基础设施建设主要依靠国际援助资金、国家开发银行提供的政策性优惠贷款、国有商业银行贷款、国有企业股权投资等。结合本书分析结论来看，还没有建立一个科学完善、重点突出、可持续和高效的融资体系，当前的融资方式还需要根据本书建立的融资体系进行调整。

一、调整国际援助融资的流向结构

为了更好地配合"一带一路"基础设施建设融资，中国应该调整国际援助融资的部门结构和区位结构。主要体现在三个方面：一是加大国际援助资金中，基础设施类援助资金的比重。这样不仅可以为"一带一路"基础设施建设提供更多资金，同时也因基础设施建设资金对受援国经济增长更为有效，可以反过来促进援助效果的提升。二是将国际援助资金向基础设施建设落后的国家倾斜，根据第四章的研究结论，中国的国际援助资金在基础设施相对落后国家的援助效果更加显著，因此在建设初期，国际援助资金应该向基础设施条件相对落后的国家倾斜。三是适当增加官方发展融资（OOF）类国际援助资金，不要局限在 ODA 资金的框架内，可以通过更大规模的优惠贷款、财政贴息等方式，用较小的政策性资金成本为基础设施提供更多的融资。四是将国际援助资金优先定位到对受援国发展具有瓶颈作用的社会基础设施和经济基础设施，优先解决受援国的发展瓶颈问题，而不是在基础设施的各个领域均衡着力，不区分重点主次。

二、推动中国国家开发银行基础设施融资转型

中国国家开发银行作为世界上规模最大的国别开发银行，当前在参与"一带一路"基础设施融资上主要是通过贷款、债券融资和股权投资三类方式参与。结合开发性金融在"一带一路"基础设施融资体系中的定位，中国国开行在"一带一路"基础设施融资中应该进行如下几个方面的转型：

一是以基础设施融资项目培育为重点任务。除了承接基础设施直接融资的传统业务外，国开行应该逐步涉及"一带一路"基础设施融资项目培育，通过国开行在"一带一路"区域充分的基础设施融资经验，帮助其他融资主体降低融资项目风险和融资成本，推动其他融资主体对基础设施融资的参与。国开行的重点不应在于大规模的提供资金，也在于提供组织、经验、增信和其他方面的帮助。

二是以基础设施融资市场培育为重点任务。"一带一路"基础设施融资市场包括债券融资市场和股权融资市场。当前国开行在债券融资和股权融资方面都具有一定的经验，同时由于具有中国政府的支持和政策性资金的支持，以及在"一带一路"区域良好的合作经验，基本具备进行市场培育的能力。而建设完善的基础设施融资市场，是基础设施融资长期可持续的重要保障。

三是为国内私人资本参与跨境基础设施融资提供服务。当前国开行贷款基本上都面向大型国有企业，基本上不向国内的私营企业提供贷款，更少向企业提供信息咨询和服务。要推动国内的私人资本"走出去"，参与到"一带一路"基础设施融资中去，现阶段中国国开行是一个重要的渠道。因此国开行应该将服务国内私人资本参与跨境基础设施融资作为一个重要的发展方向。

三、推动国内私人资本参与跨境基础设施融资

当前国内私人资本一方面有寻找良好投资机会的需求，另一方面在"一带一路"基础设施融资方面又存在经验和能力不足的情况，同时国内私人资本参与跨境基础设施还存在一些瓶颈。中国应该着力解决私人资本参与跨境基础设施融资的瓶颈问题，不断推动"一带一路"基础设施融资体系中的私人资本参与。

一是解决外汇管制的瓶颈。当前外汇管制是国内私人资本参与跨境基础设施投融资的重要瓶颈。在国内私人资本参与"一带一路"基础设施融资中，应该进一步实现外汇管制的程序化、公开化和透明化，实现外汇审批时间限制，提高外汇审批效率，解决私人资本跨境投资的外汇难题。

二是加强官方融资政策的公平性。私人资本参与跨境投资时在国内融资所面临的重要问题是公平性缺失。中国当前对"一带一路"的金融支持多为以官方背景为主，在实践中容易受到外国民众或企业对官方资金的抵制；但国内又缺乏对私人资本支持的政策，如民营企业很难从国家开发银行获得贷款，私人资本通过市场渠道如发放债券融资、贷款融资参与"一带一路"基础设施建设的渠道都不畅通。中国应该在这一方面采取对私人资本倾斜支持的政策，以推动私人资本对跨境基础设施建设的参与。

三是建设针对私人资本的融资担保机制。当前私人资本参与跨境投资在海外融资的主要方式是"内保外贷"，中国民营企业到海外融资的成本往往还低于国内融资成本，还具有东道国本币融资的优势，如规避汇率风险等。但海外融资的成功与成熟的担保机制息息相关。当前出口信用保险高度依赖国家主权担保，取得担保资格的企业和项目准入门槛都较高，无法满足多元化承保需求。因此应该推进建设针对私人资本的融资担保机制，尤其是应该放宽担保机构的市场准入，培育多元化的风险分摊机制。

四是为私人资本"走出去"提供中介服务。私人资本无论通过债券还是股权方式参与"一带一路"基础设施投资都存在经验不足的问题，尤其是面临不同的国家政策、法治环境，面临复杂的融资结构和风险结构，私人资本通常不具备相关的法律知识、风险防控能力以及跨文化管理等方面的能力。此外，私人资本如果不成体系地参与到"一带一路"基础设施融资中去，还可能因此产生相互竞争、缺位或越位等问题。因此需要从国家层面来打造私人资本参与"一带一路"基础设施建设的中介服务体系，由包括政府部门、开发性金融机构、科研单位、专业中介服务机构在内的各类组织为私人资本"走出去"提供中介服务。

五是助力提升私人资本自身参与能力与素质。如前文的研究结论显示，私人资本之所以能够成功参与基础设施融资并获得额外收益，是私人资本与公共资金在基础设施建设项目上存在效率差异。因此提高私人资本自身对基础设施的参与能力与自身素质，能够扩大这一效率差异，更好的促成融资项目的成功。

第四节　加强"一带一路"基础设施融资机构与环境建设

融资体系的操作层面有两个方面的重要影响因素：一是融资机构，二是融资环境。中国作为共建"一带一路"倡议的发起国，也是当前"一带一路"基础设施融资的重要提供国，对自身融资机构与融资环境建设不但可以进一步推动中国参与"一带一路"基础设施融资，同时也能为其他参与国树立一个良好的示范。

一、建立多层次的跨境基础设施融资机构

支持中国跨境基础设施融资的融资机构主要分为如下几类：

一是国家层面的领导机构。当前中国推进共建"一带一路"倡议主要由办公室设在国家发改委的"推进'一带一路'建设工作领导小组"来进行，主要是国务院主导。在基础设施融资中，国际援助融资由国际发展合作署管理，同时由商务部、外交部和各国使领馆配合完成相关职责；开发性金融融资由中国国家开发银行管理，受到国务院的领导；私人资本融资涉及则涉及国家发改委和商务部。要实现对"一带一路"基础设施融资的统筹管理，应该建立在国务院领导下的，由发改委、商务部、国际发展合作署、国家开发银行、外交部、外汇管理局等共同参与的协调部门和机制，共同研究制定推动跨境基础设施融资的政策，共同推进融资促进工作。

二是融资业务层面的机构建设。当前中国在基础设施融资业务层面的融资机构主要包括中国国家开发银行及其海外分支机构、中国各大国有商业银行及其海外分支机构、主权投资基金等。在融资业务层面还应该进一步推进这些融资机构的建设，尤其加强融资机构的本地化合作。

三是融资中介服务机构的建设。融资的中介服务机构包括两个方面，一方面是支持专业化融资中介服务机构发展，建设一批有能力在"一带一路"相关国家和地区承办跨境融资业务的中介机构，在国际会计、审计、法律、评级、风险评估、信息等领域为融资主体提供支持和咨询服务；另一方面是要充分利用中国在当地的使领馆、商务参赞处、行业协会、华人团体等力量，为跨境基础设施融资提供服务。

四是跨境基础设施融资合作组织建设。对私人资本参与跨境基础设施融资的一个重要影响因素是协调因素，包括与东道国政府之间的协调，与各参与方利益之间的协调，与公民社会群体的协调等，需要建立有效的融资合作组织来解决协调问题。中国应该倡导建立"一带一路"区域的基础设施融资合作机构，纳入"一带一路"区域的政府机构、重要多边开发银行、参与跨境基础设施融资的私人资本代表等，建立沟通协调机制和合作融资机制，解决跨境基础设施融资中的协调问题。

二、推进跨境基础设施融资环境建设

宏观环境因素，包括政治环境、法治环境和经济环境，都对跨境基础设施融资存在影响，尽管这一影响对国际援助融资和开发性金融融资并不显著，但对融资的主要力量——私人资本融资存在明显的影响。"一带一路"基础设施的融资环境建设需要"一带一路"沿线国家和融资主体的共同努力，但中国可以在其中发挥引领性和示范性的作用。

从本书的研究结论来看，"一带一路"基础设施融资环境建设的重点应该是与融资相关的法治环境建设，包括东道国的司法质量、政府的稳定性和腐败程度、对投资者的保护、投资便利化措施、投资争端解决机制以及与政府合作的可靠性等多个方面。中国应该从这些方面率先改进本国的基础设施融资环境，为其他沿线国家提供一个可借鉴的范本。

第五节　深化"一带一路"基础设施融资合作

中国不能，也不应该独立承担"一带一路"基础设施融资的职责，共建"一带一路"倡议的原则是"共商共建共享"，在基础设施融资领域由于融资需求量大、融资周期长和基础设施作为公共物品的特点等因素，更需要深化融资合作。

当前中国在"一带一路"基础设施融资领域的融资合作措施主要是通过主权投资基金合作参与、商业银行与国外商业银行合作等方式进行，融资合作的领域还比较窄，方式也不多。但从开发性金融机构的经验来看，国际多边开发银行普遍重视融资合作，广泛地与政府机构、其他开发性金融机构、其他商业金融机构、非金融企业和社会组织五类机构进行了融资

合作，提升了自身的融资能力（详见第五章第一节）。以此为借鉴，中国在跨境基础设施融资方面应该从如下几个方面更广泛更深入的开展融资合作：

一是全面建立与境外主要商业银行的常态化合作交流机制。当前中国已经与"一带一路"沿线45个国家和地区的85家金融机构建立了常态化合作交流机制，合作落地超过40个"一带一路"沿线项目，承贷总金额近400亿美元[①]。与境外商业银行的常态化合作可以更好的提升跨境基础设施融资的便利化水平和融资能力，尤其是对私人资本的境外投融资提供帮助。

二是加强与多边开发银行和国际组织的合作。与多边开发银行和国际组织合作，一方面应与多边开发银行开展联合融资业务，可以拓展融资来源，利用多边开发银行和国际组织在跨境基础设施融资上的经验优势、信用优势和引领作用；另一方面还应该通过与国际机构合作开展能力建设，如中国央行于2018年4月与IMF联合成立中国—国际货币基金组织联合能力建设中心，通过举办研讨会、培训学员等方式加强中国相关融资主体的融资能力建设。

三是推动双边货币合作。近年来，人民币跨境支付系统的建设不断推进，在"一带一路"建设融资中发挥了越来越重要的作用，大大提高了人民币跨境清算效率，为"一带一路"融资提供了便利。在融资合作中，要进一步推进中国与其他国家的双边货币合作，通过签署本币互换协议、建立人民币清算安排等方式，提升投融资的便利化程度。

四是加强融资监管与风险防范合作。融资风险是跨境基础设施融资的重要影响因素，中国应该加强与国际组织、沿线国家政府在融资监管和风险防范方面的合作，一是通过多边（如IMF、BIS等平台）和双边（如沿线国家政府）合作加强宏观风险的动态监控，对宏观经济风险、沿线主要国家的政治风险等进行前瞻性预判和研究；二是通过加强与金融机构、相关企业合作，加强微观层面的风险防控，降低融资合作失败的风险；三是加强与研究机构、中介机构的合作，定期开展风险研究和风险提示工作，及时向有关部门、中资金融机构和企业就相关风险进行沟通，提前预警。

---

① 陈雨露. 书写"一带一路"投融资合作新篇章 [J]，中国金融家，2019（5）：24-25.

参考文献

[1] 埃斯特瓦多道尔. 区域性公共产品：从理论到实践 [M]. 张建新, 等译. 上海：上海人民出版社, 2010.

[2] 国家开发银行·中国人民大学联合课题组. 开发性金融论纲 [M]. 北京：中国人民大学出版社, 2006.

[3] 黄梅波, 朱丹丹. 发达国家的国际发展援助 [M]. 北京：中国社会科学出版社, 2018.

[4] 李小云, 徐秀丽, 王伊欢. 国际发展援助：非发达国家的对外援助 [M]. 北京：世界知识出版社, 2013.

[5] 林毅夫, 王燕. 超越发展援助——在一个多级世界中重构发展合作新理念 [M]. 北京：北京大学出版社, 2016.

[6] 罗雨泽. "一带一路"基础设施投融资机制研究 [M]. 北京：中国发展出版社, 2015.

[7] 倪经纬. 中国开发性金融"走出去"战略研究 [M]. 北京：中国经济出版社, 2018.

[8] 推进"一带一路"建设工作领导小组办公室. 共建"一带一路"倡议：进展、贡献与展望 2019 [M]. 北京：外文出版社, 2019.

[9] 吴晓求, 赵锡军, 瞿强. 市场主导和银行主导：金融体系在中国的一种比较研究 [M]. 北京：中国人民大学出版社, 2006.

[10] 肖钢. 制度型开放——构建"一带一路"投融资新体系 [M]. 北京：中国金融出版社, 2019.

[11] 英格·考尔. 全球化之道——全球公共产品的提供与管理 [M]. 张春波, 译. 北京：人民出版社, 2006.

[12] 中国开发性金融促进会. 开发性金融治理与发展创新 [M]. 北京：中信出版社, 2017.

[13] 中国开发性金融促进会. 中国开发性金融发展报告（2015）

[M].北京：中信出版集团，2016.

　　[14] 左常升.国际援助发展理论与实践 [M].北京：社会科学文献出版社，2015.

　　[15] 代家玮.亚洲基础设施投资银行在"一带一路"建设中面临的挑战与应对方式研究 [D].兰州：兰州大学，2019.

　　[16] 姜越.我国基础设施投融资体制改革问题研究 [D].长春：吉林大学，2018.

　　[17] 李忆.我国商业银行国际贸易融资创新研究 [D].杭州：浙江大学，2018.

　　[18] 宋宛婷."一带一路"倡议下中国PPP国际合作策略研究 [D].成都：电子科技大学，2019.

　　[19] 谭文龙."一带一路"倡议下基础设施投资项目的收益分析 [D].北京：对外经济贸易大学，2019.

　　[20] 王绍宏.中国开发性金融及其转型研究 [D].天津：天津财经大学，2008.

　　[21] 向洁.丝绸之路经济带与欧亚经济联盟对接合作研究 [D].乌鲁木齐：新疆大学，2018.

　　[22] 张鹏飞."一带一路"沿线亚洲国家基础设施先行研究 [D].上海：上海社会科学院，2018.

　　[23] 张睿姝.多边金融机构参与"一带一路"基础设施PPP项目研究 [D].北京：外交学院，2018.

　　[24] 蔡礼强，刘力达.发达国家社会组织参与对外援助的制度吸纳与政策支持 [J].国外社会科学，2019 (5)：31-47.

　　[25] 曹文炼.发挥开发性金融在"一带一路"建设中融资的主导作用 [J].国际融资，2020 (5)：15-16.

　　[26] 陈红.重大基础设施投资补偿机制研究 [J].江苏社会科学，2012 (6)：97-100.

　　[27] 陈辉，王爽."一带一路"与区域性公共产品供给的中国方案 [J].复旦国际关系评论，2018 (1)：81-85

　　[28] 陈玮冰，武晋.对非基础设施援助与直接投资的传导机制研究——基于非洲39国面板数据 [J].上海对外经贸大学学报，2019，26 (4)：38-46.

[29] 陈新明，杨耀源. 亚洲基础设施投资银行向东盟互联互通建设提供融资的风险与对策 [J]. 东南亚纵横，2016 (3)：19-24.

[30] 陈燕鸿，杨权. 亚洲基础设施投资银行在国际发展融资体系中的定位：互补性与竞争性分析 [J]. 广东社会科学，2015 (3)：5-13

[31] 船津润，何培忠. 日本的政府开发援助与财政和财政投资融资 [J]. 国外社会科学，2004 (4)：109-110.

[32] 杜大伟，唐磊，王欣仪. 中国的发展融资是对国际秩序的挑战吗? [J]. 国外社会科学，2018 (1)：153-154.

[33] 樊建强，John Liang. 美国公路基础设施融资危机、变革趋势及启示 [J]. 兰州学刊，2014 (3)：107-115.

[34] 凤亚红，李娜，曹枫. 基于案例的 PPP 模式运作成功的关键影响因素研究 [J]. 科技管理研究，2018，38 (5)：227-231.

[35] 凤亚红，李娜，左帅. PPP 项目运作成功的关键影响因素研究 [J]. 财政研究，2017 (6)：51-58.

[36] 高程. 区域合作模式形成的历史根源和政治逻辑——以欧洲和美洲为分析样本 [J]. 世界经济与政治，2010 (10)：35-42.

[37] 高程. 中美竞争与"一带一路"阶段属性和目标 [J]. 世界经济与政治，2019 (4)：58-78

[38] 高洋. 中国对哈萨克斯坦基础设施的投融资模式研究 [J]. 宏观经济管理，2017 (S1)：305-306.

[39] 耿楠. 多边开发金融体系新成员：创新与合作——新开发银行与亚投行机制研究 [J]. 国际经济合作，2016 (1)：90-95

[40] 管立杰，赵伟. 农村基础设施 PPP 模式发展的影响因素研究 [J]. 中国农业资源与区划，2019，40 (6)：114-120.

[41] 郭继秋，刘国亮，姚雪. 影响我国城市基础设施项目融资结构的关键因素分析 [J]. 经济纵横，2010 (8)：110-113.

[42] 郭建民，吴珊. "一带一路"融资担保瓶颈及其解决路径 [J]. 宏观经济管理，2019 (12)：31-36.

[43] 郭江，马蔡琛. 基于财政信用服务视角的"一带一路"建设研究 [J]. 青海社会科学，2019 (3)：41-47.

[44] 郭艳. 中非发展基金：新时代中非投资合作的可靠伙伴 [J]. 中国对外贸易，2018 (9)：40-43

[45] 郝睿, 蒲大可, 许蔓. 中国参与非洲基础设施投资和建设研究 [J]. 国际经济合作, 2015 (11): 34-39.

[46] 胡宗义, 鲁耀纯, 刘春霞. 我国城市基础设施建设投融资绩效评价——基于三阶段 DEA 模型的实证分析 [J]. 华东经济管理, 2014, 28 (1): 85-91.

[47] 黄梅波, 陈娜. 金砖国家新开发银行的基础设施融资职能及其发展理念 [J]. 广东社会科学, 2017 (6): 5-14, 249.

[48] 黄梅波, 陈岳. 国际发展援助创新融资机制分析 [J]. 国际经济合作, 2012 (4): 71-77.

[49] 黄梅波, 郎建燕. 主要发达国家对外援助管理体系的总体框架 [J]. 国际经济合作, 2011 (1): 50-56.

[50] 黄梅波. 中国国际援助与开发合作的体系构建及互动协调 [J]. 上海对外经贸大学学报, 2019, 26 (4): 14-26.

[51] 黄平. "一带一路" 建设中的宗教风险--以巴基斯坦为例 [J]. 上海交通大学学报 (哲学社会科学版), 2017, 25 (3): 14-22.

[52] 霍建国, 庞超然. 国际基础设施领域投融资新模式 [J]. 国际经济合作, 2016 (4): 4-9.

[53] 贾银华. 亚洲基础设施投资银行贷款全过程风险管理体系的构建——基于国家开发银行经验研究 [J]. 经济与管理, 2016, 30 (3): 13-18

[54] 姜安印, 郑博文. 中国开发性金融经验在一带一路建设中的互鉴性 [J]. 中国流通经济, 2016, 30 (11): 50-57.

[55] 寇娅雯, 石光乾. "一带一路" 背景下股权融资市场证券结算担保机制研究 [J]. 湖北经济学院学报 (人文社会科学版), 2019, 16 (12): 40-42.

[56] 李浩, 肖海林. "一带一路" 倡议下中国和中东地区金融合作的路径探析 [J]. 国际贸易, 2018 (9): 55-60.

[57] 李建华. 我国城市基础设施投融资研究文献综述 [J]. 技术经济与管理研究, 2015 (9): 114-117.

[58] 李建军, 李俊成. "一带一路" 基础设施建设、经济发展与金融要素 [J]. 国际金融研究, 2018 (2): 8-18.

[59] 李晴. 新兴国际金融机构融资制度发展研究 [J]. 山东社会科

学，2018（9）：161-167.

[60] 李升，杨武，凌波澜. 基础设施投融资是否增加地方政府债务风险？[J]. 经济社会体制比较，2018（6）：67-76.

[61] 李颜娟. 基础设施项目多元投融资模式研究 [J]. 宏观经济管理，2014（7）：76-78.

[62] 李原，汪红驹."一带一路"基础设施投融资合作基础与机制构想 [J]. 上海经济研究，2018（9）：61-67.

[63] 梁志兵. 企业参与"一带一路"金融支持 [J]. 中国金融，2017（9）：62-63.

[64] 林毅夫，王燕. 国家净资产和债务可持续性 [R]. 国际金融论坛2020中国报告.

[65] 刘晨，葛顺奇. 中国境外合作区建设与东道国经济发展：非洲的实践 [J]. 国际经济评论，2019（3）：73-100，6.

[66] 刘方平. 中国对外援助70年：历史进程与未来展望 [J]. 西南民族大学学报（人文社会科学版），2019（12）：31-37.

[67] 刘国斌. 论亚投行在推进"一带一路"建设中的金融支撑作用 [J]. 东北亚论坛，2016（2）：58-66

[68] 刘孔玲，陆洋. 政府最低收益保证对私人投资基础设施项目的决策影响 [J]. 华东经济管理，2013，27（6）：98-100.

[69] 刘宁. 国际发展援助的转变——目标、资源与机制 [J]. 国际展望，2019，11（2）：106-128.

[70] 刘婷婷，杨斌. 西藏南亚大通道基础设施建设的金融支持研究 [J]. 西藏大学学报（社会科学版），2018，33（1）：163-169.

[71] 刘雪莲，李晓霞. 论"一带一路"区域性公共产品的供给创新 [J]. 阅江学刊，2017（5）：78-85

[72] 刘雨轩，丁思勤. 开发性银行的定位功能研究及对我国开发性银行发展的启示 [J]. 开发性金融研究，2019（1）：89-96.

[73] 罗煜，王芳，陈熙. 制度质量和国际金融机构如何影响PPP项目的成效——基于"一带一路"46国经验数据的研究 [J]. 金融研究，2017（4）：61-77.

[74] 马德隆. 交通基础设施投融资基本经验与未来展望 [J]. 宏观经济管理，2019（8）：39-44.

[75] 毛小菁, 姚帅. 发展融资: 国际发展援助领域的重大变革 [J]. 国际经济合作, 2014 (5): 47-49.

[76] 孟华强. 日本企业对外投资的金融支持体系对"一带一路"战略的启示 [J]. 经济研究参考, 2016 (67): 10-12.

[77] 潘宏胜, 黄明皓. 部分发达国家基础设施投融资机制及其对我国的启示 [J]. 经济社会体制比较, 2014 (1): 24-30.

[78] 彭清辉. 开发性金融在基础设施投融资中的运用 [J]. 求索, 2008 (9): 41-42.

[79] 丘兆逸, 付丽琴. 国内私人资本与"一带一路"跨境基础设施建设 [J]. 开放导报, 2015 (3): 35-38.

[80] 彤新春. 我国公路、铁路投融资结构变迁分析 [J]. 中国经济史研究, 2016 (6): 125-135.

[81] 沈梦溪. 国家风险、多边金融机构支持与 PPP 项目融资的资本结构——基于"一带一路"PPP 项目数据的实证分析 [J]. 经济与管理研究, 2016, 37 (11): 3-10.

[82] 沈铭辉. 全球基础设施投资与合作研究——以 G20 国家为例 [J]. 国际经济合作, 2016 (6): 13-20.

[83] 盛磊, 杨白冰. 新型基础设施建设的投融资模式与路径探索 [J]. 改革, 2020 (5): 49-57.

[84] 宋琪, 汤玉刚. 基于公共品资本化的地方财政激励制度研究——土地财政如何影响公共品提供 [J]. 经济理论与经济管理, 2016 (1): 46-58.

[85] 宋微. 开展"一带一路"主权财富基金合作的实施路径分析 [J]. 国际贸易, 2019 (4): 28-33.

[86] 隋广军, 黄亮雄, 黄兴. 中国对外直接投资、基础设施建设与"一带一路"沿线国家经济增长 [J]. 广东财经大学学报, 2017, 32 (1): 32-43.

[87] 孙艳, 郭菊娥, 高峰, 张国兴. 基础设施项目融资中政府担保的影响因素 [J]. 统计与决策, 2007 (20): 53-56.

[88] 万泰雷, 张绍桐. 浅析联合国发展融资机制改革创新及对中国参与国际多边发展援助的影响 [J]. 国际经济评论, 2019 (1): 77-88.

[89] 王达. 亚投行的中国考量与世界意义 [J]. 东北亚论坛, 2015

（3）：48-64

　　[90] 王江楠. PPP 项目私人投资者合理回报及其匹配财政政策研究 [J]. 统计与决策，2018，34（8）：160-164

　　[91] 王敏，柴青山，王勇，等. "一带一路"战略实施与国际金融支持战略构想 [J]. 国际贸易，2015（4）：35-44.

　　[92] 王胜文. 中国援助非洲基础设施建设的经验与展望 [J]. 国际经济合作，2012（12）：7-9.

　　[93] 王松军，邓钦. 国外政策性金融机构盈利模式分析及启示 [J]. 财务与会计，2016（19）：69-71.

　　[94] 王卫东，姜勇，邓青，等. 开发性金融支持重庆"一带一路"和长江经济带 Y 字形联结点建设投融资研究——基于灰色动态模型的分析与预测 [J]. 开发性金融研究，2018（5）：9-19.

　　[95] 王孝松，田思远. 制度质量、对外援助和受援国经济增长 [J]. 世界经济研究，2019（12）：13-30，131.

　　[96] 王星宇. 日本对外经济援助政策新动向与中日"一带一路"合作 [J]. 当代世界，2018（7）：59-63.

　　[97] 王玉柱. 主权基金如何参与一带一路基建融资 [J]. 开放导报，2016（2）：93-96.

　　[98] 王钊. 中国的基础设施建设援助与国际发展援助的"共生"——援助国产业结构差异的视角 [J]. 外交评论（外交学院学报），2020，37（2）：51-81.

　　[99] 魏雅丽，刘凯. 城市基础设施与企业生产效率关系的再思考——基于中国特色城市建设投融资模式的视角 [J]. 产经评论，2015，6（4）：148-160.

　　[100] 温灏，沈继奔. "一带一路"投融资模式与合作机制的政策思考 [J]. 宏观经济管理，2019（2）：54-61.

　　[101] 温来成，彭羽，王涛. 构建多元化投融资体系服务国家"一带一路"战略 [J]. 税务研究，2016（3）：22-27.

　　[102] 吴辉航，白玉. "南南合作式"国际援助的有效性研究——兼论通讯基础设施对受援国经济增长的影响 [J]. 湖南科技大学学报（社会科学版），2018，21（3）：71-79.

　　[103] 吴绍鑫. 金砖国家开发性金融与基础设施投融资发展的比较研

究 [J]. 经济研究参考, 2017 (58): 10

[104] 谢宗博. 英国 PPP 模式应用的经验和启示 [J]. 中国财政, 2016, (11). 12-16

[105] 阎豫桂. "一带一路" 投融资合作需要宏观机制创新与微观业务模式创新 [J]. 全球化, 2017 (4): 79-87, 134.

[106] 杨萍, 杜月. 高质量发展时期的基础设施投融资体制机制改革 [J]. 宏观经济管理, 2020 (5): 23-29, 36.

[107] 杨树琪, 刘向杰, 廖楚晖. 政府行为影响财政性融资项目绩效的实证研究 [J]. 财政研究, 2010 (11): 20-23.

[108] 姚桂梅, 许蔓. 中非合作与 "一带一路" 建设战略对接: 现状与前景 [J]. 国际经济合作, 2019 (3): 4-16.

[109] 姚金海. 基本养老保险基金基础设施投资研究——以高速公路 PPP 项目为例 [J]. 广西社会科学, 2018 (9): 67-72.

[110] 姚帅. 2019 年国际发展合作与中国对外援助回顾与展望 [J]. 国际经济合作, 2020 (1): 30-32.

[111] 姚帅. 变革与发展: 2018 年国际发展合作回顾与展望 [J]. 国际经济合作, 2019 (1): 29-37.

[112] 叶芳. 多边开发银行参与基础设施项目投资空间分布的影响因素——基于世界银行 PPI 数据库的实证分析 [J]. 财政研究, 2017 (10): 65-75.

[113] 英勇. 引导全球养老保险等机构投资 "一带一路" 和中国国内基建 [J]. 国际融资, 2020 (5): 19-21.

[114] 余靖雯, 王敏, 郭凯明. 土地财政还是土地金融? ——地方政府基础设施建设融资模式研究 [J]. 经济科学, 2019 (1): 69-81.

[115] 余漫, 夏庆杰, 王小林. 国际发展融资理念演变分析 [J]. 学习与探索, 2016 (12): 104-109.

[116] 袁佳. "一带一路" 基础设施资金需求与投融资模式探究 [J]. 国际贸易, 2016 (5): 52-56.

[117] 岳宇君, 胡汉辉. 国外城市 ICT 基础设施投融资机制及其对我国的启示 [J]. 经济问题探索, 2017 (1): 38-43.

[118] 张汉林, 张鹏举. "一带一路" 倡议基础设施建设国际金融合作体系研究 [J]. 理论探讨, 2018 (2): 91-98.

［119］张理平. 基础设施建设资产证券化融资模式设计［J］. 经济体制改革，2011（4）：138-141.

［120］张晓翘，郭濂，何迪. 中国参与非洲基础设施建设的 ACP 投融资模式研究［J］. 华中科技大学学报（社会科学版），2015，29（6）：105-110.

［121］张协奎，苏彩虹. 中国企业投资柬埔寨基础设施建设探讨——中国-东盟国家互联互通建设系列研究之一［J］. 广西大学学报（哲学社会科学版），2018，40（2）：73-81.

［122］张中元，沈铭辉. "一带一路"融资机制建设初探——以债券融资为例［J］. 亚太经济，2018（6）：5-14，146.

［123］赵洪. 中日对东南亚基础设施投资竞争及其影响［J］. 国际论坛，2018，20（2）：39-45，77.

［124］赵静. 制度质量、多边金融机构支持对 PPP 项目成效的影响研究——基于东盟国家 PPP 项目数据的实证研究［J］. 国际贸易问题，2020（5）：161-174.

［125］赵祚翔，李晨妹，王圣博. "一带一路"背景下中国境外合作园区投融资模式的实践［J］. 商业经济研究，2019（22）：178-181.

［126］郑之杰. 发挥开发性金融作用服务供给侧结构性改革［J］. 中国金融家，2016（12）：23-24.

［127］仲鑫，冯桂强. 构建"一带一路"倡议实施的多元融资机制研究［J］. 国际贸易，2017（4）：30-33，67.

［128］周大东. 英国的对外援助及中英两国对外援助合作关系探讨［J］. 国际经济合作，2015（8）：39-45.

［129］周小川. 共商共建"一带一路"投融资合作体系［J］. 中国金融，2017（9）：6-8.

［130］周奕，孙春伟. 城镇基础设施建设进程中资金供给与需求间均衡机制研究［J］. 华东经济管理，2018，32（9）：103-109.

［131］周宇. 以人民币国际债券支持"一带一路"基础设施投资：基于美元、日元国际债券的比较分析［J］. 世界经济研究，2017（10）：15-24，135.

［132］WOJEWNIK-FILIPKOWSKA A, TROJANOWSKI D. Principles of public-private partnership financing-polish experience［J］. Journal of Property

Investment and Finance, 2013, 31 (4): 329-344.

[133] DEEP A, KIM J, LEE M. Realizing the potential of public-private partnerships to advance asia's infrastructure development [M]. Asian Development Bank, 2019.

[134] AREZKI R, BOLTON P, PETERS S, et al. From global savings glut to financing infrastructure [J]. Economic Policy, 2017, 32 (90): 221-261.

[135] BA L, GASMI F, NOUMBA UM P. Is the level of financial sector development a key determinant of private investment in the power sector? [R]. World Bank Policy Research Working Paper WPS5373, Washington, DC: World Bank, 2010.

[136] BANCOS M. Multilateral development banks, new developmentalism and local currency financing [J]. Brazilian Journal of Political Economy, 2019, 39 (11): 755-767.

[137] BARRO RJ, SALA-I-MARTIN X. Public finance in models of economic growth [J]. The Review of Economic Studies, 1992, 59 (4): 645-661.

[138] CHELSKY J, MOREL C, KABIR M. Investment financing in the wake of the crisis: the role of multilateral development banks [J]. World Bank - Economic premise, 2013, (121): 23-30.

[139] GELTNER D. Commercial real estate [M] // ARNOTT R, MC-MILLEN D, eds. A companion to urban economics. Oxford, United Kingdom: Blackwell Publishing, 2007.

[140] UNITED N. Addis ababa action agenda of the third international conference on financing for development [M]. New York: United Nations, 2015.

[141] GRIMSEY D, LEWIS M. Evaluating the risks of public - private partnerships for infrastructure projects [J]. International Journal of Project Management, 2002, 20 (2): 107-118.

[142] GRIMSEY D, LEWIS M. The governance of contractual relationships in public-private partnerships [J]. Journal of Corporate Citizenship, 2004 (15): 91-109.

[143] GURARA D, PRESBITERO A, SARMIENTO M. Borrowing costs

and the role of multilateral development banks: evidence from cross-border syndicated bank lending [J]. Journal of International Money and Finance, 2019 (10): 85-97.

[144] DEVELOPMENT COMMITTEE. Poverty reduction and global public goods: issues for the world bank in supporting global collective action [M]. Washington, DC: World Bank, 2000.

[145] SADER F. Attracting foreign direct investment into infrastructure: why is it so difficult? [M]. Washington, DC: World Bank Publications, 2000.

[146] GALINDO AJ, PANIZZA U. The cyclicality of international public sector borrowing in developing countries: does the lender matter? [J]. World Development, 2018 (112): 119-135.

[147] HAINZ C, KLEIMEIER S. Political risk, project finance, and the participation of development banks in syndicated lending [J]. Journal of Financial Intermediation, 2012, 21 (2): 287-314.

[148] HAMMAMI M, RUHASHYANKIKO JJ-F, YEHOUE EB. Determinants of public-private partnerships in infrastructure [R]. IMF Working Paper 62424, Washington, DC: International Monetary Fund, 2006.

[149] HUMPHREY C, MICHAELOWA K. Shopping for development: multilateral lending, shareholder composition and borrower preferences [J]. World Development, 2013 (44): 142-155.

[150] GEMSON J, GAUTAMI K, RAJAN A. Impact of private equity investments in infrastructure projects [J]. Utilities Policy, 2012 (21): 59-65.

[151] GUPTA J, SRAVAT A. Development and project financing of private power projects in developing countries: a case study of india [J]. International Journal of Project Management, 1998, 16 (2): 99-105.

[152] PICKERING J, MITCHELL P. What drives national support for multilateral climate finance? international and domestic influences on australia's shifting stance [J]. International Environmental Agreements: Politics, Law and Economics, 2017, 17 (1): 107-125.

[153] FINKENZELLER K, DECHANT T, SCHAFERS W. Infrastructure: a new dimension of real estate? an asset allocation analysis [J]. Journal of Property Investment and Finance, 2010, 28 (4): 263-274.

[154] HUDAK ROSERO K, ROSERO LD. Multilateral development banks as conduits for south‐south cooperation [J]. Journal of Global South Studies, 2018, 35 (1): 29-55.

[155] CHEN M X, LIN C. Foreign investment across the belt and road: patterns, determinants and effects [R]. WORLD BANK Policy Research Working, 2018.

[156] OLSEN M. Increasing the incentive for international cooperation [J]. International Organization, 1971, 25 (4): 866-874.

[157] WARSAME MH, IRERI EM. Does international monetary aid help or hinder somalia's socioeconomic revival? [J]. Journal of Public Affairs, 2016, 16 (4): 112-125.

[158] MORRIS S, SHIN H S. Catalytic finance: when does it work? [J]. Journal of International Economics, 2006, 70 (1): 161-177.

[159] MOR N, SEHRAWAT S. Sources of infrastructure finance [R]. Working Paper, Centre for Development Finance, Institute for Financial Management and Research, Chennai, India, 2006.

[160] YOSHINO N, HELBLE M, ABIDHADJAEV U. Financing infrastructure in asia and the pacific: capturing impacts and new sources [M]. Asian Development Bank, 2018.

[161] OUATTARA B. Modelling the long run determinants of private investment in senegal [R]. Centre for Research in Economic Development and International Trade Research 04/05, University of Nottingham, 2004.

[162] SAMUELSON P. The pure theory of public expenditure [J]. Review of Economics and Statistics, 1954, 36 (4): 387.

[163] PEREIRA DOS SANTOS P, KEARNEY M. Multilateral development banks' risk mitigation instruments for infrastructure investment [R]. IDB Technical Note 1358, 2018.

[164] AREZKI R, BOLTON P, PETERS S, et al. From global savings glut to financing infrastructure [J]. Economic Policy, 2017, (4): 223-261.

[165] AGRAWAL R. Review of infrastructure development and its financing in India [J]. Paradigm, 2020, 24 (1): 109-126.

[166] RODRIK D. Why is there multilateral lending? [R]. NBER Work-

ing Papers 5160, National Bureau of Economic Research, 1995.

[167] SINGH S, BATRA G, SINGH G. Role of infrastructure services on the economic development ofIndia [J]. Management and Labor Studies, 2007, 32 (3): 347-359.

[168] STRATEGIC INFRASTRUCTURE: Steps to prepare and accelerate public-private partnerships [R]. Geneva: World Economic Forum, 2013.

[169] EROL T, OZUTURK D. An alternative model of infrastructure financing based on capital markets: infrastructure REITS (InfraREITs) in turkey [J]. Journal of economic cooperation and development, 2011, 32 (3): 65-87.

[170] MENGISTU T. Determinants of private participation in infrastructure in low and middle income countries [M]. Santa Monica, CA: Pardee RAND Graduate School, RAND Corporation, 2013.

后　记

本书的初稿写于 2020 年春夏之交，后经几次修改，最终付梓。

关于跨境基础设施融资的研究始终是一个热点，同时也是难点。资金融通是共建"一带一路"的重要支撑，基础设施建设向谁融资、如何融资、融资是否安全等问题是关系资金融通的基础问题。本书仅从融资渠道的视角对"一带一路"基础设施融资问题进行了探讨，着眼点主要放在了第一个"向谁融资"上，兼论了如何融资和融资风险问题，是对这个领域粗浅的尝试。

共建"一带一路"倡议提出以来，在"一带一路"基础设施融资中，我国独特的开发性金融优势进一步发挥，积累了许多经验。随着共建"一带一路"投融资规模、能力持续提升，如何更好发挥开发性金融优势、如何用金融标准和制度规范为发展中经济体塑造融资和发展的可持续性、如何统筹发展与安全等问题愈发受到关注，也成为推进下一步研究的重要方向。

在这里，要感谢四川大学马克思主义学院学术专著出版资金的资助，感谢在本书撰写过程中悉心指导和审阅的各位老师、专家的帮助，还要感谢西南财经大学出版社编辑老师专业、细致的工作，共同促成了本书的出版。

又是一个春夏之交，伴随着这些"读书不觉已春深"的美好时光，收藏美好，再度出发。